D1879187

ETNOGRAFIA DA INDIA PORTUGUESA

ETNOGRAFIA DA INDIA PORTUGUESA

A. B. DE BRAGANCA PEREIRA

VOLUME I

AS CIVILIZACOES DA INDIA
INTRODUCAO

GYAN

Published by

Gyan Publishing House
5, Ansari Road
Daryaganj, New Delhi-110002
Phone: 011-47034999, 9811692060
E-mail: books@gyanbooks.com

Distribution Network
gyanbooks.com
India, USA, Canada, UK, Australia, France

ISBN : 978-81-212-3363-7 (Set)
ISBN : 978-81-212-5031-3 (PB)

2nd Impression 2020

Printed at: Gyan Press, Delhi.

Etnografia Da India Portuguesa
Author: A. B. De Braganca Pereira

DUAS PALAVRAS

O benévolo acolhimento que teve a nossa memória publicada, a convite do Govêrno, em 1923, sôbre a *Etnografia da India Portuguesa*, e as requisições dos centros cultos do estrangeiro, que não pudemos satisfazer, animaram-nos a publicar esta nova edição *correcta* e *aumentada*.

No 1.º Congresso Nacional de Antropologia Colonial o professor J. A. Pires de Lima, da Universidade do Pôrto, teve a gentileza de se referir ao nosso trabalho nestes termos imerecidos:

> *«Por ultimo, muito recentemente, Bragança Pereira publicou um extenso e valioso trabalho sôbre a história e os usos e costumes das diversas castas do Estado da India. Essa memória é, por assim dizèr, o resumo da obra monumental do mesmo Autor, inserida no Volume I da importantissima colecção de estudos intitulados «A India Portuguesa»—Nova Gôa—Imprensa Nacional, 1923».*

De 1923 para cá tem-se renovado a história da India com importantes descobertas. As escavações de Mohenjo-daro operaram uma grande revolução na História Universal.

Os drávidas deixaram de ser o povo bárbaro que os árias civilizaram. A grande civilização que iluminou as margens do Ganges e arrojou ao espaço o *Mahàbhàrata* e o *Ramaiana* não era puramente árica, era ário-dravídica. E há quem sustente que eram drávidas os fenícios, o povo famoso que colonizou a Península Ibérica e, levando o alfabeto, a bordo de seus barcos, para a Grécia, contribuiu para a civilização da Europa.

Dividimos o nosso trabalho em dois volumes. No primeiro corremos rápidamente a história das civilizações da India — introdução natural da etnografia local que é objecto do segundo volume.

A. B. DE BRAGANÇA PEREIRA

"L'étude de la civilisation, c'est-à-dire l'étude de l'ensemble des productions humaines, est le but de *l'etnographie*, lorsqu'il s'agit d'analyse, de *l'ethnologie culturelle*, lorsque les constructions synthétiques entrent en ligne de compte. On pourra la diviser en étude des productions matérielles ou *ergologie*, étude des productions spirituelles ou *animologie*, et étude de l'utilisation en société des ces productions matérielles et spirituelles ou *sociologie*."

Dr. George Montandon — *Traité d'Ethnologie Culturelle*, **pag. 16**

CAPÍTULO I

O território

> A land of dreams and romance, of fabulous wealth and fabulous poverty, of splendour and rags, of palaces and hovels, of famine and pestilence. Mother of history, grand-mother of legend, and great-grand-mother of tradition.
>
> *Mark Twain*

A ÍNDIA não é uma região, como Portugal ou Inglaterra. Com a superfície de 4.675.809 quilómetros quadrados é uma Liga das Nações, é um continente, tão vasto como a Europa, menos a Rússia, dividido em 562 Estados nativos, sob o protectorado do rei da Grã-Bretanha. E' um mosaico de povos e raças, de línguas e religiões. Povoam-na mais de 352 milhões de habitantes. Falam-se na Índia 222 línguas. Figure-se um triângulo gigantesco com a base formada pelos *Himalaias*, o vértice pelo *Cabo de Comorim*, e os lados batidos pelas vagas do *Gôlfo de Arábia* e do *Gôlfo de Bengala* — eis a Índia lendária dos rajás e diamantes, da pimenta e canela.

Himalaia quere dizer "palácio de neve." E' a cadeia das mais altas montanhas do mundo, envoltas em lençois de neve que o Sol nunca esfarrapa. Quarenta picos elevam-se a mais de 7300 metros, atingindo o *Everest* a altura de quási 8900 metros.

Esta barreira formidável, que se ergue ao Norte da Índia, não a isola do resto da Ásia, porque é rompida, a espaço e espaço, pelos desfiladeiros e pelo curso dos rios que, como o *Indo* e o *Ganges*, nascem além da cumiada. Dêste modo, o *Indo* dá acesso ao oasis de *Tchitral* e do *Baltistão* e, além, pelas gargantas do *Pamir*, a *Kachgaria*. A bacia do *Cachemir* é a principal *étape* entre o *Punjab* e a *Asia Central*. Daí partiam no século XVII, segundo Bernier, as caravanas que, atravessando as montanhas do *Tibete* e a *Tartária*, penetravam na China. Tendo o Tibete fechado essa passagem, com receio das invasões do Grão-Mogol, as caravanas tiveram que seguir de *Patna* para *Lhassa*. A via natural para *Srinagar*, capital de *Cachemir*, é o *Jhelam*, mas, por se embrenhar nas selvas, preferiu-se a passagem do *Pir Pandjal* (3.466 m) que era a estrada imperial do Grão-Mogol. A passagem de *Zoji-la* (3.400 m) ao Nordeste de *Srinagar* é utilizada pelas caravanas que vão da *India* para o *Tibete* e *Turquestão*.

O *Satledj* e o *Ganges* e os rios de *Nepal* põem em comunicação o Nordeste da *India* com a *Asia Central*. Nas feiras de *Lahul* vendem-se produtos de *Punjab* e o chá de *Sseuchuan*. Pelos rios do *Nepal* entrou na Índia, em 1792, um exército chinês de 70 mil homens. O *Nepal* foi por largo tempo o traço de união entre a *Índia* e a *China* e, quem sabe?, facilitou a expansão do budismo na China.

Dêste modo as quebradas dos *Himalaias* ligam a *Índia* à *Ásia Central* e ao *Extremo Oriente*, e foram as vias da invasão dos árias, dos persas, dos gregos, dos scitas, dos cuscitas, dos hunos, dos partos, dos árabes, dos turcos e dos mongois.

A *Índia* é incontestávelmente um cadinho, em que se fundiram várias culturas e grandes civilizações.

Como bem diz Sylvain Lévi, "*l'Inde a largement donné comme elle a largement reçu.*"

Os lados do triângulo são, *grosso modo*, faixas de terra, compreendidas entre o Oceano e os Gates—duas cordilheiras que correm uma a Leste e a outra ao Oeste, ambas na direcção do Sul até se juntarem no *Cabo de Comorim*. A faixa oriental tem o nome de *Coromandel* e a ocidental de *Guzerate*, *Concão* e *Malabar*, de Norte a Sul.

A Leste, os *Gates*, de fraca altitude, ora se aproximam ora se afastam do mar, ladeados de planícies muito baixas, de formação moderna, atravessadas pelos rios *Godavari*, *Kistna* e *Kaveri* que veem morrer no Gôlfo de Bengala em deltas de mais de 2 mil quilómetros quadrados, onde se ergueram as cidades de *Radjamahendri*, *Coringa*, *Yanaon*, *Madapolam*, *Ma-*

sulipatam, Karikal e *Negapatam*. O *Kaveri* é o Ganges do Sul. Tão sagrado como o rio de Benares, banha a rica região dos templos dravídicos, verdadeiras maravilhas arquitectónicas pelas dimensões e pela profusão das esculturas. *Trichinopoli* eleva-se junto dêsses rochedos que escaparam à erosão marítima. Mais ao sul fica *Maduré*, uma das metrópoles intelectuais da Índia. *Tuticorim* tomou o lugar de Ramnad, como ponto de passagem para a grande ilha vizinha de Ceilão. Dos portos de Coromandel embarcaram os emigrantes que civilizaram a Indo-China; hoje embarcam em massa os *culis* (operários) para Ceilão e Birmânia.

Os *Gates Ocidentais* ou *Saiadris*, mais altos, cobertos de verdura, graças aos ventos húmidos do sul, alongam-se em lira desde a fractura percorrida pelo rio *Tapti* até o extremo sul de *Travancor*. São constituidos, desde 20° a 16° de latitude, de acumulações colossais de basalto, atingindo os mais altos cumes, o *Saler* 1.604 metros e o *Mahableshwar* 1.438 metros. A Leste de Bombaim a linha da altitude vai descendo, facilitando a irradiação dêsse porto para os vales do *Godavari* e do *Kistna*. A linha férrea de Bombaim a Calcutá sobe o *Thalgat* (583 metros) para *Nasik*, célebre pelas peregrinações hindús. O *Bhorgat* conduz para *Puném*, a capital dos Maratas, e residência estival do govêrno de Bombaim. As depressões do sul determinaram as formações das cidades de *Satará, Kholapur* e *Belgão*, e dos portos correspondentes de *Janjira, Ratnaguiri* e *Vingurlá*. Desde o Sul de *Vingurlá* até o *Cabo de Comorim* o rebordo é constituido principalmente pelo maciço gneissico que sofre notáveis afundamentos no território de Goa, contribuindo para a solução de continuidade até Karwar, deixando passar o caminho de ferro de Mormugão a Madrasta através da industriosa *Hubli*. A base gneíssica da região montanhosa de nosso território de Goa foi corroída pelos agentes exógenos, acumulando os materiais da erosão nas falhas do terreno. Sedimentações sucessivas, facilitadas pelos ventos húmidos e quentes do *Gôlfo de Arábia* e protegidas da secura dos terrais pelas altas cristas dos relêvos próximos, determinaram a ondulação orográfica, principalmente em *Satari*, estabelecendo-se as redes hidrográficas nos vales que separam os montes. A vegetação opulenta provocada pela monção do Sul fixou os materiais e os planos inclinados substituiram as escarpas bruscas.

Ao Sul de Karwar, as altitudes vão crescendo sucessivamente até atingirem o máximo nas cristas dos *Nilgheris*, (2630^{m}) onde está situada *Ootacamund*, residência de verão do govêrno de Madrasta.

Ao Sul dos *Nilgheris*, a brecha de *Palgat* é o corredor que estabelece comunicação entre a costa de *Malabar* e a de *Coromandel* através de *Coimbatore*. E' nesta faixa de depressão estratigráfica que estão situadas as cidades de *Cochim* e *Calicut*. O pilar meridional dêste portal é constituido pelos montes *Anamalai* (2694^{m}) soldados ao Nordeste aos *Palni* e ao Sul aos *Cardamomos*.

As ilhas de *Catch* e a península de *Kathiawar* prendem-se ao *Decão* pelo envasamento cristalino e pela extensão do revestimento vulcânico. Este avanço do continente é povoado de marinheiros que outrora levavam peregrinos a Meca e traziam escravos da Africa e hoje pescam o *bombilim*, a principal indústria de Diu.

No *Guzerate* a planície litoral que solda o *Kathiawar* ao *Decão* alarga-se na extensão de 100 quilómetros em *Barodá*, de 50 em *Surrate* e estreita-se desde *Bombaim*. O *Guzerate* é, justamente, considerado jardim da Presidência de Bombaim pela fertilidade dos seus terrenos de aluvião. O solo negro de Barodá é conhecido desde Marco Polo como região algodoeira, tendo determinado a formação das cidades de Ahmedabad, Barodá, Broach, Surrate, Diu, Damão, Baçaim e Bombaim, célebres pelo fabrico e comércio de tecidos. Aqui ficava a *Barygaza* dos geógrafos gregos. *Ahmedabad*, embelezada pelos monumentos da arte mourisca, foi a capital maometana de Guzerate. *Surrate* foi a primeira feitoria inglesa; aí tinhamos privilégios aduaneiros que o tratado luso-britânico de 1878 aboliu. *Barodá* é a capital dum grande Estado Nativo. *Diu, Damão e Baçaim*, grandes entrepostos comerciais, notáveis pelas suas tecelanias, historicamente vinculados à glória de D. Francisco de Almeida, Nuno da Cunha, António da Silveira, D. João Mascarenhas, D. João de Castro e D. Constantino de Bragança. Nas côrtes dos príncipes, as mais suntuosas da Asía, floresceram as letras, as artes e as indústrias de luxo, das finas musselinas e dos ricos bordados, das filigranas e do marfim. O gôlfo de Cambaia era o porto de entrada para a opulentíssima planura indo-gangética pois aí confluiam as estradas de *Delhi*, através de *Rajputana*, de *Allahabad* para *Malwa*, da costa oriental para *Nagpur* e *Kandesh*. A dominação inglesa deslocou o acesso da Índia para *Karachi* e *Bombaim*, passando *Ahmedabad*, *Barodá*, *Broach* e *Surrate* a ser centros das indústrias de panos de algodão.

De Damão ao Cabo de Comorim o litoral de largura média de 60 quilómetros não é uma planície aluvial, como o Guzerate, mas uma região de relêvo orográfico. Os planaltos lateríticos do interior são relativamente desertos, ao passo que o litoral tem às vezes densidade superior a 450 habitantes por quilómetro quadrado. As costas de *Malabar* e de *Concão*, onde fica Goa, são as mais pitorescas da Índia: virentes coqueiros espanejam o céu, estende-se o tapete fôfo dos arrosais e o rigor de calma é atenuado pela sombra acolhedora das bananeiras e das mangueiras, das jaqueiras, e do *pimpôl*, árvore sagrada dos budistas e dos hindús.

Do *Himalaia* descem os rios: *Indo* que, caminhando na direcção do Oeste para o Sul, leva as suas águas para o *Gôlfo de Arábia*, e o *Ganges* que, avançando para Leste e Sul, desemboca no *Gôlfo de Bengala*.

A cordilheira dos *Vindhyas* corta ao meio a península indiática. Ao Norte dessa barreira, fica o *Hindostão* banhado pelo *Indo* e pelo *Ganges*.

O *Indo*, que é conhecido na literatura hindú por *Sindhu*, deu o nome à Índia. Do vocábulo *Sindhu* derivou *Sind*, designação da região fertilizada pelo *Indo*, como o Egito pelo Nilo. Nos areais do *Sind*, ainda há pouco desmembrado da Presidência de Bombaim, sepultou-se a prehistórica civilização, cujos vestígios se descobriram recentemente em *Harappa* e em *Mohenjo-daro*. Os canais de irrigação, que ascendem a remotíssimas épocas, possibilitam a cultura do milho, arroz e algodão. A barragem do *Sakkar,* maior que a de *Assuan,* com 4 canais, 2 dos quais são maiores que os de Suez, destina-se ao desenvolvimento da cultura de algodão numa área de 800 mil hectares. O *Indo,* que dava acesso ao Punjab e à Ásia Central, perdeu a sua importância comercial desde a construção do caminho de ferro. *Karachi* é o grande porto que dá vasante ao trigo do Punjab, ao algodão e às sementes oleaginosas.

Na margem esquerda do Indo e do Satledj começam as *estepes* do Thar. São lagunas salgadas, dunas de areia de que se extrai o sal. Pelo Sul as areias do Thar invadem o Rann do Catch. E' uma vasta planicie pantanosa que no inverno se cobre de gramíneas, que alimentam o boi, o carneiro e o dromedário.

O *Thar* é uma estepe árida onde a densidade da população baixa a 15 habitantes por quilómetro quadrado. Êste deserto deteve as invasões e garantiu a independência dos rajputs; mas a cultura rajput seria inexplicável, se a sua expansão não tivesse sido facilitada pela fertilidade de Rajputana oriental que pela sua estrutura e relêvo é um prolongamento do Decão.

As païsagens áridas que despontam ao Oeste da bacia do Ganges cobrem tôda a extensão das planícies do Indo, salvo a falda do Himalaia. A desolação agrava-se à medida que se avança para o Iran ou para o mar. Punjab, essa rica região do trigo e algodão, seria um deserto se não fôsse coberto por uma rede fluvial, completada pelos canais de irrigação que ascendem ao século XIV e fôram aperfeiçoados pelos ingleses, provocando o aumento da população. Os canais anteriores à guerra regam 27.000 quilómetros quadrados. Mais audacioso é o *Triple Canal Project* que acaba de realizar-se. Ao todo 7600 quilómetros quadrados, com 5090 quilómetros de canais, acrescem a essa imensa região onde os ingleses fizeram a mais feliz experiência da colonização oficial. Nos *settlements* conquistados pela água ao deserto o Estado traça caminhos de ferro e estradas para o estabelecimento de aldeias fundadas, sob um plano simétrico, com ruas em ângulos rectos e um poço ao meio.

As terras são divididas em lotes e distribuidas aos camponeses, salvo os lotes adjudicados aos capitalistas, combinando dêste modo a grande com a pequena propriedade. Assim, em 10 ou 20 anos o sertão habitado pelos pastores ou pelos bandidos transformou-se em ridentes povoados. No *settlement* do Chenab a densidade da população que era em 1891 de 5 por quilómetro quadrado passou em 1921 a 120!

A cana de açucar cedeu o passo ao algodão que ocupa 20 a 40% da área cultivada entre Lahore e Multan; mas o trigo é a grande riqueza dessa região que lhe consagra 20 a 40% da superfície.

As cidades erguem-se ao sopé do Himalaia. São mercados agrícolas que balizam as antigas vias de comunicação que, transpondo o Jamna para Delhi e Karnal, convergem em Atock, a chave do alto Indo e Kabul: *Ludhiana*, *Lahore*, *Wazirabad Jhelam*. As guarnições inglesas denunciam o valor estratégico dessa zona de circulação entre o Himalaia e o Thar.

Uma cadeia de campos entrincheirados protege as comunicações com a fronteira do Noroeste: *Ambala*, onde se reünem as linhas de *Delhi*, *Bareilley* e *Simla*; *Ludhiana*, *Jalandhar*, *Firozpur*, o maior arsenal da Índia, *Amritsar*, *Lahore*, *Rawalpindi* que domina as estradas de *Peshawar* e *Cachemir*. A indústria algodoeira desenvolve-se com o progresso da irrigação. As fábricas acumulam-se nas grandes cidades. *Amritsar* é célebre pelo templo dos Sikhs, pela indústria de lã, pelas suas feiras e pelo seu grande mercado agrícola. Em *Lahore* os mongois ergueram monumentos da arte indo-persa e a Universidade é o fóco intelectual do Oeste. *Multan* é a mais progressiva cidade, graças à irrigação e a sua situação na estrada de Karachi.

O *Ganges*, descendo dos Himalaias, serpeia pelas planícies monótonas de *Agra*, *Oudh* e *Bihar*. E' do lado do Himalaia que recebe os afluentes mais numerosos, regulares e ricos em água. O clima acentua a diferença entre o Leste e o Oeste. A Leste a chuva, que é abundante, alimenta os reservatórios da irrigação. Encontrando-se água a pequena profundidade fácil é abrir poços. De modo que numa superfície cultivada de 6 milhões de hectares, a superfície irrigada por meio de poços é de 1.200.000 hectares, sendo de 500 mil a irrigada por meio de reservatórios. A principal cultura é o arroz. Nas regiões mais irrigadas abunda a cana sacarina.

Ao Oeste estendem-se planicies áridas, sem árvores. Graças às obras de irrigação e à abertura de poços conseguiu-se afastar o flagelo da fome.

Dos 4 milhões e meio de hectares cultivados, a metade é regada por meio de canais e de poços, cultivando-se, na estação pluviosa, arroz, algodão, trigo, ópio e milho, sendo o milho o principal alimento do povo. Anuncia-se o sêco Punjab.

E' que o vento que sopra, no estio e no outono, do Sul ao Norte, através do *Gôlfo de Bengala*, projecta sôbre o Himalaia chuvas diluvianas que atingem em Bengala uma intensidade sem par no resto do mundo, engrossando a corrente do *Ganges* que desce das cristas nevadas do Himalaia, ao passo que o *Indo* se alimenta principalmente das neves do *Karakoram* e do *Hindu Kush*.

A Leste a terra pertence aos grandes proprietários (*zamindares*) e ao Oeste às comunidades agrícolas. E' que os homens tiveram de unir-se para lutar contra a natureza hostil.

Na região gangética desenvolveu-se a vida urbana à margem dos rios e no cruzamento das vias de comunicação: *Patna*, *Benares*, *Allahabad*, *Agra*, *Delhi*. Longe dos rios e no entroncamento das linhas férreas desenvolveram-se: *Meerut*, *Moradabad*, *Lucknow*.

Pataliputra, a capital do império de Chandragupta e Axôca, não pôde resistir aos embates e assaltos dos inimigos, mas na vizinhança levantou-se *Patna*—residência dos governadores mongois, hoje em decadência.

As peregrinações manteem a insalubre *Gaya*, a cidade sagrada dos budistas. O caminho de ferro leva peregrinos de tôda a Índia para *Benares*—a cidade sagrada dos hindus, com os seus 2 mil templos, com os seus degraus *(ghats)* que os romeiros descem para banhar-se na água sagrada do Ganges. *Allahabad*, a cidade de Allah, deve a sua importância ao entroncamento da linha férrea de Calcutá a Peshawar e a Bombaim. *Cawnpore* é notável pelas suas fábricas de lã e de curtumes, *Lucknow* é um dos centros militares. *Agra*, a capital dos Mongois, é célebre pelos seus palácios e mesquitas, e pelo *Taj-Mahal*— túmulo duma imperatriz. *Delhi* que encerra os monumentos da arte mourisca, como o palácio do Grão-Mogol, é desde 1912 a capital do Império indo-britânico, deserta no verão, porque o Vice-Rei passa a residir em *Simla*, conhecida pelo seu Observatório.

A planície gangética termina no gôlfo de Bengala por um delta de 80 mil quilómetros quadrados, onde se reünem o Ganges, o Brahmaputra, o Meghna e o Hugli. E' uma região onde a malária é endémica. *Calcutá*, que no século XVII foi escolhida pelos ingleses para capital da colónia, alinha os seus suntuosos palacios de estilo neo-grego e a juta e o carvão converteram-na num grande centro industrial, a ponto de ser, depois de Londres, a cidade mais populosa do Império Britânico (1.327.000 habitantes).

Ao Sul da cordilheira dos *Vindhyas* fica o planalto do *Decão*. Ao norte os montes *Ajanta*, no Estado nativo de Haiderabad, dominam o vale de *Tapti* e as planícies de *Khandesh e Nagpur*. Ao Sul eleva-se o planalto do Estado nativo de Mysore. Se *Haiderabad* tem a altitude média de 380 metros, *Bangalore*, no Estado de Mysore, eleva-se a 925 metros.

No planalto assim circunscrito deparam-se-nos dois tipos de relêvos e de paisagens: o do *trapp* e o do *gneiss*.

A maior parte do Decão era outr'ora coberta de florestas de teca e bambú, e de sândalo em Mysore. A irrigação impõe-se. Os tanques de água caracterizam as païsagens do Decão. Na província de Madrasta e em Mysore deve haver 75 mil tanques.

Vastas superfícies são regadas por meio de poços. Cultiva-se o milho e o trigo. E' que as nuvens que se formam no *Oceano Índico* regam a costa ocidental do *Decão*, mas são detidas pelos *Gates* de modo que chove pouco nas regiões orientais. Daí as duas estações do nosso território de *Goa*. Nos meses de Novembro a Março reina a *monção* (do árabe *mausim*) de Nordeste — vento moderado e constante, bom tempo, navegação fácil. Nas proximidades das costas fazem-se sentir as virações e os terrais, alternando cada duas horas. No fim de Março e em Abril o tempo entra a variar, e em Maio estabelece-se a monção de Sudoeste que, geralmente, chega de súbito, com grandes trovoadas, golpes de vento do quadrante do Sul e chuvas torrenciais. De Junho a Agôsto a monção de S. O. fixa-se: o mar é grosso, as chuvas copiosas.

Desenvolveram-se no Decão algumas cidades que a topografia não explica: *Haïderabad*, a capital do Estado nativo, do mesmo nome é a quarta cidade da Índia pela sua população, domina o corredor, que leva para o baixo Godaveri, e as rotas de Punem (Poona) e do alto Kistna. *Mysore* que, como capital, sucedeu a Seringapatan é menos sadia e menos industriosa que *Bangalore*. As cidades mais progressivas são as da região algodoeira de terra preta: importantes fábricas estabelecidas nos entroncamentos ferroviários entreteem a actividade de *Nagpur*, *Punem*, *Sholapur*, *Dharwar* e *Kulbarga*.

A parte ocidental do Decão, em que se fala o *marathi*, língua árica, chama-se *Maharaxtra*, e a oriental em que se fala o *telegu*, língua dravídica, denomina-se *Telingana*.

A parte mais antiga da Índia é o Decão que formava uma ilha, quando o Hindostão não tinha ainda emergido das águas. Essa ilha, a Gondwana dos prehistoriadores, resultou da deslocação dum continente austral, cujos vestígios são as ilhas de Andaman e Nicobar e a península malaia. Um cataclismo vulcânico deu ao Decão a sua forma peninsular, ao passo que ao Norte emergiram as terras que atingiram as culminâncias dos Himalaias.

Os rios *Tungabhadra* e *Kistna* separam o planalto do *Decão* da *Índia Meridional* que abrange a actual *Presidência de Madrasta* (excepto Vizagapatan e Ganjam) e os Estados nativos de *Mysore*, *Cochim* e *Travancor*. E' a terra dos povos que falam as línguas dravídicas: o *canarês* (Canará e Mysore), o *tamul* (Presidência de Madrasta), o *malaiala* (Malabar), o *tulu* (Canará do Sul); ao passo que no Hindostão, Decão Ocidental (Maharaxtra) e na costa do Concão, até Onor, se falam as línguas áricas: *panjabi*, *cachemiri*, *rajastani*, *bengali*, *gujrati*, *marathi* e *concani*.

Podemos pois dividir a Índia em três secções, do Norte para o Sul: *Hindostão, Decão e India Meridional.*

BIBLIOGRAFIA

R. D. Oldham—*Manual of the Geology of India*—1893.

F. R. C. Reed—*The Geology of the British Empire*— London— 1921.

D. N. Wadia—*Geology of India for students*—London—1926.

H. F. Blanford—*A practical guide to the climates and weather of India, Ceylon and Burma*—London—1889.

J. Coggin Brown—*India's mineral wealth*—London—1936.

A. Howard—*Crop production in India*—Oxford—1924.

E. P. Stebbing—*The forests of India*—London—1922.

C. W. E. Cotton—*Handbook of commercial information for India*—Calcutta—1919.

R. Mukerjee—*The rural economy of India*—London—1926.

R. K. Das—*Factory Labour in India*—Berlim—1923.

Sir G. Watt—*Dictionary of the economic products of India*—London—1889-1896.

J. A. Voelcker—*Report on the improvement of Indian agriculture*—Calcutta—1897.

E. Simkins—*The agricultural geography of the Deccan Plateau*— London—1927.

H. H. Mann and N. V. Kanitkar—*Land and labour in a Deccan village*—London—1917-1921.

CAPITULO II

As raças

Quais são os povos que habitam a Índia?

Sir Herbert Risley, que tomou parte nos trabalhos do *Censo da Índia* e procedeu a pacientes investigações antropométricas em milhares de indivíduos de várias castas, distingue no seu livro "*The People of India*" sete tipos antropológicos entre os índios:

Drávidas, dolicocéfalos, baixos, escuros, de nariz largo. E' o tipo que predomina na Índia Meridional, onde atingiu elevado grau de civilização; professa o *hinduismo*, religião árica, e fala *línguas dravídicas*.

Indo-árias, dolicocéfalos, altos, alvos, de nariz fino. Ocupam o Punjab, Cachemir e Rajputana. Professam o *hinduismo* ou o *maometismo*, e falam línguas áricas, como o *punjabi*, o *cachemiri* e o *rajastani*.

Ario-drávidas, mesaticéfalos, mais baixos, mais morenos e de nariz mais largo que os indo-árias. Vivem nas Províncias Unidas de Agra e Oudh e no Bihar. Professam o *hinduismo* e 15% o *maometismo*, falam o *hindi*, língua árica.

Mongois, braquicéfalos, baixos, amarelos, olhos oblíquos, cara larga. Habitam o Nepal, o Assam, a Birmânia e a parte de Cachemir, que se avizinha do Tibete. Na Birmânia e no Nepal predomina o *budismo* e no Assam o *hinduismo*. Na Birmânia fala-se o *birmanês*, língua indo-chinesa, e no Assam as línguas áricas: o *assamês* e o *bengali*.

Mongolo-drávidas, braquicéfalos, morenos, de estatura mediana, de nariz largo. E' este tipo representado pelos *bengalis*, que falam o *bengali*, língua árica, e professam o *hinduismo*.

Scito-drávidas, braquicéfalos, baixos, morenos, de nariz largo. Pertencem a êste tipo os brâmanes *(scenevis, dessastas* e *chitpavanas)*, os *maratas* e os *vanis*. Falam o *marathi* e o *concani*, línguas áricas, e professam o *hinduismo*.

Turco-iranianos, braquicéfalos, claros, nariz estreito e comprido. São representados pelos povos do Afeganistão e Beluchistão, que professam o *maometismo*.

O antropologista *Montandon* forma cinco grupos de tôdas as raças actuais do mundo: *pigmoide*, *negroide*, *ved-australoide*, *mongoloide* e *europoide* e, criticando a classificação de *Risley*, observa que o tipo turco-irânico provém da mistura dos *turânios*, um dos ramos mongoloides, com os *europoides* e que o tipo *scito-dravídico* é *turco-dravídico*, como o denomina o antropologista *Deniker*. Portanto, decompondo os tipos étnicos de *Risley*, encontramos os seguintes elementos: *drávidas*, *árias*, *turânios* e *mongóis*.

Os *drávidas* ocupam *grosso modo* as regiões que demoram ao sul da cordilheira dos *Vindhyas*. A recente expedição antropológica de *von Eickstedt* veio esclarecer o problema da etnologia dos *drávidas*. Em primeiro lugar, *von Eickstedt* distingue dois tipos étnicos nos povos primitivos da Índia: o *maloide* e o *melanoide*. O *maloide* tem as seguintes características: estatura muito baixa, pele muito escura, cara muito redonda, cabelos muito anelados, nariz pequeno, arrebitado, achatado sob a testa saliente, ventas largas, lábios grossos em meia-lua, prognatas.

Em segundo lugar, *von Eickstedt* divide em dois subtipos o tipo *melanoide*: o do Sul, *tamul* e o do Nordeste *kolariano*. Êste, mais primitivo que aquele, se aproxima do *maloide* pela côr da pele e pela forma do cabelo e da testa, e do mesmo se afasta pela estatura média, pela cara angulosa, pelo nariz médio e lábios direitos. O *melanoide* é o traço de união entre o *maloide* e o *melanesoide*.

Estes três tipos pertencem ao grupo *negroide*. Esta classificação aceita por *Montandon* é confirmada não só pelo descobrimento de crânios *melanesoides* na Indo-China, mas ainda pela linguística. (1)

Com efeito, a linguística distingue três famílias nas línguas

(1) George Montandon—*La Race—Les Races*, Paris, 1933.

índicas; a *munda* ou *kolariana*, a *dravídica* e a *árica*. Desta classificação linguística se inferiu a sobreposição de três camadas étnicas: a *negra*, a *mongólica* ou *dravídica* e a *árica*. Esta classificação etnológica foi aceita por Topinard ([2]) segundo o qual os mongóis vieram, uns, os primeiros, por Nordeste e os outros por Noroeste, sendo aqueles representados pelos drávidas e êstes pelos *jats*.

Mas investigações recentes demonstram as afinidades da família *munda* com a *monkhmer* (línguas que se falam na Birmânia, Assam, Península Malaia e Nicobar). Schmidt chegou à conclusão de as línguas *mundas* e *mon-khmers* pertencerem ao grupo austro-asiático, o qual e o grupo austronésico (línguas da Indonésia, Melanésia e Polinésia) formam a grande família austral que se estende desde as ilhas do Atlântico do Sul até Madagascar, desde a Nova Zelândia até ao Hindostão. ([3])

As línguas austrais—quem sabe?—são vestígios dum grande continente que se esfacelou e desapareceu, espalhando fragmentos aqui e acolá, na imensa amplidão do Oceano Austral. Geólogos eminentes dizem que, nos tempos primitivos, o mar separava da Ásia Setentrional a península indiática que se ligava, por um lado, com Madagascar e, pelo outro, com o Arquipélago Malaio.

A teoria de Schmidt foi abraçada pelo sábio filólogo Grierson, que presidiu aos trabalhos do *Linguistic Survey of India*.

Por outro lado, os trabalhos de Lenormant, Sayce e Max Müller puseram em relêvo as afinidades entre as línguas dos súmeres da Babilónia, as línguas turânianas dos povos da Ásia Central (scitas e turcos) e as dos drávidas. Daí se concluiu precipitadamente o parentesco entre esses povos. E' certo que recentes descobertas na Mesopotâmia e em Mohenjo-daro vieram confirmar as relações culturais entre a Babilónia e a Índia; mas a unidade da civilização nem sempre corresponde à unidade étnica, como é óbvio, pois que povos de várias raças assimilam a mesma civilização superior e estranha.

([2]) *L'Anthropologie*, pag. 470.

([3]) *Linguistic Survey of India*, Vol. IV.

Se as línguas *mundas* e as afinidades étnicas ligam os povos primitivos da Índia aos povos do Sul (malaios etc.) as línguas *dravídicas* e as afinidades culturais prendem a Índia aos povos da Ásia Central e da Mesopotâmia.

O professor Montandon distingue três tipos étnicos no grupo *europoide:*

Raça loira, nórdica (Inglaterra, França do Norte, Bélgica, Holanda, Alemanha do Norte, Dinamarca, Escandinávia, Estados bálticos, Polónia, Rússia do Norte e do Centro).

Raça alp-arménica, alpina (França meridional, Alemanha do centro e do sul, Itália do Norte, Aústria, Hungria, Polónia do Sul, Rússia Meridional, Península Balcânica).

Raça morena ou mediterrânea (Península Ibérica, França Mediterrânea, Itália Meridional, Ilhas do Mediterrâneo Ocidental e Oriental).

Segundo o mesmo antropologista, os *indo-árias* de *Risley* pertencem à *raça mediterrânica*. Os *indo-árias* são pois os representantes dos *árias*.

O povo que compôs os Vedas é tradicionalmente conhecido por *ária*; mas nem todos os povos que falam línguas *áricas* pertencem à *raça mediterrânica*, da mesma forma que não são portugueses de raça todos os que falam o português.

Sábios da estatura de Pott, Grimm e Max Müller sustentaram, sem argumentos decisivos, a existência não apenas duma língua primitiva árica, que originou os idiomas de quási todos os povos da Europa, senão também a duma raça árica oriunda da Ásia, donde um ramo se teria entranhado, sucessivamente, na Europa, tendo-se dirigido o outro para a Índia e para a Pérsia. Foi William Jones quem, primeiro, no XVIII século notou o parentesco do sânscrito e do persa com as línguas europeias.

Do parentesco das línguas áricas inferiu-se a origem comum dos povos que as falam...

Esta hipótese teve, por largo tempo, fóros dum postulado. Vozes autorizadas ergueram-se, porém, contra ela; eram linguistas, como *Latham* e *Benfey*, etnógrafos como *D'Omalius, d'Halloy*, antropologistas como *Broca* e *Lyell* que impugnavam o *arianismo étnico.* Os trabalhos dos linguistas modernos, *Oscar Schrader* à frente, demonstram — escreve o antropologista *Deniker*— que se não pode falar hoje duma *raça árica*, mas ùnicamente duma *família* de *línguas áricas* isto é, não são descendentes dos *árias* todos quantos falam *línguas áricas.* ([1])

Com efeito, Manú, célebre legislador índio, reconhece que havia tríbus não-áricas que falavam línguas áricas. Legiões romanas espalharam a língua latina pela península ibérica, mas não alteraram o fundo étnico da população portuguesa. E' a tese brilhantemente defendida por Teófilo Braga no seu livro "*A Pátria Portuguesa.*" Os portugueses difundiram a sua língua pela Ásia, África, América e Oceania, mas não exterminaram os aborígines, cujos descendentes falam hoje a língua de Camões. Se o *concani* e o *marathi* são línguas da família árica, a conclusão que legítimamente flui dêste facto é que a civilização dos árias se irradiou para o Concão e Maharaxtra. A formação de várias línguas sanscritoides é uma prova da diversidade dos povos que assimilaram a civilização árica, como bem nota o professor Bhandarkar; pois essas línguas não são mais do que adulterações dos idiomas áricos primitivos.

E' fácil demonstrar, com um jôgo de textos da literatura hindú, a tese tradicional de que todos os brâmanes, isto é, tôdas as tríbus sacerdotais da Índia, pertencem à mesma raça, à raça árica;mas o antropologista *Risley* inclui no grupo *indo-árico* sòmente os povos do Noroeste da Índia (Cachemir, Punjab e Rajputana).

Desfez-se pois a lenda de que todos os brâmanes e só os brâmanes eram da raça árica, como se fôsse possível uma raça em que todos os seus membros se limitassem a lêr os Vedas!

Risley explica a formação dos tipos *indo-árico.* (Cachemir, Rajputana e Punjab) e *ário-dravídico* (Províncias Unidas de Agra e Oudh e Behar) pela seguinte teoria linguística do dr. Hoernle:

As línguas indo-áricas dividem-se em dois grupos: o periférico e o central. Ao primeiro pertence o *cachemiri* e ao segun-

---

([1]) *Les Races et les Peuples de la Terre.*

do o *hindi ocidental*, que se fala na região gangética. Entre os dois grupos há uma zona intermédia, aproximando-se do *hindi* ocidental o *rajastani* e o *punjabi*.

E' que houve duas correntes migratórias áricas, uma em massa, pelo rio Kabul, e outra através do rio Oxus, planalto de Pamir, Guilghit e Chitral, caminho invio que mulheres e crianças não podiam seguir. A primeira se fixou em Cachemir, Punjab e Rajputana. A segunda se estabeleceu na região gangética, onde se cruzou com os drávidas.

Tendo-se desenvolvido a civilização *ário-dravidica* e aumentado o poderio do vale do Ganges e do Jamna, os povos gangéticos, ário-dravídicos, dominaram no Punjab e em Rajpuana, e influiram no *punjabi* e no *rajastani*, que se aproximam do *hindi ocidental*, língua gangética.

Esta teoria foi abraçada por Grierson no *Report on the Census of India*, 1901 e é confirmada pelos ensinamentos da história, como vamos vêr. Diz a tradição que os *curus* e os *panchalas*, povos gangéticos exerceram hegemonia política no Hindostão; que em 650 (antes do Cristo) o centro político se deslocou para Kosala (Oudh) e em 600 (antes do Cristo) para *Magada* (Behar). O que é incontestável e está averiguado é que a dinastia *Mauria*, fundada por Chandragupta, dominou em todo o Hindostão, no Punjab e em Rajputana.

Por outro lado, segundo as conjecturas do professor Hopkins, uma parte do *Rig-vêda* foi composta no Punjab e o resto na região banhada pelo *Sarasvati*, ao sul de Ambala. O *Yajurvêda* marca uma nova fase na evolução religiosa e social da Índia. O centro da civilização árica deslocou-se das margens do Indo para as do Jamna e do Ganges, para as terras dos *curus* e dos *panchalas*, cujas lutas constituem o assunto do *Mâhâbharata*.

Ora no *Yajurvêda* encontramos vestígios da fusão dos árias com os drávidas: a serpente é adorada pelos árias. A serpente era deusa dravídica que entrou no panteon dos árias. ([5])

([5]) Ragozin—*Vedic India*, pag. 240 e 328.

Na região gangética, portanto, misturaram-se os árias com os drávidas, desenvolvendo-se a civilização ário-dravídica que teve o seu bêrço nas margens do Indo. Assim se explica que os ário-drávidas gangéticos considerassem semi-bárbaros os povos de Cachemir, Punjab e Rajputana, que, embora árias mais puros, se submeteram ao jugo daqueles. (6)

Os árias, quando invadiram a Índia, não se defrontaram com um povo selvagem. Os drávidas haviam atingido um alto grau de civilização. Na India Meridional, quando os drávidas e os ário-drávidas do Hindostão se entrechocaram aqueles nem sequer perderam os seus idiomas tamiloides (7)

Segundo Weber e as recentes investigações do professor Bühler, a Índia importou o alfabeto da Mesopotâmia, 8 séculos antes de Cristo, graças aos mercadores dravídicos da Índia do Sul, donde foi levado para o Norte, provávelmente, pelos missionários budistas. Antes da introdução do alfabeto, a literatura indiana era confiada à memória e à tradição oral (8)

Hoje ninguém contesta que os árias na sua marcha vitoriosa pela Índia se misturaram com os aborígenes. "E' impossivel discernir a casta, por causa da grande mistura das raças, o! grande serpente!" exclama *Yudhistira* no *Mâhâbharata.* (9)

O *Tandia Brahmana* alude aos sacrifícios que se celebravam ao serem admitidos na família bramânica estranhos que falavam mal a língoa *ariana.* (10)

E' interessante a semântica da palavra *aria*, cuja significação variou através dos tempos.

Os árias quando invadiram a Índia chamaram *dassius* aos aborígenes. Era uma diferença étnica: ária era o povo invasor e *dassiu* o povo do território invadido. (11)

---

(6) Prof. Macdonell—*A History of Sanskrit Literature*, pag. 160.

(7) Prof. Bhandarkar — *Early History of the Dekkan* no *Gazetteer of the Bombay Presidency*, pag. 137 do vol. I, parte II.

(8) Rhys Davids—*Buddhist India*, pag. 113 e seg.

(9) C. V. Vaidya—*Epic India*, pag. 72.

(10) Rapson—*Ancient India*, pag. 4.

(11) Ragozin—*Vedic India*, pag. 113.

Fundiram-se os árias com os indígenas; donde resultou chamarem-se árias os indivíduos das classes superiores, qualquer que fôsse a raça a que pertencessem, e denominarem-se *sudras* as classes inferiores e os indígenas não assimilados. Dum lado, os árias e os arianizados, e do outro os plebeus e os bárbaros que falavam outra língua e adoravam outros deuses. Era uma diferença social. ([12])

A civilização ário-dravídica propagou-se pelo Hindostão e deu-se o nome de *Ariavarta* ao Indostão, cujos habitantes passaram a ser considerados árias; pois, segundo Manú, *Ariavarta*, que é a região compreendida entre os Himalaias e os Vindhyas, é a terra dos árias, o que fica além dos Vindhyas é o país dos sudras (Leis de Manú II, 17-24). Era uma diferença geográfica. ([13])

Não se esgotou ainda a série de acepções em que são usados os vocábulos: *ária* e *sudra*.

Nas leis de Manú (X, 43-44) encontra-se um trecho interessantíssimo, segundo o qual os gregos, os persas, os chineses, os drávidas passaram de kchátryas a sudras por terem desobedecido aos brâmanes e por não terem acatado a lei sagrada.

Ora, constituindo os kchátryas a classe militar árica, lógico é inferir daquele passo de Manú que para ser considerado kchátrya e, portanto, ária, era preciso ser ortodoxo, sendo relegados para a casta sudra e para o grupo dos não-árias os hereges, os infiéis, os budistas e os jainas. Aí temos uma diferença religiosa.

Antes de transporem os Vindhyas e penetrarem no Concão, os árias já tinham perdido a sua pureza, fundindo-se com os autóctones. Baudhaiana, escritor do século 6.º (antes do Cristo) contemporâneo de Budha, já chama mestiços aos habitantes de várias regiões do Hindostão ([14]).

([12]) Dr. Ketkar — *The History of Caste in India*, pag 80; Senart — *Les castes dans l'Inde*, pag. 147.

([13]) Dr. Ketkar—*obr. cit.*, pag. 70.

([14]) J. A. Saldanha —*The Indian Caste*, pag. 43.

A classificação antropológica de Sir Herbert Risley, no que respeita aos indo-árias e aos ário-drávidas, harmoniza-se, portanto, com as conclusões a que chegaram os linguistas e os historiadores.

Segundo Montandon, o *tipo turâniano* tem as seguintes características: braquicéfalos, côr entre branco e amarelo escuro, maçãs de rosto salientes, olhos semi-mongolójdes. E' uma raça intermédia entre o *europóide* e o *mongolóide*, representada pelos turcos e pelos tártaros. Da mistura dos *turânios* com os europóides resultou o tipo turco-irânico de Risley e da mescla dos turânios com os *drávidas* proveem os *scito-drávidas* ou *turco-drávidas* da costa ocidental da Índia, de que faz parte o nosso território de Goa. ([15])

A história corrobora as conclusões antropológicas. Ondas de povos da Ásia Central espraiaram-se sôbretudo pela Índia Ocidental durante séculos, desde os princípios da nossa era ou pouco antes. E' um facto históricamente averiguado que ninguém contesta. O domínio dos scitas prolongou-se até ao Concão, de que faz parte o nosso território de Goa. Os indo-turcos, maometanos, descendentes dos povos da Asia Central, que invadiram a Índia no século X, dominaram em Goa antes dos portugueses. Hordas de scitas, cuscitas, hunos e partos invadiram a Índia, pelo Noroeste e ocuparam-na ([16]) da mesma fórma como os povos do Norte, os chamados *bárbaros*, invadiram a Europa Ocidental e se fundiram com os galo-romanos, modificando o tipo étnico destas populações.

BIBLIOGRAFIA

TOPINARD—*L'Anthropologie.*

DENIKER—*Les Races et les Peuples de la Terre.*

MONTANDON—*La Race*—Paris, 1933.

([15]) Obr. cit., pag. 233 e 261.

([16]) La Vallée Poussin—*L'Inde aux temps des Mauryas*, pag. 261.

RISLEY—*The People of India*—London, 1915.
RAGOZIN—*Vedic India.*
RAPSON—*Ancient India.*
RHYS DAVIDS—*Buddhist India.*
C. V. VAIDYA—*Epic India.*
KETKAR—*The History of Caste in India.*
SENART—*Les Castes dans l'Inde.*
BHANDARKAR—*Early History of the Dekkan.*
Linguistic Survey of India.
MACDONELL—*A History of Sanskrit Literature.*
LA VALLÉE POUSSIN—*L'Inde aux temps des Mauryas*—Paris, 1930.

CAPITULO III

A prehistória

A *arqueologia prehistórica*—define Déchelette—é a sciência das antiguidades anteriores aos mais antigos documentos históricos. (1)

A arqueologia prehistórica confundiu-se com a etnografia até o dia em que, com o auxílio da geologia, da paleontologia, e da antropologia, se descobriram os vestígios da acção do homem, nos aluviões, nas cavernas, nas entranhas da terra, pois que até então a história dos povos começava com as lendas, como a de Rómulo e Remo que uma lôba amamentou. As lendas e as tradições, recolhidas pelos historiadores antigos, como Herodoto, Tácito, Júlio César, passaram a constituir a protohistória, continuando a pertencer ao domínio da etnografia o estudo dos primitivos contemporâneos que não ultrapassaram ainda os primeiros estádios da evolução cultural.

Cêrca de 1850 Boucher de Perthes demonstrou nas suas *Antiquités celtiques et antédiluviennes* que nos aluviões de Abbeville se encontravam simultâneamente ossadas dos mamíferos extintos, como o mamute, o hipopótamo e o rinoceronte *(fósseis)* e produtos da indústria humana, como os machados de pedra. Ficou de pé a sua afirmação de os sílices grosseiramente talhados de Abbeville provarem a existência do homem com mais segurança do que todos os museus do Louvre. Boucher de Perthes teve que arcar com a oposição dos sábios, mas a energia com que defendeu a sua opinião converteu geólogos e zoólogos eminentes da estatura de Prestwich, Evans, Lyell Quatrefages e Rigollot.

Ao morrer, em 1868, Boucher de Perthes teve a satisfação

(1) *Manuel d'Archéologie préhistorique celtique et gallo-romaine*, Paris—1924, I, pag. 1.

de ver o seu nome imortalizado por uma das maiores descobertas arqueológicas dos tempos modernos. Napoleão III fundou, em 1862, o Museu de S. Germain à imitação do Museu de Moguncia criado em 1852, e o conservador adjunto Gabriel de Mortillet foi durante meio século o mestre incontestável da arqueologia prehistórica que, nascida em França, deu a volta ao mundo. Na India, o *Archeological Survey* verificou a existência de vestígios da indústria *paleolítica* (pedra lascada). Na Asia, África, América e Oceania encontraram-se povos na fase da pedra lascada e na da pedra polida (*indústria neolítica*). Já no século XVIII Pallas encontrou na Sibéria Oriental os *wagules* que viviam, nas cavernas, de caça e pesca, como na idade de pedra.

Por isso a arqueologia prehistórica não se apoia apenas na geologia, na paleontologia e na antropologia anatómica; utiliza-se também dos dados etnográficos para o estudo dos vestígios industriais e das condições de existência do homem primitivo.

Além do *método etnográfico* e do *estratigráfico* que determina a ordem da sucessão dos depósitos, a arqueologia prehistórica lança mão do *método tipológico*, que consiste em fixar a idade relativa dos tipos sucessivos duma mesma categoria de objectos, porquanto, tanto no domínio industrial como no mundo dos seres organizados, os tipos mais recentes reproduzem certos caracteres dos ascendentes directos, operando-se a transformação dos produtos industriais, em regra, no sentido dum aperfeiçoamento constante.

A arqueologia prehistórica chegou às seguintes conclusões:

1.º Desde o período *pleistoceno*, contemporâneo das últimas convulsões terrestres, tríbus humanas povoavam a Europa vivendo ao lado dos animais actuais e dos mamíferos extintos (*fósseis*).

2.º O homem primitivo ignorava o emprêgo dos metais e utilizava-se da pedra para fabricar armas e utensílios.

3.º A origem das artes gráficas é anterior à extinção das últimas espécies de animais fósseis. As obras esculpidas, gravadas ou pintadas pelo homem quaternário atestam o desenvolvimento completo da sua existência.

4.º Na Europa o uso do cobre e mais tarde o do bronze sucedeu ao da pedra e precedeu o emprêgo do ferro no fabrico de armas e utensílios.

O povo, ainda nos países civilizados, denomina *pedras de raio* (projectados pelo raio) os machados de pedra polida. Os indígenas da Austrália usam ainda de armas de pedra.

O célebre poeta Lucrécio fez-se eco da tradição que perpetuou a memória das três fases da evolução da indústria humana: as idades de pedra, bronze e ferro:

Arma antiqua manus, ungues, dentesque fuerunt,
Et lapides, et item sylvarum fragmina rami;
Et flamma atque ignes postquam sunt cognita primum,
Posterius ferri vis est, aerisque reperta,
Et prior aeris erat, quam ferri, cognitus usus.

Se o descobrimento do homem quaternário se deve aos trabalhos dos sábios franceses e belgas, Mortillet, Lartet, Dupont e Piette, os arqueólogos escandinavos Thomsen e Worsaee são os criadores do sistema geral da classificação tripartida.

Nos dados da geologia e da paleontologia baseia-se a divisão da história da terra nas seguintes 5 grandes eras que se diferenciam pelos *fósseis*, (restos de animais e plantas) que nos revelam em cada período as modificações da flora e da fauna:

I. Era arcáica

II. Era primária. . .	1	período	silúrico
	2	»	devónico
	3	»	carbónico
	4	»	permiano
III. Era secundária	1	»	triáscico
	2	»	jurássico
	3	»	cretáceo

IV. Era terciária...	1 período	eoceno	
	2 »	oligoceno	
	3 »	mioceno	
	4 »	plioceno	
V. Era quaternária	»	pleistoceno	idade paleolítica
	»	holoceno	» neolítica
			» do bronze
			» do ferro

A era *arcáica* ou *azóica* é caracterizada pela ausência dos seres vivos.

Na era *primária* aparecem os invertebrados, os peixes e os quadrúpedes primitivos. Não há aves nem mamíferos.

A era *secundária* é a era dos grandes reptis, das primeiras aves e dos primeiros mamíferos.

Na era *terciária* formam-se as primeiras cadeias das montanhas e desenvolvem-se os mamíferos, os paquidermes e os ruminantes.

Na era *quaternária* extinguem-se os grandes proboscídios e encontram-se os vestígios da aparição do homem.

E' hipotética a existência do homem terciário. Dizia Broca em 1877: "O homem terciário está ainda no limiar da ciência". A questão encontra-se no mesmo pé.

O período pleistoceno subdivide-se nas seguintes épocas: *chelense, acheulense, musteriense, aurignacense, solutrense, madalenense e aziliense.*

A época *chelense* é caracterizada pelo *coup-de-poing* de Mortillet, de pedra lascada em forma de amêndoa, ovular, triangular ou lanceolada. O homem vivia junto às correntes de água, em cabanas.

Na época *acheulense* o *coup-de-poing* é menos volumoso e menos grosseiro aparece o *coup-de-poing* circular.

O clima temperado permitira ao caçador chelense viver em cabanas; na época *musteriense*, o frio obriga o homem a refugiar-se nas cavernas; a ponta e o raspador lisos na face dorsal são os produtos industriais característicos dessa época. A ponta servia para cortar, furar e serrar, e o raspador para a preparação de peles, de que se vestia o homem da época. Encontraram-se também vestígios da utilização industrial de ossos de cavalo e de bisonte.

Na *aurignacense* despontam as primeiras tentativas artísticas: a gravura em ossos e em rocha, gravura geométrica ou animalista; esculturas representando mulheres núas.

A arte progride, caminha da técnica rudimentar, linear e monócroma da época *aurignacense* até a técnica desenvolvida, à policromia, às admiráveis pinturas e gravuras parietais da *madalanense*. Encontraram-se nas cavernas matérias corantes.

Os instrumentos de pedra da *solutrense* são de forma lanceolada, foi uma verdadeira revolução que se operou no trabalho de pedra. Descobriram-se belas agulhas de ôsso.

Na *madalenense* desenvolve-se a indústria do marfim e ôsso e aparece uma multidão de instrumentos novos: arpões e pontas de zagaia de marfim, ôsso e chifre da rena.

Ao arpão cilíndrico do chifre da rena que desaparecera sucede na *aziliense* o arpão achatado da ponta do veado.

A idade *neolítica* é caracterizada pela indústria da pedra polida. O homem veste-se já de tecidos de lã e de fibras vegetais, aperfeiçôa a cerâmica, cria o gado, escava pirogas e cultiva os cereais.

Em várias regiões do globo surgem focos da cultura neolítica. Os tipos dos produtos industriais diferem dum país aoutro.

O bronze é liga de cobre e estanho. A Caldeia, a Assíria, o Egipto, a ilha de Creta e a Índia são os focos mais antigos dessa indústria que ascende a 5 mil anos antes de Cristo. Véem depois as civilizações nórdicas que cobrem todo o Norte da Àsia anterior e tôda a Europa.

A forma dos primeiros instrumentos de bronze inspira-se na dos de pedra; aparecem depois a espada e as armas defensivas: a couraça, o capacete, o escudo.

Atribui-se aos Ligures e aos Celtas a difusão da indústria do ferro pela Europa e aos árias pela Índia; e supõe-se que seja de origem oriental. Modifica-se a forma dos instrumentos. As armas ofensivas são a espada comprida e fina, o punhal, a lança, o arco e a flecha.

Os utensílios e a bateria de cozinha aperfeiçoam-se rápidamente: aparecem o cinzel do escultor, carro de 4 rodas, jóias adornadas de representações animais e humanas, o desenho geométrico e simbólico, o disco solar, a roda, a *swastica.*

Nos distritos de Dharwar, Bijapur, e Belgão, vizinhos do nosso território de Goa, descobriram-se vestígios da Idade paleolítica. Em a nossa Índia, a pedra de moer a farinha e o tempêro para o caril é vestígio da idade neolítica.

Na Índia do Sul a idade do ferro foi precedida pela da pedra ao passo que na Índia do Norte a idade do ferro sucedeu às do cobre e do bronze.

> "Ce caillou poli que l'on tient dans sa main porte le signe de Prométhée. Il témoigne de la destinée de notre espèce. Cette hache de silex, cette image gravée d'un renne émanent du même génie qui édifia vers le ciel les pyramides da la vallée du Nil et la frise du Parthénon, les cathédrales gothiques et les hauts-fourneaux de Westphalie. Dans toutes les oeuvres des hommes, à travers l'espace et le temps, se décèle une puissance créatrice toujours identique à elle-même. C'est elle qui a fondé l'empire des hommes au cours d'une lutte acharnée contre les éléments." (2)

BIBLIOGRAFIA

BRUCE FOOT—*Catalogue of Pre-historic Antiquities in the Government Museum*—Madras, 1901.

BRUCE FOOT—*Indian Pre-historic and Proto-historic Antiquities*—Madras, 1914.

J. C BROWN—*Raisonné Catalogue of the Calcuta Museum of Antiquities*—Calcutta, 1917.

P. T. SRINIVASSA AIYANGAR—*The Stone Age in India*—Madras, 1926.

PANCHANAN MITRA—*Prehistoric India*—Calcutta, 1927.

RANGACHARYA—*History of Pre-Musalman India*, Vol. I—*Pre-Historic India*—Madras, 1929.

(2) Curtius—*Essai sur la France*, pag. 22.

CAPÍTULO IV

As civilizações da India

> Tandis que les hautes civilisations qui fleurirent autrefois sur les bords de l'Euphrate et du Nil ou, plus près de nous, dans le temps et dans l'espace, en Grèce et à Rome, gisent aujourd'hui ensevelies sous la terre, celle de l'Inde antique non seulement continue d'exister, mais elle ne cessa de se développer ; et tout en absorbant ce qu'elle peut des apports étrangers elle survit jusqu'à cette heure dans sa force et son originalité non pareilles. Voilà certes un phénomène impressionant.
>
> ***Padre Väth***
>
> ***Histoire de l'Inde et de sa culture.***

I

A civilização do Indo

NAS margens do Indo, do Nilo e do Eufrates desenvolveram-se as mais antigas civilizações conhecidas que ascendem a 3 mil anos antes de Cristo, ao passo que só há mil anos despontava a cultura mediterrânea.

"Para compreender a prehistória europeia é indispensável estudar a arqueologia prehistórica e proto-histórica do Oriente antigo. A prehistória europeia, no seu início, não é senão a história da imitação, ou, melhor, da adaptação das conquistas do génio oriental". (1)

A área da civilização do Indo é talvez o dôbro da do Egipto e o quádruplo da de Babilónia. Encontraram-se vestígios da civilização do Indo não só em *Mohenjo-daro* e em *Harapa* — cidades que distam 700 quilómetros uma da outra,

---

(1) Gordon Childe — *L'Orient Préhistorique*, pag. 16.

mas ainda em *Amri* e em *Rupar*, a 200 quilómetros de Mohenjo-daro, e recentemente em *Jhukar, Janghar e Chanhu-daro.*

" Une civilisation dont l'aire de rayonnement était prodigieusement étendue puisqu'on la retrouvait non seulement à Harappa et à Mohenjo-daro, éloignées l'une de l'autre de sept cents kilomètres, mais aussi sur les contreforts de Khirthar dans le Beloutchistan dans l'État de Kalat, à Nal, non loin de Simla. Et on put conclure ainsi que cette civilisation de l'Indus s'était étendue aussi à la vallée du Gange, et que son influence avait peut-être modelé toute le prehistoire de l'Inde. Ce n'était donc pas un phénomène localisé en un seul endroit, comme on l'avait cru lorsque les premiers coups de pioche furent données à Harappa, mais tout un ensemble aussi vaste, probablement, que celui de la vallé du Nil ou de la Mésopotamie. De plus, cette civilisation si étendue dans l'espace s'étendait aussi dans le temps ; on distingue divers niveaux de culture, dont la succession représente de nombreux siècles et plusieurs millénaires peut-être d'occupation"....

Des quatre couches de culture que l'on a retrouvées à Chanhu-daro, les deux plus basses montrent un degré de civilisation analogue à celui que l'on a observé à Harappa, civilisation que nous désignérons sous le terme de mohenjodarienne puis que c'est dans ce site principalement qu'on a pu l'étudier le plus complètement. L'abondance des objets en métal, que l'on a découverts dans cette strate mohenjodarienne, l'excellence des différents outils et vases de bronze et de cuivre, prouvent que l'on est en présence, ici, d'un grand centre métallurgiste. Des fragments de poterie typiquement harappienne, avec des paons, des poissons, des bouquetins, rattachent étroitement ce degré de civilisation à celui qui caractérise exactement l'époque de la floraison de Mohenjo-daro et d'Harappa. A cette époque remonte aussi la curieuse statuette de la Déese-Mère qui présente les mêmes caractéristiques que les figurines de terre cuite que nous avons examinées plus haut.

Au-dessus de ces deux couches mohenjodariennes un nouvelle strate apparaît, qui se distingue par la présence d'une poterie polychrome, peinte en noir et rouge sur fond crème ou rose, tout à fait différent de celle qui était en usage antérieurement, et d'une singularité telle qu'on ne peut aucunement la rapprocher de cette trouvée précedemment dans la vallée de l'Indus; pour rencontrer l'équivalent, il faut aller chercher les vases découverts par Frankfort à Tell Halaf, on encore la poterie de Chagar Bazar, en Syrie Le décor abstrait ou géométrique, les stylisations de feuillages remplacent les représentations naturalistes typiques de la periode précédente. Les cachets, aussi, ne ressemblent plus à ceux qui étaient en usage auparavant; ils montrent une tendance à la stylisation; ils ne représentent plus les animaux que nous avons appris à connaitre par les cachets de Mohenjo-daro et d'Harappa, le tigre, l'auroch, l'éléphant, la rhinocéros, mais principalement des antilopes, traitées un peu dans la manière des Elamites; et c'est à l'Elan encore que nous fait songer la décoration des cachets ronds (non plus carrés ou rectangulaires) portant des étoiles, des rosettes d'un type manifestement persan, ou même cet entrelac en tresse qui sera si fréquent dans l'art irlandais.

Tout cela est différent des productions de l'époque précedente, mais absolument semblable à ce qu'on a trouvé à Jhukar, près de Larkana, dans le Sind moyen...

Au-dessus de la couche correspondant à l'occupation jhukarienne, les ruines de Chanhu-daro présentent enfin—nous ferions mieux de dire en premier lieu puis que c'est cette couche qui s'est présentée d'abord aux yeux de l'archéologue, la poterie typique de Janghar, c'est-à-dire une céramique d'argile grise (et non plus rose ou crème, comme la jhukarienne, ni rouge comme l'harappienne) incisée (et non plus peinte) d'un caractère si différent des précedentes qu'on hésite à l'attribuer à un peuple originaire de l'Indus...

L'expérience de Chanhu-daro dont les ruines, à l'heure où nous écrivons ces lignes, ont été encore très incomplètement dégagées, nous a permis d'apercevoir, pour la première fois, une séquence déterminée par quatre occupations successives, les deux plus anciennes appartenant à la culture d'Harappa-Mohenjo-daro la troisième à la culture Jhukar, la quatrième à la culture de Janghar". (²)

Recentes escavações de Sir Aurel Stein não só no Baluquistão, mas ainda na Pérsia (de Kerman a Kurdistão) reve-

---

(²) M. Brion—*Le Résurrection des villes mortes*, II, pag. 63.

laram vestígios da civilização do Indo: figurinhas de barro, representando o boi de Xivá e a deusa-mãi *sacti*. (3)

O dr. Frankfort, nas escavações de Tell Asmar (Mesopotâmia) encontrou objectos do vale do Indo em casas, cuja antiguidade ascende a 2500 anos antes de Cristo (4). Por seu turno, C. L. Fabri descobriu em Mohenjo-daro uma inscrição sumero-babilónica gravada num vaso que remonta a cêrca de 2600 anos antes de Cristo. (5) Êstes factos mostram que o Sindh mantinha relações mercantis com a Mesopotâmia.

Laura Morgenstern, a eminente crítica d'arte, que a morte prematuramente arrebatou, nota as afinidades artísticas entre Mohenjo-daro e a Babilónia.

> "Des cachets en pierre qui y ont été trouvés représentent des animaux proprement indiens: l'éléphant, le tigre, le rhinocéros; mais leur forme rapelle de si près l'art de la Mésopotamie, que nous voyons cette ville de l'Indus comme une proche parente de l'art très ancien de Sumer". (6)

O vocábulo *parachu* designa o machado tanto na língua babilónica, como em sânscrito e em grego. (7) A palavra *Sindhu* (Indo) significava musselina na língua babilónica.

O termo "mana", donde deriva a *mão* do sistema indiano de pesos e medidas encontrava-se tanto no *Rigvêda* (8) como na Babilónia, na Fenícia e na Grécia e em Roma sob a forma de *mana* (Babilónia e India), *manak* (Fenícia), *mna* (Grécia) e *mina* (Roma).

---

(3) Sir Aurel Stein — *Early Relations between India and Iran*, na *Asiatic Review*, vol. XXXIV, n.º 117, pag. 49 e seg.

(4) Dr. H. Frankfort — *The Indus Civilization and the Near East*, no *Annual Bibliography of Indian Archæology* for the year 1932, publicado pelo *Kern Institute*, de Leiden (Holanda).

(5) C. L. Fabri — *A Sumero-Babylonian Inscription discoverd at Mohenjo-Daro*, na *Indian Culture*—April 1937, pag. 663.

(6) Laura Morgenstern — *Esthétiques d'Orient et d'Occident*, pag. 197.

(7) Bury — *Hist. of Greece*, cap. I.

(8) *Rig-veda*—VIII, 67, 2.

Rivet descobriu curiosas semelhanças entre o vocabulário sumérico e o da língua *munda*, tipo linguístico mais primitivo da Índia. ([9])

C. Picard nota analogias entre a civilização do Indo e a do Mar Egeu—a mais antiga da Europa. ([10])

Guillaume de Hevesy fez por via de Paul Pelliot uma comunicação à *Académie des Inscriptions et Belles Lettres* de Paris, em 1932, pretendendo demonstrar as afinidades entre a escrita de Mohenjo-daro e os hieroglifos da Ilha de Páscoa, na Polinésia. O etnologista A. Métraux combateu a tese de Hevesy, chegando à conclusão:

"There is no comparison between this brilliant and refined civilization (de Mohenjo-daro) and the simple material culture of native Polynesia"; mas Hevesy reconhece que os hieroglifos foram importados na Ilha de Páscoa, não sendo prováveis relações directas entre a India e a Polinésia. ([11])

A população de Mohenjo-daro era de certo mestiça. Os restos de esqueleto e as estatuetas representam tipos físicos diferentes. Lábios grossos e nariz chato duma estatueta de bronze denunciam o tipo australoide dolicocéfalo afim das tribus aborígines da Índia Meridional. Outro tipo dolicocéfalo também se aproxima dos sumeres, usa barba, bigodes rapados, cabelos compridos reunidos sôbre a nuca, à moda dos sumerès. O terceiro tipo, é braquicéfalo alpino ou armenoide. Emfim um esqueleto e figurinhas de barro representam o tipo mongoloide.

As cidades obedeciam a um plano rigorosameute observado nas diversas fases da reconstrução. As ruas eram largas e compridas. Distinguem-se os bairros industriais dos comerciais, as humildes moradas dos artífices e lojistas das sumptuosas residências das classes ricas.

([9]) Réné Grousset—*Les Civilizations de l'Orient*, II, pag. 2.

([10]) *D'un sceau d'Harappa à l'anneau d'or de Tirynle* na *Revue Arcéhologique*, Juillet-Décembre 1938.

([11]) *Anthropos*, n.os de Janeiro - Abril e Setembro - Dezembro de 1938.

Os monumentos públicos mais importantes são um grande estabelecimento de banhos públicos e uma vasta sala. Não se encontraram vestígios de templos.

A civilização era burguesa e democrática, como em Creta, contrastando com a teocracia egípcia ou com as monarquias centralizadas da Mesopotâmia.

Trata-se dum povo pacífico de navegadores e comerciantes, como os fenícios.

Descobriram-se armas e utensílios de pedra e de cobre ou bronze; arcos, setas, lanças, achas, adagas, clavas, machados, foices, serras, escopros, navalhas, facas, pratos, tigelas, brunidores, pesos. Não aparece, porém, o ferro, o que leva a inferir que a civilização do Indo havia atingido a idade do cobre.

O trigo é da variedade ainda hoje cultivada no Punjab, ao passo que a cevada é da variedade descoberta nos túmulos egípcios. Encontraram-se sementes de tâmara.

O povo alimentava-se da carne de vaca, carneiro, porco, e aves domésticas e tartarugas, peixes do rio e do mar.

Restos de esqueletos mostram que eram domesticados o boi, o búfalo, o carneiro, o elefante, o camelo, o porco, os galináceos, o cão e o cavalo.

O vestuário era de lã e algodão, conhecido por *sindhu* (de Sindh) na Babilónia e *sindou* na Grécia. As estátuas desenterradas revelam o uso de chale-manta, cujos vestígios só encontramos nos últimos tempos védicos, talvez porque os árias o adoptaram à imitação dos drávidas com os quais se misturaram.

Adornavam-se de colares, braceletes, aneis e brincos de oiro, prata e marfim.

Utilizavam-se de cristal de rocha, hematite, cornalina, ágata, onix, jaspe, lapis-lazuli, turqueza e jade. Usavam espelhos de bronze e depiladores.

Encontraram-se vestígios de *tiló* (disco) na testa das mulheres, e da linha sagrada (*upanaiana*).

Mackay supõe ter encontrado em Mohenio-daro vestígios de ornatos de nariz; mas a verdade é que nas imagens femininas da época não se nota o adôrno do nariz. ([12])

As casas eram de mais de um andar com páteos ladeados de quartos—característica da actual habitação hindu, com o chão de tijolo e serviços de drenagem e de esgotos. Eram de barro o serviço de mesa e a bateria da cozinha.

As carroças de 2 rodas e os barcos aproximam-se dos que ainda hoje circulam no Sindh.

O metalurgista fundia e trabalhava em oiro, prata, chumbo e cobre.

O oleiro empregava os processos ainda hoje em voga no Sindh, revestindo o barro dum verniz parecido com o xarão chinês.

A economia agrícola, por falta de chuva, baseava-se na cultura irrigada. Cultivavam-se o trigo e a cevada.

O comércio estava bem organizado, por forma a importar regularmente os géneros alimentícios da costa, os metais de Beluquistão e Rajputana, o lapis-lazuli de Afeganistão, o jade da China ou Birmânia, o que denuncia o desenvolvimento da arte de navegação.

Os pesos revelam uma fase adiantada da civilização. Que o sistema decimal era conhecido na India cêrca de 2700 anos antes de Cristo foi uma descoberta interessante feita pela escavação de Mohenjo-daro.

A deusa-mãi *Adhia-Sacti* ou *Pracriti*, o deus cornudo, de três caras, como a trindade babilónica ou a *trimurti* hindu, sentado como um *Yogui* (asceta) rodeado de animais, como que justificando o título de *Pasupatti* que é dado a Xivá, senhor dos animais, o *linga* e o *yoni*, símbolos fálicos e xivaitas da energia reprodutora, o *svastica* e o *pimpôl*, lá estão representados.

Os banhos lembram as abluções nos rios sagrados (*tirta*). Não se nos deparam os deuses vêdicos, donde se infere que a civilização do Indo é prè-árica e afim da cultura dravídica da India Meridional. ([13])

([12]) K. K. Ganguli — *A Note on the Nose-Ornament in Mohenjo-daro* in *Indian Culture*—January—1939.

([13]) K. A. N. Sastri — *A Historical Sketch of Saivism*, a pag. 2 v do vol. II da *Cultural Heritage of India*.

Na Ásia existe uma continuidade ininterrupta de estatuetas femininas desde o paleolítico simbolizando a fecundidade, ao passo que na Europa tais idolos de fecundidade aparecem mais tarde, embora essa idea se manifeste de outra forma. (14)

Encontraram-se vestígios da incineração e da inhumação dos cadáveres, vasos de barro com crânios e ossos humanos não calcinados como em Tinnevely (Índia do Sul) ou com cinzas. Os arqueólogos distinguem duas séries sobrepostas de formas de inhumação: nos estratos inferiores os túmulos contém esqueletos inteiros acompanhados de bilhas, garrafas, pratos; ao passo que nas camadas superiores grandes jarras contém ossadas.

A cultura do Indo representa a fase mais antiga da civilização da Índia.

BIBLIOGRAFIA

BRION (M.)—*La Réssurrection des villes mortes*—Paris, 1938.

CHANDA (RAI BAHADUR) —*Memoir n.° 31 of the Archeological Survey of India.*

CHILDE (GORDON)—*L'Orient Préhistorique*, trad. franc. de E. J. Lévy —Paris, 1935.

E. J. MACKAY—*The Indus Civilization*—London—1935.

E. J. MACKAY—*Further Excavations at Mohenjo-Daro*—1938.

MARSHALL (SIR JOHN)—*Mohenjo-daro and the Indus Civilization*—London—1931.

PURI (K. N.)—*La Civilization de Mohenjo-daro*—1938.

VENKATESVARA (*S. V.*)—*Proto-indian culture* no vol. III da *Cultural Heritage of India.*

(14) J. C. Hinricks—*Der Alte Orient*—Leipzig—1937.

II

A civilização dravídica

Por largo tempo, os drávidas, povo escuro da Índia Meridional foram considerados bárbaros civilizados pelos árias, povo branco da Índia Setentrional. Porém, as modernas investigações levam-nos à outra conclusão. O professor Glasenapp assemelha a entrada dos árias na Índia à invasão dos bárbaros na Europa. Os drávidas foram vencidos pelos árias, como os gregos pelos romanos, como os bizantinos pelos turcos; mas a civilização dravídica era incontestávelmente superior à árica.

No *Rig-vêda*—monumento literário mais antigo dos árias, encontramos os seguintes passos alusivos aos castelos, cidades e riqueza dos drávidas, aos quais chama *dassa, dassiu* ou *assura:*

> "Indra destruiu para Divodasa cem castelos de Sambara.
>
> Indra, fulminante, batalhando por Purukutsa, derribaste sete cidades, e saqueaste, para Sudas, a riqueza dos Anhas. Benévolo para os homens, arrasaste as cidades de Pipru e protegeste Rijisvan nas lutas contra os *dassius.* Varreste a riqueza de Sushna e abateste os seus castelos!"

Há trechos do *Rig-vêda* que aludem a "palácios de mil portas" e às casas de três andares dos *dassius* e às fortalezas inimigas de cem pilares." (15)

Refere-se o *Rig-vêda* à resistência oferecida pelos *dassius,* pois diz que Indra matou cincoenta mil inimigos escuros; que foi incendiada a cidadela do inimigo, o qual fugiu abandonando os seus haveres. (16) Nas fileiras dos *dassius* combatiam ainda as mulheres. (17)

---

(15) *Rig-vêda,* VII, 88, 5; I, 101, 8; V, 101, 2; I, 166, 8.

(16) *Rig-vêda* IV, 16, 3; VII, 5, 3.

(17) *Rig-vêda,* V, 30, 9.

Infere-se das referências do *Rig-vêda* que os *dassius* eram escuros, prognatas e platirrinios, como os povos da Índia Meridional. ([18])

O *Rig-vêda* numera entre os *dassius*: os sambaras, os kuiavas, os onghas, os balas, os danus, os karanjas e os parneias. Tribus com esses nomes encontrâmo-las entre os *mundas*, povo mais primitivo da India actual. ([19])

Com uma lógica cerrada aliada à erudição profunda, Charles Autran defendeu a tese audaciosa de os drávidas se identificarem com os fenícios históricos que, oriundos da costa de Malabar, foram os portadores da grande e antiquíssima civilização que deixou vestígios não só em Mohenjo-daro, mas ainda na Ásia Menor e na Europa, para onde levara o alfabeto e o culto do *Mitra-Xivá* e *Kali-Cibele*, a Virgem negra da catedral de Chartres e o *Prometeu* da tragédia de Eschilo!

Os fenícios identificar-se-iam com os keralas da costa de Malabar, pois tanto o grego *phoinike* como o sânscrito *kerala* significa *terra das palmeiras*. Segundo Herodoto, os fenicios vieram pelo Mar Vermelho e estabeleceram-se na costa do Mediterrâneo, na Fenícia histórica, negociando em produtos do Egipto e da Assíria.

A Prometeu atribui Eschilo os elementos da civilização: arquitectura, calendário, astronomia, alfabeto, navegação, metalurgia. Ora consoante Herodoto, os fenícios introduziram na Grécia muitos conhecimentos úteis, nomeadamente o alfabeto. . .

Prometeu é *pramata*, demónio da comitiva de Xivá, *Pramatapati*, senhor dos pramatas. Prometeu encadeou-o Eschilo ao Cáucaso que não é o actual, mas o Himalaia, o *Gaurisankar*, a formidável montanha consagrada a *Gauri* (Kali) e a *Xencor* (Xivá). *Pramanta* é a varinha mágica

([18]) *Rig-vêda* — I, 130, 8; II, 20, 7; I, 101, 1; V, 29, 10; V, 45, 6; V, 29, 10.

([19]) *Rig-vêda* — II, 12, 11; II, 11, 6; II, 12, 3; I, 32, 9; I, 53, 8. S. C. Roy — *The Mundas and their country*, pag. 47.

que engendra o fôgo pela fricção. Ora Prometeu roubou o fogo...

São sugestivas as concordâncias. No *Rig-Vêda* há alusão à riqueza dos *panis*, que não eram árias e talvez fossem fenícios. ([20]) "Venho como mensageiro da India buscar as deslumbrantes e prodigiosas riquezas que entesourastes", diz Sarama, "O! belo Sarama, cá está a riqueza que desejais e veio dos confins do mundo", respondem os *panis*. ([21])

Era provávelmente de origem dravídica a indústria da pesca de pérolas, pois emquanto a palavra védica *krisana* significa pérola polida, a palavra sânscrita *mugdh* parece derivar do tamil *muttu*.

O que é certo é que a Índia do Sul é célebre pela indústria da pesca de pérolas.

A arte dravídica pela exuberância decorativa e as línguas dravídicas pela riqueza verbal revelam elevado grau de cultura.

O *Ramaiana* atesta os progressos feitos pelos drávidas na pintura e na escultura: retratos de Sitá e de Ramá davam a ilusão da realidade, como os quadros de Apeles. ([22]) São de origem dravídica as célebres pinturas de Ajanta. ([23])

Pela descrição que o *Ramaiana* faz, o carro fúnebre de Vali é obra prima da escultura dos *vanaras*, tribu dravídica. ([24]) As 99 esculturas das atitudes coreográficas que se admiram na portada do templo de Nataraja de Chindabaram revelam o desenvolvimento da arte da dança entre os drávidas. ([25])

Embora o elemento dravídico esteja hoje representado pelos povos da India Meridional, os drávidas deixaram ao Norte

---

([20]) Prof. S. V. Viswanatha — *Racial Synthesis in Hindu Culture* pag. 49; S. V. Venkateswara—*Indian Culture through the ages* I, pag. 64.

([21]) *Rig-Veda* X, 708; VI, 45, 32, 51, 14.

([22]) *Ramaiana*, Yud. Kanda, 81.

([23]) S. V. Viswanatha — *Racial Synthesis in Hindu Culture*, pag. 193.

([24]) *Ramaiana*, Kish. Kand, 25, 22.

([25]) *Madras Ep. Report* for 1918.

da Índia, em Beluquistão, vestígios da sua passagem no *brahmi*, língua dravídica falada por um povo afim.

Deuses dravídicos que os Vedas não mencionam, como Xivá e Durgá, a deusa-mãi, e o escuro Crisna entraram no panteão árico. Dravídicos são o culto do *linga* que o *Rig-vêda* condenava e da serpente que Indra matou ([26]) e provávelmente o *pujá* (*toilette* do ídolo) que os Vêdas não registam e o culto do *yôga* revelado pelas estatuetas de Mohenjo-daro. Segundo os *Puranas*, o *bhakti*, o princípio teológico da fé, da devoção e do culto do deus pessoal é de origem dravídica. ([27])

A hegemonia da casta sacerdotal é mais acentuada na India dravídica que na ariana, assemelhando-se, sob êste ponto de vista, a estrutura social da India Meridional à do Egipto e da Babilónia o que se explica ou pela homogeneidade do ciclo cultural ou pelo contacto estabelecido pela navegação e comércio.

A fé ingénua e simples dos árias, que teve a sua expressão literária nos *Vêdas*, contrasta com a transcendência das construções metafísicas do hinduismo — religião àrio-dravídica que teve a sua expressão filosófica nas *Upanichadas*. São da India Meridional os grandes pensadores, como Xancarachária, Ramanuja e Madevachária.

Entre os não-árias notam-se quatro formas de inhumação: túmulos, jarros com ossos não calcinados e pequenos vasos com comida, bebida e vestuário; tumba de barro com o cadáver; urna com cinzas e ossos calcinados e utensílios de bronze ou pedra. ([28])

Tal é a segunda fase da civilização da India.

([26]) *Rig-vêda* — VII, 21, 5; X, 99, 3; I, 103, 2.

([27]) S. K. Aiyangar — *South Indian Culture* no *Cultural Heritage of India*, III, pag. 78.

([28]) S. V. Viswanatha — *Racial Synthesis in Hindu Culture*, pag. 105.

BIBLIOGRAFIA

AYANGAR (S. K.) — *South Indian Culture* no *Cultural Heritage of India* — III, pag. 78.

AUTRAN (C.) — *Mithra, Zoroastre et la Préhistoire Aryenne du Christianisme* — Paris — 1935.

AUTRAN (C.) — *Phoinikes et Dravidiens* — 1937-38.

CALDWELL — *Comparative Grammar of the Dravidian languages* — London — 1913.

GLASENAPP — *Brahma et Bouddha* — traduit de l'allemand par O. Toutzevitch — Paris — 1937.

GROUSSET (R.) — *Les Civilisations de l'Orient*, II, *L'Inde* — Paris — 1930.

KONOW (S.) — *Munda and Dravidian languages* no *Linguistic Survey of India*, IV, Calcutta — 1906.

MOOKERJI (R. K.) — *Hindu Civilization* — London — 1936.

RAWLINSON (H. G.) — *India* — London — 1937.

VÄTH (Père) — *Histoire de l'Inde et de sa Culture* — Paris — 1937.

VENKATESWARA (S. V.) — *Indian Culture through the ages* — 1928.

VISWANATHA (S. V.) — *Racial Synthesis in Hindu Culture* — 1928.

III

A civilização ário-dravídica

Utensílios de cobre e de bronze (machados, punhais) e idolos, encontrados ao Noroeste da Índia e cuja antiguidade ascende a 1200 anos, antes de Cristo, denunciam as relações da Índia com o Ocidente desde a Ásia Menor à Ucrânia e à Transilvânia e, talvez sejam vestígios da migração dos árias — raça evidentemente nórdica. [29]

---

[29] R. von Heine-Geldern — *Archoeological Traces of the Vedic Aryans* no Journal of the Indian Society of Oriental Art — IV — Calcutta — 1936.

A palavra *deva* (da raiz *div*,-brilhar) é o elo que prende os índios aos europeus.

O *Céu-pai* chama-se em sânscrito *Dyaus-pitar*, em grego *Zeus-pater* e em latim *Jupiter*.

Certos deuses são comuns aos persas e aos índios: *Mitra, Varuna, Indra e Sôma.*

Irão (Pérsia) quere dizer "terra dos árias".

A missão do *Oriental Institute* de Chicago nas escavações de Takht e Djanishid (Pérsia) descobriu lages de pedra com a seguinte inscrição de 485 a 480 A. C.: "Xerxes, o grande rei, o rei dos reis, o rei dos países de muitas tribus, o rei desta vasta terra que se estende ao longe, o filho de Dario, o persa, *ariano, oa linha ariana*".

Xerxes o rei disse: Pela vontade de Ahuramazda, os países seguintes, salvo Fars, são os que governei:

Traziam tributos, obedeciam às minhas ordens e à lei: . . . *Ghandhara, o país do Indo.* (30)

As afinidades entre os persas e os índios levam a concluir que em idade remota viviam juntos e falavam a mesma língua. Quando se separaram, o ramo irânico ocupou o Afeganistão setentrional e a Pérsia, e o árico transpôs o Afeganistão meridional e estabeleceu-se nas margens do Indo, onde a civilização do Norte ou árica atravessou o período infantil, para atingir o seu apogeu no vale do Jamna e do Ganges, donde, graças ao budismo e ao hinduismo, religiões proselitistas e cosmopolitas, se difundiu pelo Decão e pela India Meridional.

A civilização árica caminhou, pois, do Noroeste da India para o Nordeste, e do Nordeste para o Sul.

A India conserva nos seus três gigantescos monumentos: o *Rig-vêda*, o *Mahâbhârata* e o *Ramaiana* a lembrança das três *étapes* da expansão árica na India, primeiro no vale do Indo, depois nas margens do Ganges e emfim na India do Sul.

---

(30) *Revue des Arts Asiatiques*, V, n.° III, pag. 165.

Como o fenómeno religioso dominou as manifestações psíquicas do índio, convém distinguir na história da civilização ário-dravídica quatro períodos correspondentes aos quatro estádios da evolução religiosa: o vêdico, o bramânico, o jaina-budista e o neo-bramânico ou hindú.

O primeiro é representado pelos *Vêdas*; o segundo pelos *Brahmanas* e pelas *Upanichadas*; o terceiro pela literatura jaina-budista; e o quarto pelo *Mâhâbarata*, pelo *Ramaiana* pelas *Leis de Manú* e pelos *Puranas*.

I

Período vêdico

Os *Vêdas* são o monumento literário mais antigo da civilização árica. *Vêda* quere dizer "ciência". Os *Vêdas* são colecções (*samhitás*) de hinos religiosos (*mantras*), composições dos *rixis* (bardos), que, transmitidas pela tradição oral, se conservaram e ampliaram através de gerações até que, com o decorrer dos séculos, se revestiram de carácter sagrado e se compilaram formando o *Velho-Testamento* da Índia. Nem todos os hinos dos *Vêdas* foram compostos pelos sacerdotes. Também os reis e as mulheres os elaboraram.

Assim, a segunda *mandala* foi composta pela família do poeta *kchatria* Gritsamada e a terceira pela família do célebre *rixi* kchatria Visvamitra. ([31])

Entre as autoras dos hinos destacam-se Lopamudra, Visvavara, Sicata, Nivavari e Ghocha.

Recitavam-se ou cantavam-se os hinos vêdicos durante os sacrifícios que consistiam na oblação da *sôma* (bebida) e da *ghrita* (manteiga) e se celebravam ao ar livre. Não havia então *pagodes* nem ídolos; os deuses eram adorados no templo imenso da Natureza, iluminado pelo Sol ou pelas estrêlas.

([31]) C. K. Raja — *The Vedic Culture* a pag. 20 do vol. I do *Cultural Heritage of India*.

O chefe de família *(griahasta)* celebrava sacrifícios e entoava hinos, compostos por êle ou pelos antepassados. O rei em certas ocasiões, como nas vésperas das batalhas, oferecia os sacrifícios da tribu por si ou, pelo seu capelão *(purohita)*. Com o rodar do tempo, os *rixis*, compositores dos hinos religiosos, foram considerados filhos dos deuses e pais dos homens, e a *élite* da classe sacerdotal que se formou, pela lei da divisão do trabalho, passou a presidir aos sacrifícios solenes da tribu, representando o rei—eis o gérmen da casta sacerdotal *(brâmane)*.

Os *gurus*, mestres dos colégios sacerdotais, confiavam os hinos à memória dos discipulos *(brahmacharias)* que passavam a mocidade a fixá-los e a velhice a ensiná-los às gerações sucessoras tão fielmente que para evitar a adulteração do texto se tinha contado o número das palavras e silabas, de maneira que se desaparecessem os manuscritos dos *Vêdas* (que sairam à luz muito depois da introdução do alfabeto na India) ou o incêndio os devorasse, podiam os hinos ser recolhidos, integralmente, da boca dos *panditas* (teólogos).

Havia três ordens de sacerdotes que tomavam parte nos sacrifícios: os *hotris* que recitavam versos escolhidos dos hinos, os *udgatris* que os cantavam durante as libações da *sôma* e os *adhvarius*, que diziam certas fórmulas rituais. Dai os três manuais de hinos: *Rig-vêda*, *Soma-vêda*, e *Yajurvêda*, compilados nos colégios sacerdotais.

O *Rig-vêda*, que é o mais importante, encerra 1017 hinos, em verso, agrupados em dez livros *(mandalas)*. Segundo as conjecturas dos professores Hopkins e Rapson, baseadas nas referências geográficas dos hinos, o *Rig-vêda* foi composto no Afeganistão, na Província do Noroeste, e no Punjab, e é obra de gerações de poetas e de séculos, em que o pensamento indiático se elevou das ideas mais simples às mais complexas e abstractas, desde o animismo e o politeismo até ao panteismo e ao monoteismo, culminando na grande concepção filosófica da ubiquidade de Deus, uno na essência e múltiplo nas manifestações.

O *Soma-vêda* contém hinos extraidos na mór parte do

Rig-vêda, cânticos que acompanhavam o sacrifício do *sôma* (suco de uma planta que se misturava com o leite). O *Yajurvêda* é em prosa e em verso. É original em grande parte, e de grande valor histórico, por corresponder à nova fase da evolução social e religiosa, em que o centro da civilização árica se deslocou do Punjab para a planície indostânica, banhada pelo Jamna e pelo Ganges (*Behar e Thirut*).

Além dêstes três manuais, há o *Atharva-vêda* composto dos hinos que se entoavam nas cerimónias religiosas de nascimento, casamento e óbito, e na coroação dos reis.

O *Atharva-vêda*, embora seja compilação posterior ao *Rig-vêda*, reflecte as fases anteriores da evolução religiosa, as superstições populares, grosseiras e infantis. É também um subsídio valioso para a história da ciência hindú. Contém os germes dos sistemas da medicina ariana. É anterior ao *Yajurvêda*. Quando foi compilado já os árias estavam nas proximidades de Benares.

Divergem os indianólogos sôbre a época da elaboração dos hinos do *Rig-vêda*. Tilak e Jacobi remontam a antiguidade dêles a 3500 anos (antes de Cristo), Brunnhofer a 2800, Whitney, Grassman e Benfey a 2000, Max Müller a 1500 e Rapson a 1200.

Consoante Rapson, os Vêdas foram compilados desde 1000 a 800 anos, antes de Cristo.

As datas da história primitiva da India são meramente conjecturais.

Interrogando as páginas dos *Vêdas* podemos reconstruir a estrutura da sociedade árica.

Os árias eram principalmente pastores de bois e carneiros; a agricultura era secundária e rudimentar. (32) Era uma raça alegre, activa e belicosa.

Havia carpinteiros, *tacchan* (33) ferreiros, *carmara* (34)

---

(32) *Rig-vêda*, IV, 15, 6; VIII, 22, 2; VII, 55, 3.

(33) *Rig-vêda*, IX, 112, 1.

(34) *Rig-vêda*, X, 72, 2.

ourives, *hirmacara* (35) tecelões, *vaia* (36) médicos, *bichaj* (37) barbeiros (38) e comerciantes. (39)

Atribui-se aos árias a introdução do ferro e do cavalo, cujos vestígios se nos não deparam em Mohenjo-daro, e à cavalaria e às cotas de malha a vitória na luta contra os drávidas. (40) A cultura árica é pois da idade do ferro.

A vida material.—Alimentavam-se os árias de leite, manteiga, cereais, carne de vaca e de carneiro. (41)

Segundo o *Rig-vêda*, emquanto os árias comiam carne cozida, os não-árias comiam-na crúa. (42)

Bebiam *sura* e ofereciam *sôma* aos deuses. (43)

Vestiam-se de tecidos de lã, *urnas* e os ascetas de peles, *ajina.* (44)

O vestuário (*vastra*), consistia em três peças sobrepostas; *nivi*, *vasa* e *adhivas.* (45) Há referências a bordados, *pesas*, e a mantas bordadas a ouro, *hiraniaian atcan.* (46)

Adornavam-se de brincos, *carna sobhana*, colares, *nichcegriva*, braceletes, *cadi*, e grinaldas, *rucma-vaccha.* (47)

O gado servia de moeda, como o *pecus* romano, donde derivou a *pecunia.* (48)

A vida espiritual.—Consoante a teoria clássica que ainda hoje prevalece na história das religiões, são três as fases

---

(35) *Rig-vêda*, I, 122, 2.
(36) *Rig-vêda*, X, 26, 6.
(37) *Rig-vêd,a* IX, 122.
(38) *Rig-vêda*, X, 142, 4.
(39) *Rig-vêda*, I, 122, 2.
(40) *Rig-vêda*, IV, 38, 8; VI, 57, 7; IV, 38, 5; VI, 75, 18.
(41) *Rig-vêda*, I, 109, 3; I, 134, 6.
(42) *Rig-vêda*, IV, 18, 13; X, 87, 2.
(43) *Rig-vêda*, VII, 86, 6; IX, 99, 8.
(44) *Rig-vêda*, IV, 22, 2; I, 166, 10.
(45) *Rig-vêda*, I, 140, 9.
(46) *Rig-vêda*, II, 396; V, 55, 6.
(47) *Rig-vêda*, VIII, 78, 3; II, 32, 10; I, 166, 69.
(48) *Rig-vêda*, IV, 24, 10.

por que passou a religião dos povos primitivos: o *naturalismo animista*, o *espiritismo* e o *antropomorfismo*.

O homem primitivo, de imaginação fértil, ignorante das leis que regulam os fenómenos naturais, tendia a animizar, personificar, considerar como outras tantas individualidades humanas, embora *sui generis*, tudo aquilo a que atribuia movimento ou vida: a nuvem, o astro, a água, o vento, a planta, o animal, o lume, a sombra fugidia...

Via em todos os fenómenos, e atribuia a todos os seres, reais ou fantásticos, consciência e vontade análogas às suas. Imaginava, como o selvagem actual, que o animal e a planta percebiam a sua língua, falava-lhes.

¿Não vêmos as crianças bater nos objectos que as magoem? Os egípcios, conforme Heródoto, julgavam que o fôgo era ser vivo. Os zulos, os peles vermelhas consideram o arco-íris como um monstro que bebe as águas dos rios...

O espectáculo da Natureza, ora suave e belo, ora trágico e sublime, os sonhos, as auto-sugestões deviam despertar no espírito infantil do homem primitivo um sentimento mixto de terror e admiração, de alegria e confiança.

Daqui resultou o povoar êle o universo de entidades superiores e misteriosas, da vontade das quais, cria, estavam dependentes êle e a natureza: deuses bons que êle invocava, e deuses maus que êle esconjurava.

O homem primitivo devia ter-se limitado a adorar os seres a que atribuia uma consciência e uma vontade, como as suas. O animismo era a explicação dos fenómenos físicos e psíquicos, satisfazia a sua curiosidade científica. O animismo era, no dizer expressivo de Tylor, a filosofia da humanidade.

Pode considerar-se o *naturalismo animista* como a primeira fase da evolução religiosa.

O homem primitivo não tardou em distinguir de uma maneira concreta o espírito e o corpo nos seres que conhecia ou que julgava conhecer. A vista do cadáver sugeria-lhe o sentimento de que desaparecera sem se ter aniquilado aquilo que fazia querer, falar e agir. Os sonhos levavam-no à mesma conclusão.

O selvagem, que é transportado em sonho a um país distante e que aí encontra os mortos queridos ou os ausentes, crê que a sua alma foi realmente viajar, separando-se do corpo e que viu seres reais. O carácter subjectivo do sonho escapa-lhe por completo. Daí esta dupla conclusão: a alma pode destacar-se e levar vida autónoma. De maneira que para o homem entregue às ilusões da ignorância, não só a alma pode desprender-se do corpo, mas também o espírito e o corpo de todos os seres naturais personificados por êle podem separar-se um do outro e que, por exemplo, a alma invísivel do rio, a do animal, a do Sol que êle adora podem deixar o seu invólucro e percorrer o espaço. Em tôda a parte, o culto dos mortos associa-se ao dos espíritos dos animais, das plantas e dos corpos inorgânicos. Com o volver do tempo apagou-se a lembrança do laço que prendia os espíritos aos objectos naturais, tendo o culto da natureza sido suplantado pelo dos espíritos.

O *espiritismo*—eis a segunda fase religiosa.

Na face do *naturalismo animista* o homem adorava os seres por êle animizados, entidades a que atribuia consciência e vontade, fôssem corpos celestes ou animais.

Na fase *espiritista* já o homem concebia os espíritos destacados de seus invólucros corpóreos e eram as almas dos fenómenos físicos o objecto de sua adoração.

De maneira que o homem adorou, primeiro, os objectos supondo nêles uma alma e abstraiu, depois, essa alma e a adorou.

Na concepção do homem adorador dos espíritos, êstes podem actuar, quer operando à distância, quer incarnando-se em qualquer corpo.

No primeiro caso há *obsessão* e no segundo, *possessão*. Os espíritos podem actuar nas coisas inanimadas e servir-se delas como de instrumento (*talismans* e *amuletos*) ou podem incarnar-se num objecto que será um *feitiço*. Neste último caso, o objecto feito corpo do espírito será o dispensador das suas graças, consistindo o *feiticismo* na crença de que a apropriação de uma coisa pode render os serviços do espírito alojado no interior dela. Aí temos o espiritismo descambando no feiticismo.

¿Que é um feitiço? É objecto habitado por um espírito que lhe dá poder sobrehumano.

¿Que é um ídolo? É um *feitiço* fabricado de maneira a reproduzir a fisionomia do espírito que se crê residir nêle. Ídolos não são tôdas as imagens de um ser sôbre-humano, mas só as que são tidas por conscientes e animadas.

Assim, dîz uma inscrição hindú existente em Sintra: " Valmikiraschi (encarnação de Xivá) concedendo uma graça ao sacerdote Castkreshi, disse-lhe que era o próprio Xivá e *que se a sua mão, da flôr de lotus, tocasse em qualquer pedra, esta se tornaria em ídolo verdadeiro.*" (19)

Nas fases primitivas da evolução religiosa, o homem dotado do génio poético, que adorava os objectos por êle personificados, dramatizava naturalmente as relações entre êsses objectos. As relações psíquicas dos homens serviam de modêlo às relações entre os fenómenos físicos animizados. À' semelhança daquelas eram estas concebidas.

Por exemplo:

O movimento do Sol é contínuo. Êle, rolando no espaço, não pára. Os seus raios acariciam as nuvens, beijam-nas, enrubesçem-nas. Sôbre êste fenómeno a Grécia estendeu o manto de sua fantasia desbordante:

A nuvem é Juno, espôsa de Júpiter. O Sol é Ixion, o maldito, que ousara alevantar para Juno os olhos húmidos de ternura e ardentes de paixão. Júpiter prepara uma armadilha, formando de uma núvem a figura de Juno. Ixion cai no laço, *tomando a núvem por Juno.* Júpiter vinga-se condenando o seu rival ao suplício perpétuo de girar sôbre uma roda de fôgo. Aí temos um mito.

Atribuir o carácter de realidade às narrativas puramente imaginárias é o que distingue o mito da fábula ou da alegoria. É conhecida a fábula do lôbo e do cordeiro, mas ninguem dirá que houve, de facto, uma altercação entre o cor-

---

(19) Herculano de Moura — *Inscrições indianas em Cintra*, pag. 181.

deiro e o lôbo. Considerar as interpretações poéticas da natureza como outras tantas realidades positivas — eis um mito. Se, por exemplo, na mente ingénua dum ária ou dum grego primitivo se tivesse desenhado a figura de Adamastor, êle teria, de certo, acreditado na existência real do gigante que Luis de Camões cantou em versos imortais. E aí tinhamos um mito.

O homem primitivo, que concebia os fenómenos físicos como manifestações duma alma análoga à sua, atribuia a essa alma, como era natural e lógico, os sentimentos que floriam no seu espírito e as paixões que nêle tumultuavam. Do embate dêsses sentimentos e do conflito dessas paixões rebentavam dramas.

Orá os fenómenos físicos tinham sido divinizados. A alma dum fenómeno era a alma dum deus. O mito era a descrição de um fenómeno natural, considerado como manifestação dum drama divino, tido por realidade concreta. No *Rig-Vêda*, por exemplo, encontram-se poemetos dialogados, pequenas peças teatrais, em que as personagens são deuses.

Quando o espírito humano teve uma concepção mais nítida da impersonalidade das coisas, não era fácil atribuir aos corpos celestes ou aos objectos terrestres o papel de pessoas quási humanas. Que é que sucedeu? A personalidade dos corpos celestes e terrestres não desapareceu, assumiu novos aspectos, o seu invólucro modificou-se. Os espíritos das coisas e dos fenómenos naturais envolveram-se em formas humanas, meteram-se, por assim dizer, em corpos humanos, e êstes corpos, como que reagindo sôbre os espíritos, deram-lhes atributos humanos. Os fenómenos físicos divinizados transformaram-se em personagens históricas, englobando nas suas aventuras as proesas dos heróis e as criações da fantasia popular.

O mito fêz-se conto e fêz-se lenda ou se fixou numa personagem de tal guisa que é difícil saber se se trata de um deus transformado em herói ou de um herói transformado em deus. Exemplificando:

Paraxurama, exterminador dos *kchátrias* (casta militar)

é uma incarnação do deus Vixnu, que, na mitologia vêdica, personificava o movimento aparente do Sol; mas a lenda post-vêdica de *Paraxurama* simboliza a luta entre o sacerdócio bramânico e o budismo, que foi uma reacção dos kchátrias e das outras classes coligadas contra o exclusivismo bramânico.

¿Há alguma coisa de comum entre o movimento aparente do Sol e a luta entre os *brâmanes* e os *kchátrias?*

Não há. Vixnu, que na mitologia vêdica era um fenómeno físico animizado e divinizado, transformou-se em personagem da lenda, em herói.

Observa-se o mesmo fenómeno na Grécia: "Por um lado, deram-se nomes locais ou semidivinos a várias personagens que representam feitos gloriosos acontecidos na terra e transladaram-se para a história as lendas relativas a tais divindades; por outro lado, a raça lendária daquele povo, dotado de imaginação muito viva, foi muito amiga de concentrar as memórias e acumular os acontecimentos duma época nesta ou naquela personagem, formando assim um ciclo de tradições que com o decorrer do tempo e o desenvolvimento posterior aumenta e se alarga com a mistura de outros elementos. A criação mais colossal desta espécie é Hércules, filho de Zeus e de Alcmena, descendente pela mãi e pelo pai humano Anfitrião da família de Persea. Além de Micenas e Argus, a cuja mitologia originàriamente pertenceu, Hércules foi sendo gradualmente adoptado por todos os grupos gregos, que o incluiram no número dos seus mitos. Foi assim que êsse caçador celeste das nuvens, porventura concebido no comêço, como um espírito subalterno de Hera, espôsa de Zeus, êsse sagitário nocturno, primeiramente adorado na Argólida, foi trazido para a terra e convertido em herói grego. Cada região o foi introduzindo no seu círculo mitológico atribuindo-lhe grande número de façanhas lendárias arrancadas a todos os grupos de heróis da Grécia." ([50])

([50]) Dr. Herzberg — *História da Grécia e Roma* na *História Universal* de Oncken, tradução portuguesa, IV, pag. 21.

O *antropomorfismo* ou a humanização dos deuses é a terceira fase da evolução religiosa.

O *espiritismo*, que no solo abençoado da Grécia e da India desabrochou na magnífica flora de mitos, contos e lendas em que um veio de poesia serpeia, mirrou-se entre os povos psicológicamente inferiores, crescendo a erva de superstições grosseiras e do feiticismo repelente.

Nos *Vêdas* há vestígios das primeiras fases da evolução religiosa. Mesmo a uma ferramenta obrada pela mão do homem se atribui uma alma *(naturalismo animista)*. Para o homem dos tempos vêdicos, o universo estava inundado de espíritos: o céu e a terra, a floresta e a montanha, a árvore e o animal, a água terrestre e a água celeste das nuvens, tudo era um formigueiro de espíritos malignos ou propícios. Incarnadas ou invisíveis vagueavam as almas dos mortos: pais, amigos e inimigos, aqui um guardião tutelar, um anjo custódio, acolá um demónio que trazia a doença e a desgraça, um vampiro que sugava o sangue e as fôrças *(espiritismo)*. É a herança dum passado longínquo em que os ascendentes dos árias não tinham transposto ainda o estádio das superstições grosseiras, em que a mentalidade dos sacerdotes não era superior a dos feiticeiros dos povos selvagens. Do fundo espiritista emerge a teoria dos deuses superiores, divindades antropomórficas, super-homens, convulsionados pelas paixões humanas, nascidos como os homens, mas imortais *(antropomorfismo)*. Os deuses *(devas)*, que os hinos do *Rig-Vêda* invocavam, eram fenómenos naturais personificados, despertavam belas imagens, esplêndidas de brilho e de côr, que aos olhos dos crentes se objectivavam, constituindo verdadeiras realidades.

Uchas, a aurora, é a criação mais graciosa dos hinos — imagem brilhante e leve que flutua nos confins indecisos da poesia e da religião, no dizer elegante de Barth.

Segundo a escola sociológica francesa representada por Durkheim, o *totemismo* é a forma original da religião. (51)

---

(51) Durkheim — *Les formes élémentaires de la vie religieuse* — Paris — 1912.

É a Mac Lennan que cabe a honra de ter revelado ao mundo sábio o curioso fenómeno de totemismo: certos povos consideram a família e a tríbu aparentada com uma determina, da espécie zoológica ou vegetal. ([52])

Durkheim vê no *tótem* o tipo das coisas sagradas. É em relação ao *tótem* que as coisas se classificam em sagradas e profanas. O objecto do pensamento religioso não são os deuses nem os ídolos, mas a idea da tríbu, o *tótem*.

O totemismo não é só um conjunto de costumes e ritos mas a ideia duma fôrça anónima, concebida sob as espécies dum animal, dum vegetal ou duma coisa sensível, fôrça comparável às fôrças físicas.

Esta concepção tem a sua origem na vida social que produz em nós os sentimentos de dependência, de autoridade; da fôrça da acção, do carácter sagrado das ideas morais e religiosas, em suma a sensação do divino.

O emblema totémico é o corpo visível de Deus. É dele que parecem emanar as acções boas ou más, é a êle que se dirigem os ritos.

Emfim, Andrew Lang no seu livro *The making of Religion* veio defender a tese do monoteismo primitivo, com aplauso dos escritores católicos, como o sábio padre Schmidt e o jesuita Pinard de La Boullaye.

Mas a verdade é que tanto o totemismo como a crença no Ser Supremo se encontram associados ao animismo, não sendo possível demonstrar a prioridade de qualquer das concepções religiosas.

Se a prehistória e a etnografia nos revelam as formas mais arcáicas do sentimento religioso certo é que não descobriram ainda a fase inicial do fenómeno religioso. ([53])

([52]) Mac. Lennan — *On the Worship of Animals and Plants* — Fortnightly Review (1869-70).

([53]) P. W. Schmidt — *L'Origine et évolution de la religion*, trad. franc. — Paris — 1931; Pinard de La Boullaye — *L'Etude comparée des Religions* — Paris — 1925; A. Bros — *L'Ethnologie Religieuse* — Paris — 1936; R. Bastide — *Elèments de sociologie religieuse* — Paris — 1935.

O selvagem nómada que se nutre de frutos ou das raízes das plantas ou vive da caça é *totemista*, isto é, considera-se parente dum vegetal ou dum animal, duma árvore, duma ave ou dum quadrúpede. Não tem a noção do "eu". Relações de ordem mística prendem-no ao solo que pisa, à Natureza que o rodeia, e às almas dos mortos. Em a nossa Índia encontramos vestígios do *tótem* no *kul*. Os *gauddés*, por exemplo, não comem nas fôlhas da árvore que seja *kul;* a identidade do *kul-devata* (divindade protectora da família) é impedimento matrimonial, como o é entre os *comorpaicos* e os *dangores*.

"A l'homme primitif, diz Spencer, comme à tout enfant né au milieu de la civilisation, le problème de l'univers se pose de lui même: qu'est-ce que l'univers et do'ù vient il? Ces questions réclament impérieusement une solution quand, de temps en temps, l'imagination s'élève au-dessus des vulgarités de la vie."

Em Boghaz-Keui (Ásia Menor) descobriu-se uma inscrição cuneiforme dum tratado celebrado, cêrca de 1400 (antes de Cristo), entre Mattinaza, rei dos Mitanis e Subbibuliuma, rei dos Hititas, em que se invocam os deuses: *Indra*, *Mitra* e *Varuna*. ([54])

Indra, *Mitra*, *Varuna* e *Sôma* são, como vimos, divindades comuns aos persas e aos índios.

Ao *Sôma* corresponde o persa *Haoma*, deus-touro que deu o seu sangue à humanidade, que morre e depois resuscita. O culto do Haoma consistia em beber o suco inebriante duma erva (*haoma*) que se apanhava nos montes. ([55])

O número dos deuses rigvêdicos eleva-se a trinta e três. Distinguem-se três grupos: o celeste, o atmosférico e o terrestre.

Ao primeiro pertencem: *Dyaus* (céu), *Suriá* (o Sol),

([54]) Masson — Oursel et Louise Morin — *Mythologie de l'Inde* in *Mythologie Générale* par Félix Guirand, pag. 304.

([55]) H. Glasenapp — *Brahma et Bouddha* — pag. 57: Durant — *Histoire de la Civilisation* — II, pag. 84.

Chandra (a Lua), *Uchas* (a Aurora). Ao segundo: *Indra, Vaiu* e *Vata* (o vento), *Parjania* (a chuva) e *Rudra* (a tempestade). E ao terceiro: *Prithivi* (a Terra), *Agni e Sôma.*

São inimigos dos deuses: *Asuras* e *Rakchassas* (demónios).

As principais divindades do panteão 'rig-vêdico são: *Indra, Agni, Sôma, Rudra, Mitra* e *Varuna.* O que constitui o núcleo central dos mitos relativos a *Indra,* o celeste guerreiro, é o seu feito mais brilhante: a derrota de *Vritra* e a libertação das águas da chuva.

Vritra quere dizer "inimigo", significa também "serpente" que os *dassius* adoravam. *Indra* personifica a tempestade. As nuvens são o dragão (Vritra) que Indra vence, libertando as águas da chuva que aquele retinha cativas. O raio é a arma de Indra, o trovão o seu rugido. Não há dúvida, o inverno da India é a matéria prima do mito de Indra. As lutas entre os árias e os *dassius* conjugadas com a chuva bemfazeja foram as musas que inspiraram os vates rig-vêdicos e lhes deram os fios com que teceram as lendas que envolveram Indra num halo de sonho!

O meio físico, nota Frazer, modela os mitos e as religiões. ¿Não se descortina no mito de Indra o facto de a estiagem e a fome haverem impelido os árias para a India, como sucedeu aos invasores posteriores?

Representam Indra com dois braços, um armado do raio (*vajra*) e outro do arco ou com 4 braços, dos quais dois empunham lanças, quais aguilhões do elefante qne é montado.

Agni é o deus vêdico do fôgo. O mito ígneo serviu de tema para a exuberante fantasia dos poetas do *Rig-Vêda* desenrolar a fita das suas criações.

Se *Indra* é a fôrça material, o *kchátria* divino, Agni personifica o vigor intelectual, é o Sumo Sacerdote. A Indra pede-se a vitória, o triunfo. A Agni a tranqüilidade do lar, a paz, a prosperidade.

O *Agni* vêdico conservou a função que se pode considerar a mais antiga das virtudes mágicas ou religiosas atribuidas ao fogo pela crença dos povos primitivos: êle queima ou afugenta os espíritos maus. Com esta virtude conjuratória de *Agni* se relacionam as bênçãos que sôbre os homens esparzem o fôgo doméstico e o fôgo do sacrifício.

É ao fôgo do sacrifício que a poesia do *Rig-vêda* liga maior importância. Para ela, o carácter essencial de *Agni* reside na dignidade sacerdotal, no ofício de medianeiro entre os homens e os deuses; é êle que conduz os deuses ao altar do sacrifício ou se eleva aos céus, transportando as oferendas dos homens. Para os índios dos tempos vêdicos a amizade que os prende a *Agni* remonta ao pacto imemorial selado pelos antepassados. Um deus, que é companheiro inseparável do homem, que viu envelhecerem os pais e crescerem os filhos, devia ocupar situação de relêvo na intimidade do lar.

Agni é considerado o inspirador, a musa dos hinos sagrados, o inventor da oração, a incarnação do sacrifício, porque trouxe, qual Prometeu, o fôgo aos homens e presidiu aos primeiros sacrifícios. É o pai dos sacerdotes arianos.

Trazido para o lar doméstico que aquece e ilumina, *Agni* é o bemfeitor da humanidade. Graças a êle, os nómadas áricos deixaram-se seduzir pelas doçuras e pelo bem estar da vida de família, transformando-se em povo sedentário

É êle, enfim, que transporta para os céus, para o Sol, para os astros, através da chama da pira fúnebre, a alma, dos defuntos!

Agni é representado por um homem vermelho, de três pernas e sete braços e montado num carneiro. Usa a linha sagrada dos brâmanes com uma grinalda de frutas.

É impossível separar de *Agni* o deus *Sôma*, de importância quási igual. *Sôma* era suco extraído duma planta, misturava-se com o leite para fermentar. Inebriante e essencialmente inflamável, servia para as libações. Os sacerdotes e os improvisadores de hinos bebiam-no para se inspirarem. Era a oferenda mais agradável aos deuses.

Divinizado porque atiça o lume e por causa da embriaguez que proporciona, o *Sôma* converte-se de acessório do sacrifício no próprio sacrifício. O *Sôma*, como a ambrósia grega, embriaga os deuses e estimula o valor marcial de *Indra*.

O deus *Sôma* reveste diversas formas: touro celeste, ave, embrião, gigante das águas... e nos hinos vêdicos mais modernos personifica a Lua.

Rudra é o deus do mal, o deus da doença. Faz-se temer, não se faz amar. É justiceiro, a sua cólera é provocada pelo pecado, pela transgressão das leis humanas e divinas. As doenças que êle causa, êle as cura. É o médico por excelência. Reside nas montanhas, nas florestas, é próximo parente dos faunos e dos sátiros da mitologia europeia.

Saido duma mitologia grosseira, estranho ao ciclo das divindades celestes, envolto em visões sinistras, Rudra, carrancudo e selvagem, prestava-se admirávelmente à objectivação dos sonhos maus, dos pesadêlos do hinduismo. Não admira que o encontremos, em os nossos dias, nos *pagodes* (templos) da Índia sob a máscara hedionda de Xivá, o símbolo da destruição, marido de Kali que usa colar de caveiras...

A escola indológica de Upsal (Johansson e seus discípulos Arbman e Charpentier) descobriu recentemente nos Vêdas os vestígios da religião popular, em que o culto de *Rudra* desempenha papel principal.

Tirante Rudra, as divindades do panteão vêdico são potências benignas. Os espíritos maus foram relegados para a categoria de demónios, atribuindo-se-lhes as doenças e os males de tôda a ordem, resultando daí entregarem-se os curandeiros às práticas exorcistas. Os deuses bons, como Indra, derrotam e aniquilam os espíritos malignos, como *Vritra.*

É que na nebulosa dos espíritos se operava a diferenciação entre os espíritos bons *(deuses)* amigos dos homens e os espíritos maus *(demónios)* inimigos dos homens. Feriam-se batalhas na terra. Porque se não haviam de ferir no céu?

Na terra travava-se a luta entre os árias e os *dassius.* No céu batiam-se os deuses com os demónios, também chamados *dassius.*

"Et c'est bien ce qui arrive dans l'*Iliade.* Non seulement les mortals combattent sur la terre, mais les dieux descendent de l'Olympe, prennent parti et dressés les uns contres les autres, remplissent les cieux du tumulte de leurs luttes." ([56])

Mas os deuses não se limitavam a proteger os homens contra as arremetidas dos demónios. *Varuna* é o guardião do juramento e *Mitra* o protector da amizade e dos contratos. Eram considerados reis luminosos que, sentados no trono celeste, vigiavam as acções humanas, reinando Mitra de dia e Varuna à noite; reis e juizes cuja cólera era preciso aplacar, cujo favor era preciso obter.

É a lei da espiritualização moral: as preocupações éticas misturam-se com as representações religiosas. ([57])

No ano 307, Diocleciano, Galerio e Licinio consagraram um templo a Mitra "protector do Império Romano" em Carnuntum, nas margens do Danúbio. ([58])

Varuna é o símbolo da Ordem física e moral, da harmonia do Universo, a música que Deus ouve, no belo dizer de Pitágoras. Os hinos que invocam *Varuna* são de grande elevação moral, comparáveis aos psalmos de David.

Varuna é representado por um homem branco montado num mostro marinho *(makara)* empunhando uma corda. ([59])

Assim como há reis e juizes na terra, para manter a ordem assim também há reis e juizes no céu para castigar o mal e premiar o bem—raciocinava o *ária*. ¿Há certa constância e regularidade nos fenómenos da natureza? É que êsses fenómenos obedecem a certas normas e leis *(rita)* como as regras *(rita)* a que se subordinam os sacrifícios, como as leis

---

([56]) Quennel—*La Vie des Grecs*, trad. franç.—Paris—1937—pag. 23.

([57]) R. Bastide — *Eléments de sociologie religieuse*, pag. 197.

([58]) F. Cumont — *Les Religions Orientales dans le Paganisme Romain*, pag. 234.

([59]) Oldenberg supunha que Mitra era o símbolo do Sol e Varuna da Lua. Porém estudos recentes de Lüders levam-nos a considerá-los como deuses de caráoter abstracto (Glasenapp — *Brahma et Bouddha*, pag. 57).

morais e consuetudinárias que regem as acções dos homens — pensava o *ária*.

Dir-se-ia que o homem deduziu, por analogia, das leis humanas as leis divinas...

O vocábulo "*mana*" apanhado aos melanésios foi introduzido na sociologia religiosa por Codrington e Tregear, no sentido de fôrça mágica "fôrça distinta da material, que actua de vários modos para o bem ou para o mal e que o homem tem interêsse em dominar." Todos os factos lingüisticos coligidos por Lehmann mostram que o significado primitivo de *mana* é o da fôrça pessoal, fôrça do guerreiro, do chefe, do antepassado ou do sacerdote, ou ainda fôrça dos espíritos e dos mortos, fôrça sobrenatural e suprasensível, mas sempre pessoal. (60)

Ora *Brahmanaspati*, na mitologia vêdica, é o espírito da oração, a alma dos hinos sagrados, a palavra mágica que provoca a graça divina; *Brahmanaspati* representa o espírito do sacerdócio, é o *purohita* (capelão) da côrte celestial; *Brahmanaspati*, qual *brâmane* (sacerdote) que acompanha o rei nas guerras, é da comitiva de Indra, o celeste *rajá* que simboliza o espírito marcial e é o tipo ideal do *kchátrya* (militar).

Os *brâmanes* (sacerdotes) e os *kchátryas* (militares) eram as duas principais classes da sociedade dos árias. À imagem e semelhança dos *brâmanes* e dos *kchátryas*, os árias conceberam *Brahmanaspati*, o divino brâmane, e Indra, o *kchátrya* divino.

A observação dos factos da vida social foi, por assim dizer, o alicerce das construções mitológicas. A sociedade dos homens serviu de modêlo à sociedade dos deuses, sendo esta uma projecção daquela.

Os pensadores e os poetas rigvêdicos inspiraram-se não apenas na observação dos fenómenos sociais senão também na biologia, na introspecção e na experiência psicológica.

(60) Lehman — *Mana* — Leipzig, 1915, cit. a pag. 45 dos *Eléments de sociologie religieuse* por R. Bastide.

Elevaram-se do animismo e das superstições grosseiras para a visão poética dos fenómenos naturais do politeísmo naturalista ao monoteísmo, à concepção de Deus, alma do Universo. Não conceberam porém o Deus único como um sêr sobrenatural que tirou o Universo do nada, mas como sendo o próprio Mundo sob a forma dum homem imenso, cuja respiração é o vento, cujo olhar é o Sol. Para criar é preciso amar. Antes de ser corpo o homem é calor, é desejo ardente, é amor. Assim também, Deus antes de ser mundo sensível é *tapas* (calor), é *kama* (amor). A mentalidade hindú não concebia o espírito separado da matéria, porque o corpo é a manifestação extrínseca da alma. A filosofia rig-vêdica é panteísta: o Mundo é corpo, cuja alma é Deus.

Na Grécia era o chefe de família que oferecia os sacrifícios:

> "Point n'était besoin de demander l'assistance d'un prêtre pour implorer les dieux: chacun pouvait les prier. Toutefois, à la maison, c'était le chef de famille qui célébrait le sacrifice, et le foyer était le lieu de prière, un emplacement sacré." [61]

O homem segundo os hinos rig-vêdicos está na dependência dos deuses, cujas graças procura obter por meio de sacrifícios domésticos oferecidos pelo chefe de família e de sacrifícios públicos oferecidos pelo chefe da tribu, coadjuvado por sacerdotes.

O sacrifício doméstico mais importante era o de fôgo *(agnihotra)* que consistia em deitar oferendas no fôgo sagrado. Depositavam-se alimentos em certos sítios da casa, eram as oferendas aos deuses, às almas dos defuntos, aos hóspedes e aos animais.

O fôgo transmitia aos deuses as oferendas: leite, manteiga, grãos, bolos, carne dos animais: cabra, touro, vaca e cavalo. A oferenda do sôma na primavera a Indra e a outros deuses celestes era o principal sacrifício público. Os sacrifícios

---

[61] Quennell—*La Vie des Grecs*, trad. franc.—Paris—1937—pag. 86.

eram acompanhados de cânticos e da recitação de hinos.

O príncipe vitorioso oferecia o sacrifício do cavalo. Era mais eficaz o sacrifício humano.

Sucedia o mesmo na Grécia:

"C'était l'usage constant: des sacrifices étaient offerts aux dieux en toute occasion importante. Les fémurs sacrés étaient brûlés en leur honneur et les gros morceaux mangés par le peuple au cours de la fête qui suivait." (62)

A vida social—A família era patriarcal. Era permitida a poligamia. (63) A mulher era mais livre, dançava, casava já adulta, intervindo na escolha do marido. Não era proïbido o casamento das viúvas. Eram desconhecidos o *sati* (sacrifício da viúva na pira fúnebre do marido) e o *purdá*, reclusão. (64)

Era vulgar o dote. (65)

Havia ritos domésticos especiais que consagravam a gravidez, o nascimento, a puberdade, o casamento e o óbito.

O casamento é sacramento; não é simples contrato. Num hino nupcial do *Rig-vêda*, o noivo diz à noiva "Os deuses Bhaga, Ariaman, Savitri e Purandhi entregaram-m'a para cumprir os deveres domésticos." (66)

Acrescenta outro hino:

"Um homem faz oferendas aos deuses, acompanhado da mulher." (67)

"A mulher é o lar." (68)

Eram pitorescas as cerimónias de casamento: o noivo dava a mão à noiva que subia a uma pedra para que a fidelidade conjugal tivesse a solidez da pedra; em seguida, os

(62) Quennell-- *La Vie des Grecs*, trad. franc.—Paris—1937—pag.12.

(63) *Rig-vêda*, I, 1, 9; II, 33, 2; VI, 3, 7; X, 101, 1; I, 105, 8; X 141, I—3.

(64) *Rig-vêda*, X, 146, 2; X, 85, 21; X, 27, 12; X, 40, 2.

(65) *Rig vêda*, I, 109, 2.

(66) *Rig vêda*, X, 85, 36.

(67) *Rig-vêda*, I, 73, 2.

(68) *Rig-vêda*, III, 53, 4.

noivos davam sete passos em tôrno do fôgo sagrado. Só no quarto dia se consumava o matrimónio.

No *Rig-vêda* há vestígios de cremação *(agnidagdha)* e de inhumação *(anagnidagdha)*, da inhumação de pé *(utthita)* em cavernas *(vailasthanam)*. ([69])

Os parentes que tomavam parte no cortejo fúnebre regressavam sem olhar para traz e apagavam-se as pégadas para que o deus da morte não soubesse o caminho para voltar! Yama, ao qual corresponde o persa Yima, é o deus da morte, o primeiro homem que morreu, o primeiro que descobriu o caminho d'alem-túmulo que todos os mortos devem seguir. Só os bons vão para o céu, reino edénico de Yama. O destino dos maus é o inferno, prisão tenebrosa.

A alma dos mortos, que não é simples espírito, vagueia na vizinhança da terra antes de entrar no céu ou no inferno, sob a forma de fantasma que tem de ser alimentado pelos vivos. Não tinham os árias a concepção moderna da alma — espírito imortal. Os sacrifícios oferecidos às almas representavam a alimentação dos defuntos.

O culto expiatório estava fortemente desenvolvido: os banhos sagrados purificavam.

Empregavam-se processos mágicos para satisfazer as ambições, despertar o amor, afastar a doença e os espíritos malignos.

Os árias cultivavam a poesia e a música. Tocavam alaúde, *carcari*, tambor, *dundubi*, lira, *vana*, flauta, *nadi* ([70])

As danças, as corridas de carros e de cavalos, as caçadas e o jôgo de dados eram os principais passatempos. ([71])

A propriedade era, em regra, individual; transmitia-se aos filhos varões. ([72])

Havia o direito de adopção. ([73])

([69]) *Rig-vêda*, X, 15, 14; X, 18, 10; I, 133, 1.

([70]) *Rig-vêda*, II, 43, 3; I, 28, 5; X, 32, 4; X, 135, 7.

([71]) *Rig vêda*, X, 146, 6; V, 37, 7; X, 28, 10; I, 41, 9.

([72]) *Rig vêda*, X, 33, 6; III, 31.

([73]) *Rig-vêda*, VII, 4, 7.

Os árias viviam nas aldeias *(grama)*, mas possuiam praças fortificadas. Dividiam-se em tríbus *(djanas)* em luta umas com as outras e com os *dassius*, drávidas escuros. ([74])

À frente da tríbu estava um chefe *(rajá)* que em tempo de guerra comandava o exército e em tempo de paz presidia à assembleia tribal *(sabha)*. Ao lado do chefe estava o *purohita* capelão e consultor. ([75])

A justiça penal já estava na fase da composição pecuniária (indemnização à família da vítima do delito).

O árbitro denominava-se *madiama*. ([76])

No período vêdico encontramos as duas formas de govêrno: a monarquia electiva ou hereditária e a república aristocrática. ([77])

O rei presidia à assembleia nacional, *samiti*. ([78]) e ao senado, *sabha* ([79]). A primeira era popular e a segunda aristocrática.

Eram ministros do Estado *(ratnis)* o *purohita*, sumo-sacerdote, que substituia o rei na presidência do Senado, o *senani*, comandante em chefe, *sangrahita*, pagador militar, o *suta*, mestre da cavalaria, o *gramani*, comandante da guarda municipal, o *taccha*, arquitecto-mór, o *rathekara*, engenheiro-mór, o *bhagadug*, ministro das finanças e o *akshavapa*, contador geral. ([80])

Os sábios e os homens de letras reuniam-se nas academias *(parichad)* em que tomavam parte ainda as mulheres. ([81])

([74]) *Rig-vêda*, VII, 83, 1; X, 38, 3.

([75]) *Rig-vêda*, I, 44, 10; X, 124, 8; VI, 28, 6; VIII, 18, 3.

([76]) *Rig-vêda*, II, 32, 4; X, 97, 12.

([77]) *Rig-vêda*, X, 103; I, 65, 4; V, 58, 2; V, 60, 8; V, 53, 11; IV, 25, 4; V, 57, 5.

([78]) *Rig-vêda*, IX, 92, 6; IX, 191, 3.

([79]) *Rig-vêda*, VII, 1, 4; II, 24, 13; VII, 104, 10; I, 91, 120.

([80]) *Rig-vêda*, III, 2, 1: V, 2, 2; VI, 13, 2; VII, 18, 13; X, 86, 5. *Atharvaveda* III, 5, 6; III, 5, 7.

([81]) *Rig-vêda* X, 143, 4; 69, 11; IV, 58, 8; VII, 2, 5.

As assembleias rurais áricas *(ganas)* não eram apenas territoriais, pois que os seus membros se consideravam descendentes dum tronco comum e nelas tomavam parte as mulheres. ([82]) As comunidades não-áricas *(vis)* reuniam-se em volta duma árvore. ([83])

Havia grémios profissionais de oleiros, ferreiros, carpinteiros e armeiros.

A *Taittiriya Samhita* alude às associações femininas *(strisamsadam)*. ([84])

BIBLIOGRAFIA

BARTH (A.) — *Les Religions de l'Inde* — Paris —1914.

DUTT (N. K.) — *The Aryanisation of India* — Calcutta — 1925.

FORMICHI — *La Pensée Religieuse de l'Inde avant Boudha* — Paris, 1930.

GLASENAPP (H. von) — *Brahma et Boudha* — trad. francesa — Paris — 1937.

HOPKINS — *The Religions of India* — New York — 1895.

KEITH (A. B.) — *A History of Sanscrit Literature* — 1928.

MACDONEL — *Vedic Mythology* — 1897.

MOOKERJI (R. K.) — *Hindu Civilization* — London — 1936.

NEVEDITA and COOMARASWAMI — *Myths of the Hindus and Budhists* — London — 1913.

OLDENBERG — *La Religion du Veda* — trad. franc. — Paris — 1903.

POISSON (G.) — *Les Aryens.*

RAPSOU (E.) — *Ancient India* — Cambridge — 1914.

RAWLINSON (H. G.) — *India* — London — 1937.

RENOU (L.) — *Hymnes et Prières du Veda* — Paris — 1938.

SCHWEITZER (A.) — *Les Grands Penseurs de l'Inde* — Paris — 1936.

VÄTH (Padre) — *Histoire de l'Inde et de sa culture* — trad. francesa — Paris — 1937.

WINTERNITZ — *A History of Indian Literature* — trad. inglesa de Mrs. Ketkar.

([82]) *Rig-vêda*, I, 42, 10.

([83]) *Atharvaveda*, V, 4, 3.

([84]) *Taittiriya Samita*, II, 3.

II

Período bramânico

Ao período heróico e mítico, representado pelo *Rig-vêda*, em que os deuses, como os homens, viviam, amavam e combatiam, seguiu a fase aristocrática-sacerdotal que teve a sua expressão nas páginas do *Yajur-Vêda*, dos *Brahmanas*, das *Upanichadas*, e das *Sutras*.

O *Yajur-Vêda* abre, como dissemos, uma nova era na evolução social e religiosa da India. O fóco da civilização árica deslocou-se do Noroeste da Índia para o centro do Hindostão, para a região de Delhi, passou das margens do Indo para o vale quente e fértil do Ganges, tendo-se operado a fusão entre os árias e uma parte dos drávidas, de forma que a região gangética é hoje o *habitat* do tipo ário-dravídico da classificação etnológica de Risley.

Já no *Rig-vêda* encontramos vestígios da aliança dos *dassius* com as tríbus áricas em guerra umas com as outras ([85]) e do cruzamento dos árias com as mulheres *dassius* no *Atharvavêda*. ([86]) Há alusões no *Rig-vêda* a árias escuros, provávelmente mestiços. Assim é escuro o *rixi* (compositor de hinos e sacerdote) Kanwa. ([87])

No *Rig-vêda* deparam-se-nos duas correntes doutrinais, separando os pensadores índios (*rixis*): o tradicionalismo exclusivista de Vassixta e o liberalismo de Visvamitra.

No *Rig-vêda* Visvamitra é capelão dos reis *dassius* e mestiços confederados contra os árias, cujo *rixi* era Vassixta, na célebre batalha dos 10 reis na região dos 7 rios. ([88])

A tribú *dassiu* dos *kikatas* cumulou de presentes o *rixi* Visvamitra. ([89])

([85]) *Rig-vêda*, VII, 83, 1; X, 38, 3.

([86]) *Atharvavêda*, VII, 38, 2.

([87]) *Rig-vêda*, X, 31, 1.

([88]) *Rig-vêda*, VII, 18, 4; VII, 83, 7.

([89]) *Rig-vêda*, III, 53, 14.

Sob ponto de vista mitológico, *Prajapati*, deus criador, divindade secundária no *Rig-Vêda*, adquire paulatinamente o primeiro lugar na hierarquia dos deuses, para mais tarde se confundir com *Brahmá*, personificação de *Brahma*, alma do universo.

O *Rudra* rig-vêdico aparece em cena sob o nome de *Xivá*. Vixnú sóbe na escála dos deuses. Prepara-se o caminho para a *trimurti* (trindade): *Brahmá*, *Vixnú* e *Xivá*. Aparece o culto da serpente (Ariaca) desconhecido no *Rig-Vêda*. Ariaca não é deusa árica. É que os árias se fundiram com os aborígenes.

O *Yajur-Vêda* marca o início do sacerdotalismo que atingiu o seu apogeu nos *Brahmanas* (manuais litúrgicos). Alargou-se a esfera da influência dos árias. O aumento do poderio e da riqueza determinou o desenvolvimento de todos os ramos principais da cultura.

No *Rig-vêda* despontou a ideia de o poder dos deuses ser produto dos hinos, dos sacrifícios, da oblação da *sôma*. Esta idea se desenvolveu posteriormente de maneira a dar sanção religiosa à hegemonia da casta sacerdotal. Assim, no *Yajurvêda* o brâmane manejando as fórmulas tem os deuses na mão!

O elemento moral como que desaparece, suplantado por um cerimonial complicado que de meio passou a ser o fim do culto. O pecado no *Rig-vêda* significa transgressão das leis divinas, ao passo que no *Yajurvêda* consiste em qualquer omissão, intencional ou acidental, na técnica do *rito!*

A função sacerdotal e a ciência teológica passaram a ser monopólio de uma casta. Organizou-se a educação religiosa, intelectual e moral da mocidade bramânica, sob a direcção de mestres de renome (*gurus*) espalhados pelo Hindostão. Nas escolas dos *gurus* compilaram-se os *Vêdas* e os *Brahmanas*.

Os *Brahmanas*, diz Barth, conservaram-nos a imagem fiel do espírito que dominava naquelas escolas, espírito, forçoso é confessar, singularmente formalista e *terre à terre*...

O objecto principal senão o único dos *Brahmanas* é o culto. Os ritos são verdadeiros deuses ou, pelo menos, o seu conjunto constitui uma espécie de potência independente e superior, perante a qual as pessoas divinas se apagam, ocupando quási o lugar que nos outros sistemas é assinado ao destino. Desenvolveu-se e fêz-se larga aplicação da antiga crença vêdica, segundo a qual o sacrifício é a condição do curso regular das coisas. Se os deuses são imortais, se êles subiram ao céu, se o conquistaram aos *assuras* (demónios) é que no momento decisivo êles *viram* tal *mantra* (fórmula *litúrgica)* ou tal combinação ritual!

As cerimónias religiosas fazem com que o Sol nasça ao Oriente e se ponha no Ocidente; que os rios corram em certa direcção; que as searas amadureçam mais depressa no Meio-dia...

A eficácia do rito quer para o bem quer para o mal é essencialmente mágica.

Preocupam-se mais com a rigorosa observância das práticas e com a aptidão do sacerdote do que com a moralidade do fiel.

Os *Brahmanas* são volumosos tratados de exegese e comentários dos *Vêdas.*

Do panteismo deduziram os brâmanes a *teoria do poder sacerdotal.*

Ouçamos a magistral exposição do professor Oldenberg:

O *Brahmana de cem caminhos* mostra como é que da massa confusa de ideas emerge a noção do *eu* que os indios denominam *atman* (sôpro). *Atman* é o suporte e a raiz de tôdasas fôrças e de tôdas as funções vitais do homem. O corpo humano está impregnado de sopros vitais (*prana*) *Atman* é o soberano senhor dos sopros vitais, é o poder central cuja acção criadora se exerce nas profundezas da vida pessoal, o sôpro vital inominado de que derivam todos os que teem nome.

"Dez espécies de sopros, na verdade — diz o *Brahmana de cem caminhos*— residem no homem. *Atman* é o undécimo e nêle repousam os sopros vitais." E acrescenta: "*Atman* está no meio e os sopros vitais em volta." Eis um ponto central no domínio da personalidade humana com os seus membros e as suas faculdades. E esta concepção de *atman* estava destinada a representar papel preponderante no movimento intelectual que conduziu à idea duma alma universal, abraçando e vivificando o mundo inteiro.

O pensador indiano transpôs no mundo externo tudo quanto reconheceu no seu *eu* particular; para êle, o microcosmo e o macrocosmo reflectem-se perpétuamente um no outro.

Os deuses são os sopros vitais do mundo. *Atman* é a fôrça criadora que move o grande corpo do Universo, o rei dos sopros vitais é também o rei dos deuses, o criador dos seres. Dele emanaram os mundos. *Atman* confunde-se com *Prajapati*, deus criador, divindade secundária no *Rig-vêda*.

Na outra esfera de ideias surge outra potência: *Brahma* (neutro, impessoal). O fluido misterioso que eleva a palavra sagrada e, por transfusão das fôrças os que a conhecem isto é, os brâmanes, acima da palavra e do mundo profano, é *Brahma* — o *Brahmanaspati* do Rig-vêda. É esta a potência que reside no hino, na fórmula e no canto. É ela a alma da santidade dos brâmanes.

No decurso do tempo *Brahma* confunde-se com *Atman-Prajapati*. Se *Brahma* é a alma do Universo, o brâmane é a alma da vida social. ([90])

Eis a base doutrinal do clericalismo bramânico, da teocracia indiana.

Na coroação dos reis, exclamavam os brâmanes: "Eis o vosso rei, ó povo! O rei dos brâmanes é *Sôma*." ([91])

Não lembra isto a idade média europeia, em que Gregório VII arrastava Henrique IV até Canossa? em que Inocêncio III dizia que o Papa presidia às almas, assim como o Sol aos dias, avantajando-se o papado à realeza, tanto como à Lua o Sol, e que o sucessor de Pedro recebera do Criador

([90]) Prof. Oldenberg — *Le Bouddha*, pag. 23.

([91]) Prof. Oldenberg — *Le Bouddha*, pag. 13.

o poder de *governar o mundo*, em que Bonifácio VIII dizia a Filipe Augusto que a Igreja dispunha de duas espadas, uma que brandia pela mão do Papa, e a outra pela mão dos reis, por ordem do Papa?

Sob a influência das concepções populares, pois o povo é inacessível às abstracções filosóficas, o *Brahma* impessoal transformou-se no deus *Brahmá*: ([92])

Brahmá é representado com 4 caras (*caturanana*), vestido de branco, montado num cisne ou num pavão ou sentado na flôr de lotus que emerge do embigo de Vixnu, com 4 braços que empunham os 4 Vêdas, o disco, o prato da esmola e a colher do sacrifício. *Sarasvati*, sua espôsa, é deusa da ciência e da música, mãi dos Vêdas e inventora do alfabeto *devanagari*.

É representada por uma bela môça de 4 braços que segura numa das mãos uma flôr que oferece ao marido, na outra um livro de fôlhas de palmeira, na terceira rosário, e na quarta tambor. É representada também sentada na flôr de lotus, com dois braços, tocando a *vina*.

Estavam lançadas as bases da teocracia bramânica, os brâmanes eram a cabeça do corpo social, pois que saíram da cabeça do *Brahmá*.

Mas a sociedade de que os brâmanes eram a cabeça não era puramente árica.

O *Tandya Brahmana* alude aos sacrifícios que se celebravam ao serem admitidos nas famílias bramânicas estranhos que falavam mal a língua ariana. ([93])

O *Panchavinsa Bramana* alude aos *vratias*, não-árias que falavam a língua dos árias. ([94])

Os não-árias abraçam a religião dos árias. Junasruti, rei *sudra*, é discípulo do brâmane Raikva. ([95]) O *sudra*

([92]) A. Schweitzer — *Les Grands Penseurs de l'Inde*, pag. 32.

([93]) Rapson — *Ancient India*, pag. 4.

([94]) S. V. Viswanatha — *Racial Synthesis in Hindu Culture*, pag. 110.

([95]) *Aitareya Brahmana*, 1, 21.

Ailucha foi admitido no grémio dos *rixis* que lhe permitiram celebrar os ritos áricos, porque fizera o milagre de desviar o curso dum rio. ([96])

É evidente o sincretismo, a mistura das crenças, resultante da fusão dos povos e das raças. Formou-se a *casta brâmane* não puramente árica, mas casta superior na sociedade ário-dravídica. ([97])

Havia sacrifícios que duravam anos e custavam rios de dinheiro. Quando o rei organizava os debates ou torneios filosóficos contraditórios entre os brâmanes, o vencedor era premiado com centenares de cabeças de gado. O rei Janaca que vivia entre 800 e 600 antes de Cristo pergunta ao brâmane Yajnavalquia se veiu por amor da discussão ou por ambição das cabeças de gado. "Por uma e outra coisa, ó grande rei!"—respondeu Yajnavalquia.

Calculam-se fácilmente os abusos a que o exagêro do ritualismo dava lugar, em proveito da classe sacerdotal. Era natural a reacção das classes que tinham de pagar o luxo cultural e suportar o jugo bramânico.

Ao lado da corrente ritualista dos *Brahmanas*, formou-se a corrente especulativa das *Upanichadas*.

Há com efeito, diz Barth, vestígios duma certa oposição entre os ritualistas e os especulativos, oposição semelhante a que mais tarde divide os seus sucessores, os pensadores místicos do *Vedanta* e os casuistas do *Mimansa*.

No terreno do pensamento puro, os brâmanes não eram os únicos mestres como o eram incontestávelmente no que respeita aos ritos. Tinham rivais em todos quantos eram capazes de se interessar pelas coisas do espírito, e como não eram guardas de uma ortodoxia nem curas de almas, nem tinham pretensões a directores da consciência, não procuraram ocultar essa colaboração.

Êles conservaram a lembrança dos reis que lhes deram lições, das mulheres que intervieram nas controvérsias e

([96]) *Chchandogya Upanichado*, VI, 2.

([97]) *Aitareya Brahmana*, II, 3, 19.

atrapalharam os mais famosos doutores com as suas terríveis objecções. Dêstes debates se fazem eco as *Upanichadas*.

O célebre brâmane Garguia Bulaqui admirou o saber de Ajataxatru, rei de *Kaci* (Benares) a ponto de o considerar seu mestre. As damas Garguia e Maitreia salientaram-se nas discussões com Yajnavalquia, o famoso *rixi* da côrte de Janaca, rei de Videha (Tirhut).

O brâmane Gautama recorreu ao rei para responder aos quesitos formulados pelo kxatria Pravahana Jaivali. (98)

O rei Asvapati solvia intrincados problemas teológicos que um brâmane não podia resolver. (99)

Deussen classifica as *Upanichadas* em quatro grupos:

1.º As mais antigas e em prosa: *Brahadaraniaca, Chandogia, Taitiria, Aitareia, Cauchitaqui, Kena.*

2.º As em verso: *Cataca, Sça, Cvetasvatara, Mundaca Mahanaraiana.*

3.º As mais recentes em prosa: *Prasna, Maitrainia, Manduquia.*

4.º As *atharvanicas.* (100)

Upanichadas etimológicamente significa: sentar-se ao pé dum outro para respeitosa e atentamente ouví-lo. É que as *Upanichadas* constituem o ensino que o Mestre dá em segrêdo ao discípulo dilecto.

Porque é misterioso, esotérico o ensino ministrado pelas *Upanichadas?*

A Índia soube distinguir a religião das massas, a religião popular, da religião das classes cultas. O que é acessível a estas é inacessível àquelas.

Mas as *Upanichadas* não formam um corpo doutrinal, aí se acotovelam sistemas e conceitos mais contraditórios. Encerram as opiniões de vários pensadores. São o eco fiel dos debates contraditórios dos filósofos índios.

---

(98) *Chchandogya Upanichada*, V, 3, 1, 7.

(99) *Chchandogya Upanichada*, V, 11.

(100) *Allgemeine Geschichte des Philosophie*, I, pag. 23.

Não são dogmáticas as Upanichadas, são exercicios mentais, ginástica intelectual; espevitam a chama do pensamento, estimulam a actividade psíquica.

As *Upanichadas* são conhecidas também por "*vedanta*", isto é finalidade do Vêda. *Vedanta* significa também a série de sistemas filosóficos baseados nas *Upanichadas*.

"Nas *Upanichadas* encontramos—diz o professor Glasenapp, da Universidade de Kœnisberg, adágios e estrofes de rara penetração, de clarividência sublime que anunciam a unidade mistica da alma individual e da alma universal, como verdade imutável e absoluta. Tais textos garantem às *Upanichadas* valor permanente não só na história do pensamento hindú que influenciaram profundamente, mas ainda na história da consciência religiosa da humanidade. Destacam-se incontestávelmente entre os produtos mais sublimes da poesia esotérica de tôdas as épocas e igualam os mais belos capítulos das obras dos místicos neo-platónicos ou muçulmanos, dos escritos dum Eckeart ou dum Angelus Silesius. Espíritos tão opostos como os de Schelling e Schopenhauer admiraram e apreciaram as *Upanichadas* como criação suprema da sabedoria mística."

Tal foi o acolhimento que as *Upanichadas* tiveram na Alemanha que a filosofia de Kant se deixou influenciar pelo idealismo indiano.

A *Katha-upanichada* resume a teodiceia índica em versos sublimes:

Está acima da alegria e da dor aquele que meditando considera Deus o misterioso, o profundamente oculto, o primitivo eterno que habita os corações. O espírito não nasce nem morre; não sai do nada nem caminha para o nada; é imutável e imperecível e se o corpo morre êle sobrevive.

Deus, subtil, maior que os maiores, está oculto no coração da criatura. Bemaventurado é quem, desprovido de desejos, se liberta da dor e das preocupações mundanas.

Não se atinge Deus pelo estudo, é a meditação que conduz à verdade eterna. Só as almas eleitas podem compreendê-lo; só a elas se revela. O único, a essência da natureza, reaparece sob formas eternamente variáveis aos videntes que o contemplam disfrutando a felicidade infinita.

Nas *Upanichadas* encontramos os germes dos seis sistemas filosóficos da Índia: *sanquia, vedanta, iôga, vaicechica, niaia* e *mimansa*.

Ao passo que nos tempos vêdicos, a alma era considerada como tendo só uma existência terrestre, voando para os céus, para os astros, depois de se separar do corpo, o bramanismo concebe a sua existência sob um aspecto novo, o da *transmigração* ou *metempsicose*—doutrina desenvolvida pelas *Upanichadas*.

A alma separando-se de Brahma para animar um corpo, embora conserve a sua imortalidade, perde a sua pureza divina de contacto com a matéria. Por uma espécie de processo de aperfeiçoamento necessário, a alma percorre todos ou certo número de graus da escala dos seres desde os mais ínfimos até aos mais perfeitos, adquirindo, no curso dessas peregrinações, uma soma crescente de méritos até que alfim chegue a animar o corpo do homem. Todavia essa marcha não é fatalmente ascendente, pode ser regressiva, pode fazer tombar a alma num dos infernos de *naraca*.

Deixando o corpo humano, pode a alma virtuosa ir habitar um dos paraisos, o mais elevado dos quais é o *svarga* a que Indra preside, lugar de felicidade relativamente perfeita, onde a vida bem-aventurada decorre amenizada pela música dos *Gandharvas* e pela dança e pelo canto das *Apsarás*. Dos bem-aventurados, uns após certo tempo passado num dos paraísos, podem reassumir a forma humana para consumar-se a purificação, outros mais puros conseguem, à fôrça de meditação e de vida austera, passar para o estado de beatitude suprema e eterna do *mocxa*. O *mocxa* é o cessar da existência, termo de todos os males; é a união da alma com Brahma ou melhor, a sua absorção pela alma universal, o aniquilamento no seio da divindade.

Mas se a condição humana abre as portas do *svarga* ou do *mocxa*, é também o estado mais crítico para a alma; o menor passo dado em falso pode fazer retrogradar a alma para a condição animal ou precipitá-la nas profundezas do inferno *(naraca)*. O naraca compõe-se de alguns andares, onde as almas culpadas sofrem os tormentos do fôgo, do frio, da fome, e da sêde. O inferno brâmanico não é eterno, é um purgatório em que a alma cumpre uma pena, cujo rigor e duração são proporcionais aos seus crimes e quando daí sai pode ter a esperança de ganhar nas futuras transmigrações o terreno perdido.

A felicidade, a riqueza, as honras, o nascimento numa boa casta são recompensas terrestres das boas acções precedentes, assim como a doença, a pobreza, a desgraça, o *nascimento numa casta inferior* são castigos inevitáveis das faltas passadas. O desgraçado não é digno de dó, porque está a expiar os pecados que cometeu. Tal é a doutrina do *Karma*. Calculem-se as consequências sociais dêste dogma.

A religião ensina que ninguém pode nesta vida, salvo pelos méritos religiosos, transpor as suas barreiras, e preceitua, como expiação das faltas passadas, a paciência e a submissão à fatalidade consciente *(Karma)* que regula o nascimento e a carreira dos homens.

A tôdas as castas a religião impõe o respeito do *brâmane*, representante dos deuses na terra.

Nascer brâmane é indispensável para entrar na mansão celeste (svarga) ou alcançar o *mocxa*, mas não é bastante. O fiel, que aspire a esta alta recompensa, deve merecê-la pelas obras pias, pela esmola aos brâmanes, pela adoração dos deuses, pela escrupulosa observância das leis sagradas e pela meditação. Tôda a sua educação tende para êsse fim.

A vida dum brâmane percorre os seguintes estádios *(axramas)*. Uma criança, embora brâmane, não tem casta e não pode tomar parte nos sacrifícios nem ler os livros sagrados, emquanto não receba o sacramento da iniciação *(upanaiana)*. Na idade de cinco anos é a criança entregue aos cuidados de um brâmane versado nas letras sagradas que a prepara para a cerimónia de *upanaiana* que consiste na investidura do cordão e do cinto sagrado, sinais distintivos da fé e da casta que nunca deve largar. Após a iniciação, a criança tem o título de *dvija*, isto é, duas vezes nascido, e é confiada a um *guru* (preceptor) incumbido de lhe ensinar os dogmas da religião e os ritos dos sacrifícios. O preceptor é sempre um brâmane e o discípulo conhecido por *brahmacharia*. O curso dura ordináriamente doze anos. O *brahmacharia* estuda os textos sagrados, ajuda o mestre na celebração das cerimónias religiosas, e completa a sua educação nas Universidades.

Concluido o curso, o *brahmacharia* casa-se e torna-se *griahasta* (chefe de família). Aos deveres domésticos associam-se os deveres religiosos, sacrifícios domésticos, sacrifícios em honra dos antepassados. Êstes são considerados como uma dívida que passa de uma geração a outra, e do seu pagamento depende a felicidade dos mortos na vida de além-túmulo. Daí a necessidade dum filho varão que ofereça os sacrifícios (*xrada*).

O brâmane que tem um filho, que educou a família e lhe garantiu os meios de subsistência, pode abandonar o mundo, retirar-se para a floresta ou para os montes, e entregar-se à meditação que lhe há-de abrir as portas do *mocxa*.

Os *Vêdas*, os *Brahmanas*, e as *Upanichadas* consideram-se revelados pelos deuses, primeiro, aos *rixis* (compositores dos hinos vêdicos) e depois, aos brâmanes, sucessores daqueles.

Os *Vêdas*, os *Brahmanas*, e as *Upanichadas* formam a *Escritura Sagrada*, a *Bíblia* da India. Além da revelação (*xruti*) há a tradição (*smriti*) legada pelos *rixis*, pelos brâmanes, pelos antepassados, a qual se encontra nas *Sutras*, espécie de catecismos, manuais de instrução religiosa, rituais de cerimónias religiosas, códigos dos usos e costumes, que se agrupam em seis classes denominadas *vedangas*: *xicxa* (fonética), *chhandas* (metrificação) *viacarana* (gramática), *niructa* (etimologia), *kalpa* (liturgia), *jioticha* (astronomia).

As principais *Sutras* são:

A *Manava Sutra* que foi uma das fontes das célebres *Leis* de *Manú*, a *Apastambha Kalpa Sutra*, a *Dharma Xastra* de *Baudhaiana*, a *Dharma Xastra* de *Gautama*, a *Dharma Xastra* de *Vassixta*.

Das *Sutras*, umas são anteriores, outras contemporâneas, e outras posteriores ao movimento jaina-budista.

Há três espécies de Kalpa-Sutras: *Xrauta-Sutras* (rituais públicos), *Orihia-Sutras* (rituais domésticos) e *Dharma Sutras* ou *Dharma Xastras* (códigos dos usos e costumes). Se os *Brahmanas* (tratados teológicos e obras litúrgicas) eram monopólio, segrêdo da casta sacerdotal, se as *Upanichadas* (tratados filosóficos) eram acessíveis tão sòmente às classes cultas, à intelectualidade que se comprazia nas altas especulações metafísicas, as *Sutras* eram destinadas à massa da população arianizada, que era dêste modo iniciada no conhecimento dos ritos domésticos e dos deveres religiosos, morais, e sociais.

Obras de vulgarização, as *Sutras* continham o resumo das doutrinas filosóficas em voga.

Seis sistemas *(draçanas)* constituiam, como dissemos, a filosofia ortodoxa da Índia: o *vedanta*, o *sânquia*, o *vaicechica*, o *niaia*, o *mimansa* e o *iôga*.

Entre os seis sistemas avultam pela sua importância o *vedanta* panteista e o *sanquia* ateista.

No número dos sistemas ortodoxos entrava uma doutrina ateista!

É que, no conceito bramânico, a condição única da ortodoxia é o reconhecimento da autoridade nominal e teórica dos *Vêdas* e da supremacia da casta sacerdotal.

Daí a elasticidade tão grande que os deuses dos diversos povos e raças, e o próprio Budha entraram no panteão bramânico, como incarnações *(avatares)* de Vixnú e outras divindades áricas.

No sistema *sânquia* basearam-se as religiões anti-bramânicas: o jainismo e o budismo que negaram a autoridade dos *Vêdas*. Mais longe foi a filosofia materialista de Charvaca que negou ainda a transmigração.

O sistema vedanta, hoje dominante entre os hindús, baseia-se no princípio da identidade da alma humana e da alma universal (Brahma) e foi exposto no *Brahma Sutra* de Badaraiana.

Conforme êste sistema, sendo Brahma indivisível e imutável, a alma humana não pode ser parte ou emanação dele, é o próprio Brahma. Os fenómenos materiais são meras ilusões (*mayá*) da ignorância. Para o vedantista, o universo é miragem que a Verdade dissipa. A Verdade está nos *Vêdas* e nas *Upanichadas*. A Verdade abre as portas do *mocxa* e então a alma humana volta para Deus e dissolve-se nêle. Êste sistema foi desenvolvido por Xancaracharia, brâmane do Malabar, fundador da seita dos brâmanes *advés* de Goa, e modificado por Ramanuja, brâmane da India Meridional, cuja doutrina se ressentiu da influência do *Bagavad-Guitá* (episódio do Mahâbârata) e é seguida pelos *vixnuitas*. Consoante Ramanuja, a alma individual não se identifica com Brahma. A fé (*bhacti*), e não o saber, é o único meio da salvação, isto é, da união com Deus.

A teoria monista que identifica a alma individual com *Brahma* (alma do Universo) opôs Capila, o autor do sistema *sânquia*, o dualismo que admite duas entidades ambas eternas, mas essencialmente distintas; dum lado a matéria *(pracriti)* e doutro uma infinita pluralidade de almas individuais *(puruchas)*.

Capila foi, na verdade, o primeiro que traçou uma linha de demarcação entre os domínios da matéria e os da alma. O saber que liberta o homem da miséria da transmigração consiste, segundo o sistema *sânquia*, no reconhecimento da absoluta distinção entre a matéria e o espírito. O sistema *sânquia* nega a existência dum Deus supremo que criou e domina o universo, porque a matéria contém em si o poder de evolucionar, determinando o *karma* (acções boas ou más) o curso da evolução. A origem da miséria apresenta um problema insolúvel ao teista, pois um Deus que criou e rege o universo não pode escapar à censura da crueldade e parcialidade. A matéria é eterna, pois o existente só pode ser produto do existente. A matéria primitiva, uniforme e indivisível, consiste em três diferentes substâncias, chamadas *gunas*. Da combinação das *gunas* em diversas proporções resultaram os diferentes objectos materiais.

A psicologia *sânquia* é interessante. Tôdas as operações mentais, tais como a percepção, o pensamento, a vontade, não são executadas pela alma, mas são processos mecânicos dos orgãos internos da matéria. A alma não tem atributos ou qualidades; só pode ser descrita negativamente. Não havendo diferença qualitativa entre as almas, o princípio da identidade e personalidade é suprido pelo corpo interno. Este corpo interno, sendo o veículo do mérito e do demérito, que são a base da transmigração, acompanha a alma nas suas peregrinações de um corpo externo para o outro, quer do homem, quer do animal, quer da planta. A vida consciente é escrava da dor em que se inclui o prazer. Quando se alcança a salvação que é a absoluta cessação da dor, o corpo interno dissolve-se nos seus elementos materiais, e a alma isolando-se, continúa a existir individualmente, mas em absoluta inconsciência.

A filosofia *sânquia* é análoga à gnose greco-oriental e à doutrina das monadas de Leibnitz. ([101])

O sistema *vaicechica* de Canada classifica os fenómenos em seis categorias: substância, qualidade, movimento, generalidade, particularidade, e inerência. Ocupando-se da substância, desenvolve a teoria atómica. A propósito da categoria (qualidade) aborda a psicologia em que se não afasta do sistema *sânquia*. A inerência é a relação entre as coisas e as suas propriedades, o todo e as partes, o género e a espécie, o movimento e o objecto em movimento.

O sistema *niaia*, exposto por Gautama no *Niaia Sutra* adopta a metafísica e a psicologia de Canada, ocupa-se do desenvolvimento da lógica formal, dos silogismos, dos sofismas.

O sistema *mimansa* de *Jaimini* é uma teoria da liturgia bramânica, segundo a qual os *Vêdas* são eternos e eternas são as suas palavras. A palavra não é um sinal que por convenção exprima a idea. Esta é inerente à palavra. A palavra é sagrada em si.

O sistema *iôga* é um mixto do ascetismo e da doutrina *sânquia* da qual se afasta admitindo a existência duma

---

([101]) A. Schweitzer — *Les Grands Penseurs de l'Inde*, pag. 64.

alma universal existente em tôdas as coisas e distinta das almas individuais. O ascetismo é, conforme êste sistema, um meio de alcançar a perfeição, isto é, a união da alma individual com a alma universal. Recentes investigações mostraram que o sistema *iôga* influiu no monaquismo budista. A *iôga-sutra* que expõe a doutrina *iôga* é atribuida a Patanjali.

A filosofia indiana influiu nas escolas helenistas da Ásia Menor e do Egipto. Cêrca do ano 50 da nossa era, Apolónio de Tiana dirigiu-se a Taxila afim de se iniciar na filosofia bramânica. Plotino, fundador da escola neo-platónica de Alexandria, acompanhou, no ano 242 da nossa era, uma expedição contra a Pérsia para ter ensejo de se relacionar com os filósofos índios. Daí a influência dos sistemas *iôga* e *vedanta* no neo-platonismo. O gnosticismo de Alexandria que teve por mestre Basilidio (117-38) ressente-se da influência do budismo. ([102])

A moral, rudimentar no periodo vêdico, desenvolveu-se no periodo bramânico. A sociedade mais bem organizada sente a necessidade de colocar as suas leis orgânicas e, por conseguinte, as morais sob a protecção divina.

Para salvaguardar a familia e a propriedade, bases de tôda a sociedade organizada, a religião proïbe, sob a ameaça de castigos terríveis, o adultério e o roubo, o embuste e a mentira. Ela impõe, como virtude obrigatória, o respeito dos pais e a obediência às suas ordens; ela faz do culto dos antepassados um dever sagrado.

Não só dá ao *pater-familias* autoridade absoluta sôbre os seus, reveste-o, ainda, de carácter sagrado, dando-lhe o privilégio de oferecer o sacrifício pela manhã e à tarde. Mas em compensação impõe-lhe o dever de proteger e educar a familia, de assegurar a propagação da raça, considera a família numerosa como bênção celeste.

A religião garante à mãi de familia situação honrosa, o que não sucede nas outras civilizações antigas, preceituando

([102]) H. G. Rawlinson — *India in European Literature and Thought* no *Legacy of India* — 1937 — pag. 18 a 21.

que a mulher acompanhe o marido na oferta do sacrifício, a que ninguém mais pode assistir, não permitindo que um viúvo o ofereça; impõe à mulher o dever da fidelidade conjugal, mesmo após a morte do marido, pois que proíbe as segundas núpcias.

Embora a monogamia seja a regra, encontramos no período bramânico vestígios de poligamia. Assim, diz a *Aitareya Brahmana*: "O marido pode ter mais de uma mulher, mas a mulher só pode ter um marido." ([103])

O direito é o soberano do soberano. Nada está acima do direito. O direito é a arma com que o fraco domina o forte. O direito é a verdade — proclama a *Brhad-Araniaca-Upanichada*. ([104])

O ensino não se limitava às classes superiores. Uma frase do rei Kaikeia nos revela a difusão do ensino popular: "No meu reino não há analfabetos". ([105])

Não se ensinavam apenas os Vêdas (*svadhaya*). Desenvolveram-se não só as ciências relacionadas com a teologia bramânica mas ainda as profanas: a fonética (*siccha*), a liturgia (*kalpa*), a gramática (*viakarana*), a exegética (*niructa*), a métrica (*chahandas*), a astronomia (*jioticha*), e a filosofia (*vidia*), a dialéctica (*vacovaquia*), a aritmética (*rachi*), a moral (*ecaiana*), a ciência das armas (*ekchatriavidia*), a música instrumental, a dança e o canto (*devajanavidia*), a ciência das serpentes (*sarpavidia*), a ciência da vida (*bhutavidia*), a ciência divinatória (*vidhi*).

Além das academias (*parichads*), onde os sábios discutiam, havia congressos científicos que os reis convocavam. ([106])

([103]) *Aitareya Brahmana*, III, 23.

([104]) *Brhadaranyaka Upanichada*, I, 5, 23.

([105]) *Kauchitaqui Upanichada*, IV, 1, *Brihadaraniaka Upanichada* VI, 1, 1.

([106]) *R. Mookerji—Hindu Educational Systems*, pag. 225 do vol. III, da *Cultural History of India*.

BIBLIOGRAFIA

BRUNTON (P.) — *Indian Philosophy and Modern Culture* —1939.

DAS GUPTA (S.) — *A History of Indian Philosophy* — London — 1931.

DAS GUPTA (S.) — *Yoga as Philosophy and Religion* — London — 1924.

DEUSSEN (P.) — *The Philosophy of the Upanishads* — Edinburgh — 1919.

DEUSSEN (P.) — *System of the Vedanta* — 1912.

FORMICHI — *La Pensée Religieuse de l'Inde avant Boudha* — Paris — 1930.

GLASENAPP (H. von) — *Brahma et Boudha* — trad. francesa — Paris — 1937.

GROUSSET (R.) — *Les Philosophies indiennes* — Paris —1931.

HEIMANN (B.) — *Indian and Western Philosophy* — 1937.

KEITH (A. B.) — *The religion and philosophy of the Veda and Upanishads* — Cambridge — 1925.

MASSON-OURSEL (P.) — *Esquisse d'une histoire de la philosophie indienne* — Paris — 1925.

MÜLLER (Max) — *Six Systems of Indian Philosophy* — London — 1917.

OLDENBERG — *Le Bouddha* — trad. francesa — Paris — 1920.

RADHAKRISHNAN (S.) — *Indian Philosophy* — London — 1923-27.

RADHAKRISHNAN (S.) — *Eastern Religions and Western Thought* — London — 1938.

REY (A.) — *La science orientale avant les Grecs* — Paris — 1930.

SCHWEITZER (A.) — *Les Grands Penseurs de l'Inde* — Paris — 1936.

III

Período jaina-budista

No *Rig-vêda* encontramos os gérmes do ascetismo. Aí aparecem os herdeiros dos feiticeiros primitivos que mais tarde se chamaram *yogins.*

A palavra *yogin* deriva da mesma raiz que o vocábulo latino "*jungo*" (unir). Pelas libações do *sôma*, pela meditação, pela auto-hipnose, os *yogins* provocam o êxtase, julgam-se possuidos de deus, fazem a experiência íntima da união com o divino.

É a visão beatífica.

"Bebemos o *sôma*, tornamo-nos imortais, contemplamos os deuses" — assim se exprime um hino do *Rig-vêda* dedicado a *sôma.*

O ascetismo (*tapas*) ocupa lugar preponderante na vida do índio. O asceta (*vânâprâstha*, *tapasa*, *vatarasana*, *xransana*, *quecine*, *bicxu*, *saniassi*, *iogui*, *muni*) desempenha papel eminente nas lendas sagradas ([107]) Pelas austeridades, que consistem principalmente no jejum, na castidade, em suportar as intempéries do tempo, em conservar-se durante anos numa posição incómoda, em não maltratar seres vivos, e em, sôbretudo, meditar sôbre a natureza da divindade, sôbre a origem do mundo e sôbre as prescrições da Lei, o asceta torna-se igual aos deuses.

Para os que não pertençam à casta privilegiada, à casta sacerdotal, o ascetismo é o único meio de, após a morte, subir na escala social, de ascender ao cume da montanha, de ser brâmane. Pelas suas austeridades prodigiosas o *kchátrya* Visvamitra conseguiu mesmo em vida ser elevado à categoria de brâmane, porque amedrontou os deuses. E' que o asceta perfeito dispõe de poder ilimitado: pode suspender as leis da natureza, criar novos mundos, destruir o universo existente, e destronar os proprios deuses.

([107]) *Rig-vêda* III, 26, 9 ; *Taittiriya Araniaka* I, 1).

A maldição dos ascetas produz efeitos terríveis ; nada lhe pode resistir, nem o poder dum rival nem os próprios deuses, a maldição de Gautama apeou do trono celestial o próprio Indra !

O asceta ainda hoje condensa tôdas as energias espirituais. É o magnete humano. O ascetismo é o segrêdo do prestígio, da fôrça moral, do poder mágico, fascinador de Gandhi.

Havia duas espécies de ascetas: os eremitas (*pabhajitas*) e os mendicantes (*samanas* ou *paribajacas*).

O *Atharvavêda* alude aos debates filosóficos, em que o vencedor ganhava o título de *vipra* ou *kavi.* ([108])

Os *paribhajacas* eram filósofos ambulantes, romeiros que vagueavam de terra em terra, pedindo esmola, e em salas públicas, erigidas pelos príncipes e pelas comunidades das aldeias, sustentavam polémicas filosóficas com as mulheres cultas e com a *élite* intelectual de tôdas as castas.

Os *paribhajacas*, quais *rápsodos* gregos, quais trovadores medievais, foram os porta-vozes da civilização árica, que da região gangética irradiou para tôda a India.

Se os sacrifícios, os ritos eram um exclusivo dos brâmanes, o ascetismo estava patente a todos, assim como todos os homens cultos podiam tomar parte nos debates filosóficos de que se fazem eco as *Upanichadas.* Se os *Brahmanas* se destinavam únicamente aos brâmanes, as *Araniacas* andavam nas mãos dos ascetas, e as *Upanichadas* nas dos *paribhajacas.*

Agastia e Paraxurama são entidades míticas que simbolizam a penetração dos árias no Decão e na costa ocidental da India.

Agastia foi o pioneiro da colonização árica da India meridional, o guia de Ramá no seu exílio. Vivia nas florestas de Decão. ([109]) Segundo a antiga literatura *tamul*, Agastia

---

([108]) A. Mehta—*Asceticism in pre-budhist days* no *Indian Culture*, April 1937, pag. 571; *Taittiriya Araniaka*, II, 3,9.

([109]) *Ramaiana*, Aran. Kand, 11, 83.

levou 18 famílias de Guzerate para levantar cidades no Sul da India. Vogam lendas que atribuem a Paraxurama, uma das encarnações de Vixnú, a formação das costas do Concão e do Malabar que povoou de brâmanes. (110)

O ascetismo e as especulações filosóficas, reagindo contra o formalismo estreito do sacerdócio bramânico, a acção enervante do clima que acalenta os devaneios místicos e conduz a um pessimismo doentio, tudo concorreu para preparar o ambiente em que se desenvolveram o *jainismo* e o *budismo*.

E' principalmente à doutrina da transmigração que o movimento jaina-budista deve o seu triunfo. Sòmente quando a idea de reincarnação começa a afligir as massas, atormentadas pela preocupação de renascimentos sucessivos, é que rebenta a grande corrente da renúncia que inunda a India.

O jainismo—Se o sistema *sânquia* se ocupa teóricamente do problema da libertação do homem dos renascimentos sucessivos, o jainismo e o budismo dão-lhe solução prática.

Conforme a doutrina jaina a alma livra-se do ciclo das reincarnações por uma conduta irrepreensível. O jainismo elevou a não-violência *(ahinsa)* a princípio supremo da moral. Como consequência os jainas condenam os sacrifícios sangrentos, o uso da carne, a caça e protegem os animais.

> "L'apparition du commandement de non-violence est un des événements les plus importants dans l'histoire de la pensée humaine. Partant d'un principe fondé sur la non activité e dérivé de la négation du monde, les penseurs de l'Inde, à une époque où l'éthique est encore bien rudimentaire, font l'immense découverte que l'homme a des obligations vis-à-vis tous les êtres et que pourtant l'éthique est sans limites." (111)

O poeta Hemachandra (século XII) cantou o *ahinsa* em versos magníficos:

"Ahinsa é o amor da mãi para todos os seres.

---

(110) *Mahabharata*, Santi, 48, 64. S. V. Viswanatha, *Racial Synthesis in Hindu Culture*, pag. 106.

(111) A. Schweitzer—*Les Grands Penseurs de l'Inde*, pag. 75.

No deserto de *sãosara* o *ahinsa* é como um rio de nectar.

Na fornalha da dôr, o *ahinsa* é como a núvem carregada de chuva."

A tradição remonta o jainismo às doutrinas hostis aos sacrifícios animais (*yajnas*) prègadas por Richaba-deva e Arichtanemia seguida pelos *kchátrias* de que falam o *Rig--vêda* e os *Puranas* e por Neminata, ao qual alude o *Mahabharata*; mas deve o seu nome ao *kchátria* Mahavira, o *jina* (conquistador) que no século 6.º prègou o novo credo abraçado pelo próprio Budha. Era filho do príncipe de Kaundiniapura (*Basrah*) e de Trisula Devi, filha de Vaisali, da dinastia dos Lichechavis.

Sob o ponto de vista filosófico, o jainismo é dualista, distingue a alma da matéria.

A ética jainista baseia-se no princípio de não-violência que inspira a doutrina de Gandhi. Nas relações sociais o jainismo propugna a tolerância (*anakanta*) porque tôdas as doutrinas encerram uma parcela da verdade. Sob o aspecto religioso, a salvação não depende da casta nem da oferta de sacrifícios, mas dos actos (*karma*). O ascetismo é o caminho que leva à felicidade eterna, a qual consiste em o ser ficar isento de qualidades, emoções e relações, e insusceptível de renascimento.

Os livros sagrados dos jainas denominam-se *agamas* que se classificam em 4 grupos: *pratamanayoga* (biografias dos chefes religiosos e de outras personagens históricas), *charanayoga* (moral), *karanayoga* (cosmologia) e *dravianuyoga* (metafísica). Mahavira prègou a sua doutrina em *ardhamagadhi*. Os seus discípulos deram um forma literária erudita aos vernáculos de várias regiões da India, quer sanscritoides quer tamiloides. Assim, é jaina a mais antiga literatura *hindi*, *guzerati*, *marathi*, *canarêsa* e *tamul*. Os sábios jainas enriqueceram a filosofia, a gramática, a lexicografia e a matemática.

Artistas jainas legaram-nos maravilhas de arquitectura e de escultura: *stupas*, portadas, e colunatas, umbelas de Muttra as imagens do Bundelkhand (séculos XI e XII), as estátuas colossais de Buhabalin em Xravana, Belgola e Karkal (Mysore)

Monte Abu—Templo jaina

do século X. A magnífica arte rupestre de Gwalior (século XV), na caverna de Orissa (século II antes de Cristo), os templos do Parsvanatha Hills, Pavapuri, Rajgir (Behar), Girnur e Palitana (Kathiawar), e sobretudo de Monte Abu (Rajputana) que no dizer dum crítico "carry to its highest perfection the Indian genius for the invention of graceful patterns and their application to the decoration of masonry."

Nos santuários jainas de Monte Abu, de Rajputana (Vimala Sha e Tejahpala, 1032-1232), de Girnar no Kathiawar (1230-1278) e de Palitana no Guzerate (século XI) desenvolveu-se o estilo jaina.

> "Les monastères jaina de la belle époque se composent essentiellement d'un porche formé de quatre colonnades en croix, convergeant en un octogone qui supporte un dôme curviligne imité du çikhara de l'Orissa, mais creux à l'intérieur et plus svelte et élancé; puis le sanctuaire, précédé de son antisalle et également surmonté d'une tour curviligne. Autour de ces çikhara principaux se groupent tous ceux qui couronnent les divers édifices secondaires. Ce fourmillement de piliers, de kiosques, de tours, de dômes, de clochetons et de flèches, joint à la qualité de la matière et à l'infinie variété de la decoration — au Mont Abû un marble blanc fouillé et ciselé comme un motif d'orfèvrerie, — arrive à produire une impression d'élégance et de légèreté digne de l'art arabe. Rien d'étonnant à ce que les premiers architectes indo-musulmans se soient si fortement inspirés des modèles jaina." [112]

Embora fôsse criação de um *kchátria*, o jainismo foi abraçado não só pelos príncipes, mas ainda pela casta mercantil (*vâicia*) que não podendo renunciar à vida temporal, sustentava com suas esmolas e dádivas os conventos jainas. Quando Mahavira morreu, o número dos monges jainas elevava-se a 14 mil!

A lenda transfigurou a biografia de Mahavira; não apenas sobrenaturalizou a personalidade do fundador do jainismo, mas ainda multiplicou-a criando tipos abstractos que a mitologia se esforça por concretizar, de forma que surgem 720

---

(112) R. Grousset — *Les Civilisations de l'Orient*, pag. 206.

salvadores do mundo, dos quais 119 são pálidos reflexos do *Jina, (tirtankares)* definidos por caracteres próprios: tais proporções do corpo, tal côr, tais símbolos, tal atitude, tal posição das mãos e das pernas.

Os persas na India—A India do Norte havia feito, no IV século, antes de Cristo, consideráveis progressos na religião, na arte, e na política, sob a influência dos persas e dos gregos.

Nas inscrições de Dario (Behistun, Persépolis e Naksh-i-Rustam), na *História* de Herodoto, nos fragmentos da *Indica*, de Ctesias que foi, cêrca de 415-398, médico de Dario e de Artaxerxes Mnemon (404-358), nas obras de Estrabão, Isidoro de Charax e Amiano encontramos referências à dominação persa na India. Gandara (Kandahar) já em 516 estava sujeito aos persas (Behistun). Cêrca de 510, Skylax, da Asia Menor, às ordens de Dario desceu o Indo, do Punjab ao Oceano Índico. ([113]) Quando Dario morreu, a India constituia a vigésima satrapia de *Aria—Aracosia— Gandaria* que pagava o tributo de 360 talentos em pó d'oiro. Os domínios persas estendiam-se até às margens do Indo, abrangendo o Punjab ocidental e o Sindh.

Soldados índios, vestidos de algodão e armados de arcos e flechas de bambu, tomaram parte na expedição de Xerxes contra a Grécia e na batalha de Arbela, em que Dario III foi derrotado por Alexandre Magno.

A Pérsia não só introduziu na Índia a sua organização militar, a sua arte, a sua técnica mercantil, o seu sistema de viação, o seu serviço postal, a sua organização política e fiscal e o seu alfabeto *kharosti*, que ao lado do alfabeto *brahmi* encontramos nas inscrições de Mysore; mas fez uma revolução religiosa: inspirou o respeito à vida e o horror dos sacrifícios animais. ([114])

([113]) Skylax compôs um roteiro de sua viagem que foi citado por Aristóteles e de que nos restam fragmentos, recolhidos por Klausen, Fabricius e C. Müller.

([114]) W. Jackson — na *Cambridge History of India* — vol. I — Cambrige Raychauduri — *Political History of India* — Calcutta. Foucher — *Art du Gandhara*. Senart — *Inscriptions de Piyadasi.*

"Mais les armées perses sont les missionnaires d'une révolution religieuse : Zoroastre a enseigné aux Iraniens un culte épuré, dégagé des sacrifices sanglants qui souillent encore les autels de tous les peuples aryens. Si on voit surgir à la fois dans l'Inde le bouddhisme et le jainisme qui professent tous deux le respect complet de la vie et l'horreur du sang répandu, il est difficile de se refuser à y reconnaitre un contre-coup de la révolution zoroastrienne en Iran, qui serait partie des frontières du monde indien, de Bactres, d'après la *tradition* iranienne." ([115])

A invasão de Alexandre Magno — Em 327 antes de Cristo, Alexandre Magno invadiu a India à frente de 120 mil fenícios, cipriotes e egípcios.

Foi um passeio triunfal aquela expedição. Quási todo o Noroeste da India se curvou ao jugo do grande macedónio.

Submeteu as províncias persas: *Udyana*, *Ghandhara* e *Sindh*. A aliança com Taxila assegura-lhe a posse do Punjab entre o Indo e o Hidaspe (Jhelum), mas provoca um conflito com Porus. Vencedor dêste monarca, defronta com os altivos e indomáveis *kchátrias*, tríbus militares de Rajputana e Punjab: violentos combates, duras vitórias marcam a avançada até o Hifase e o Sindh. A fadiga das tropas obriga-o a retroceder em Julho de 326.

O reino de Taxila estendia-se entre o Indo e o Jhelum (Hidaspe, *Vitasta* vêdico) até 30 quilómetros de Rawalpindi. Encontraram-se as ruinas da cidade de Taxila, descrita no *Ramaiana*: "Tesouros sem conta e jardins esplêndidos embelezavam a cidade. Era intensa a actividade comercial. Lojas alinhadas bordavam as ruas. Templos riquíssimos e copadas árvores encantavam os olhos."

A descrição de Valmiki foi confirmada pelas escavações de Marshall.

"Placée dans un site admirable, au milieu d'une plaine fertile qu'embrassent de leurs ramifications les premières collines et que dominent de loin les cimes neigeuses de l'Himâlaya, compensant la

([115]) Sylvain Lévi — *L'Inde et le Monde*, pag. 100.

chaleur de ses étés par la fraicheur de ses hivers et habitée, tout comme le Penjab actuel, par une population intelligente et enérgique, voire à l'occasion turbulente, sa position géographique à trois étapes seulement de l'Indus, sur la seule grande voie terrestre de communication entre le monde occidental et la péninsule indienne la prédestinait à devenir un lieu d'échange privilégié pour les idées comme pour les marchandises. Aussi, tandis que les écrivains grecs nous vantent sa prospérité commerciale, la tradition boudhique nous la donne comme un centre intellectuel réputé. Tous ces avantages naturels ou acquis furent d'ailleurs durement payés, si on en croit l'histoire. Ce n'est pas une situation toujours enviable pour une ville que le voisinage de la frontière et le bord d'une grande route périodiquement fréquentée par tant d'invasions. Annexée à l'empire perse par Darius, à celui des Macédoniens par Alexandre, cédée par Seleucos à Chandragupta, bientôt révolté et soumise, dit-on à nouveau par Açoka, avant que d'être évangélisée par les missionaires bouddhistes, conquise sur les derniers Mauryas par les Gréco Bactriens, des mains de qui elle passa tour à tour à celles des Çakas ou Scythes, des Pahlavas ou Parthes et de chefs de hordes venus des confins de la Chine, les Kushanas. Taxila fut finalement détruite au Ve siècle de notre ère par les Huns blancs ou Ephtalites. Ses restes même ne devaient pas connaitre le repos éternel.." (116)

Foi em Taxila que se realizou a célebre entrevista entre os *gymnosofistas*, provávelmente monges jainas, e o filósofo grego Onesecrate, discípulo de Diógenes, e enviado por Alexandre. (117)

Foi na Universidade de Taxila que, segundo Grierson, se criou ou estilizou a língua *pali*.

Foi aí educado, diz o Mahavaga, Jivaka, médico de Budha.

Omphis (Ambi?), rei de Taxila, aliou-se a Alexandre que foi convidado a auxiliá-lo contra os reis vizinhos Porus, de Punjab, e Abhisara, de Cachemir. Porus descendia dos

---

(116) A. Foucher, cit. a pag. 26 de *L'Inde aux temps des Mauryas* por La Vallée Poussin.

(117) *Cambridge History of India*, pag. 358.

Pauravas, célebre tríbu vêdica. ([118]) Vencido Porus na batalha de Hidaspes, Abhisara submete-se.

Alexandre ocupa sem resistência os países entre Akesines (Chenab) e Hydraotes (Ravi). Os Adrastai aceitam a sua suzerania; mas os Cathaios que resistem são derrotados, a fortaleza de Sangala é arrasada, setenta mil são reduzidos à escravidão. São derrotados também os Malloi, mas submetem-se os Sofitas, e os Oxidracoi, cujos chefes, de elevada estatura, vestidos de púrpura e oiro, lhe oferecem 1.030 carros com 4120 mil escudos, trabalho indígena, 100 talentos de *ferrum candidum*, algodão, conchas de tartaruga, peles de lião, tigres e lagartos e 300 cavaleiros. Os Monsikanos, os Oxykanos, os Sanbos que resistiam instigados pelos brâmanes são vencidos morrendo 80 mil índios no campo de batalha.

Alexandre estabeleceu o regime de protectorado no Punjab e a administração directa no vale inferior do Indo que dividiu em duas satrapias, à moda persa.

Esta organização política adoptada pelos portugueses no Império do Oriente subsiste ainda na India Inglesa e é justificada pelo grande historiador alemão Droysen nos seguintes termos:

> "Il (o rei *Porus*) pria le prince Méroès de le conduire devant Alexandre. Lorsque le roi le vit approcher, il se hâta d'aller au devant de lui, escorté de quelques-uns de ses amis. Il admira la mâle beauté du vieillard et la noble fierté avec laquelle il s'avança vers lui, bien qu'il fût vaincu. On prétend qu'Alexandre lui demanda, après les salutations d'usage, comment il désirait être traité. "Royalement", lui répondit Porus. Alexandre lui dit alors: "Pour ma part, j'agirai ainsi; dis-moi, pour ta part, quels sont tes désirs." Porus répliqua que tous ses désirs étaient contenus dans ce seul mot.
>
> Alexandre tint mot: il fit preuve d'une générosité royale envers le vaincu. Sa magnanimité était d'ailleurs la meilleure des

([118]) S. Lévi — *Journal Asiatique*, I — 234.

politiques. Il n'avait pas entrepris la campagne des Indes pour imposer sa domination à ce pays. Alexandre ne pouvait songer à annexer purement et simplement des peuples dont la civilisation étrange mais très développée, le frappait toujours plus vivement au fur et à mesure qu'il avançait vers l'intérieur des terres. Se rendre maitre de tous les territoires situés en deçà de l'Indus, acquérir la suprématie de l'autre côté de ce fleuve et assurer ainsi une telle influence à la culture hellénique qu'elle aboutirait avec le temps à une fusion directe des Indes avec le reste de l'Asie, telles semblent avoir été les directives politiques qui l'inspirèrent au cours de sa campagne. Ce n'etait pas les peuples, mais les princes qu'il voulait s'assujetir. La situation de Porus dans le pays des cinq fleuves, a dû lui indiquer la meilleure politique à suivre. Porus avait possédé jusque-là une sorte de suzeraineté sur le pays des cinq fleuves, provoquant, ainsi la jalousie de prince de Taxila. Son royaume ne comprenait à proprement parler que les plaines très cultivées situées entre l'Hydaspe et l'Acésine, mais il avait donné des domaines importants à son neveu Spitakés et à son petit-fils Porus II, qui régnaient l'un à l'ouest, l'autre à l'est de l'Acésine, sur le pays des Gandares. Sa prépondérance politique s'étendait donc jusqu'au fleuve Hydraotes, qui formait, à l'est, la frontière des indiens libres. Allié a Abisares, il avait même essayé de mettre la main sur leurs pays, et quoique cette tentative eut abouti à un échec pas suite de la résistance héroique de ces tribus, son hégémonie n'en était pas moins inconstestée dans tout le bassin de l'Indus. Alexandre avait déjà considérablement accru le pouvoir de Taxila. Lui confier en outre tout le territoire des cinq fleuves, eût été le moyen le plus sur de lui faire regretter sa dépendance, tout en lui donnant le moyen de s'en émanciper. Les "Indiens libres" n'auraient pas manqué de l'y aider, ne fût-ce qu'en raison de leur inimité envers Porus. Alexandre ne pouvait mieux assurer sa puissance sur les Indes qu'en la fondant sur la rivalité de ces deux princes. Il lui fallait donc accroitre la puissance de Porus, pour contrebalancer celle de Taxila. En confiant à Porus un pouvoir plus grand que dans le passé et en lui remettant le gouvernement de tous les insoumis, Alexandre assurait son hégemonie sur toute cette région.

Telles furent sans doute les raisons qui incitèrent Alexandre à confirmer Porus dans sa royauté et à accroitre considérablement son pouvoir." ([119])

A exploração das margens do Indo e da costa de Gedrosia (Beluchistão) pela frota de Nearco, almirante macedónico, contribuiu para o progresso da geografia e para o desenvolvimento do comércio marítimo entre o Oriente e o Ocidente. Alexandre, se não fôra arrebatado pela morte, teria talvez edificado uma Alexandria na foz do Indo.

O Punjab ter-se-ia helenizado, como a Asia Menor e o Egipto. Alexandre, se por um lado, pondo em contacto o Oriente com o Ocidente difundiu pela Asia a cultura helénica, por outro, levou para a Europa a idea oriental do Império.

> " C'est lui (Alexandre) qui l'empruntant à la tradition asiatique, a le premier jeté l'idée d'Empire dans notre Occident... La civilisation grecque n'est pour ainsi dire qu'un instrument et il épuisera le Hellenisme en soumettant le monde à l'esprit grec." ([122])

O Império de Chandragupta—Há quem sustente, baseando-se nas referências dos historiadores europeus Justino e Plutarco e no drama indiano *Mudra-racchesa* que Chandragupta (*Sandrakottus* dos gregos) obstou ao avanço de Alexandre, obrigando-o a retirar-se e descer para o Sul, e caminhando do Noroeste da India para Leste destronou a dinastia *Nanda* de Magadha ([121]) iniciando a dinastia dos *Maurias* (*maiura*, pavão, emblema da dinastia).

Chandragupta foi o primeiro Imperador da India. O seu braço potente uniu, como num feixe, os diversos povos e nações do Hindostão. Foi, é certo, ajudado pelo curso dos acontecimentos, mas só o génio politico os sabe ver e aproveitar. A

([119]) J. G. Droysen— Histoire d'Alexandre le Grand, trad. de J. Benoist—Méchin —Paris, 1935, pag. 414.

([120]) P. Jouguet—*L'Imperialisme macédonien et l'Hellenisation de l'Orient*, pag. 455.

([121]) H. C. Seth —*Some Sidelights on Chanaquia the great Chancellor* no *New India Antiquary*, vol. I, pag. 234.

hegemonia dos *curús* e *panchalas* primeiro e de Cosala depois unificando as diversas tribus que dividiam a India do Norte; a unidade religiosa imprimida pelo movimento jaina-budista, o imperialismo persa e macedónico, inspirado pela monarquia universal da Babilónia, formaram e engrossaram a corrente unificadora que venceu, mas não eliminou o particularismo local indígena, representado pelas comunidades da aldeia que eram os verdadeiros órgãos da administração local.

Seleuco Nicator, general macedónico e rei da Síria, atravessou o Indo em 305, pretendendo imitar Alexandre, mas saiu-lhe ao encontro Chandragupta, que o obrigou a recuar e a assinar em 303 um humilhante tratado de paz, pelo qual lhe cedeu as três satrapias, cujas capitais eram, respectivamente, as actuais cidades de Kabul, Herat e Kandaar.

Segundo Apiano, Chandragupta esposou uma das filhas de Seleuco. Este nomeou Megastenes embaixador junto da côrte de Chandragupta. Megastenes residiu por largo tempo em Pataliputra (Patna) capital do império de Chandragupta e legou-nos a *Indike*, obra de valor, onde encontramos interessantes notas sôbre os usos, costumes, e instituições indianas.

Megastenes descreve Pataliputra: media cêrca de 15 quilómetros de comprimento sôbre 3 de largura; tinha hoteis, casas de jogo, teatros, hipodromos, salões da cidade, mercados, casas de dois ou tres andares.

Era sumptuoso o palácio de Chandragupta, excedendo em magnificência os palácios famosos de Susa e Ecbatana: sustinham-no pilares adornados com trepadeiras de oiro e aves de prata. Era faustuosa a côrte de Chandragupta: um palanquim de oiro, enfeitado de borlas de pérolas, transportava em ocasiões solenes o monarca vestido de púrpura e oiro. Chandragupta autoritário e cruel, receoso de atentados contra a sua vida, vivia recolhido no seu palácio, protegido por uma guarda de gigantescas mulheres gregas, a célebre guarda de *yavanis*.

Era rigoroso e metódico o programa da vida que Chandragupta se impusera. O dia estava dividido em 16 períodos de 90 minutos: no primeiro erguia-se da cama e meditava, no segundo tomava conhecimento dos relatórios dos funcionários e dava as suas instruções secretas; passava o terceiro período com os seus conselheiros na sala das audiências privadas; no quarto ocupava-se dos problemas financeiros e da defesa nacional; no quinto recebia as reclamação dos súbditos e administrava a justiça; destinava o sexto ao banho e ao jantar; no sétimo arrecadava os impostos e os tributos e fazia as nomeações dos funcionários, no oitavo tornava a ouvir o seu conselho privado e tomava conhecimento dos relatórios dos espiões, serviço em que eram empregadas ainda as mulheres de vida airada.

Chandragupta era *sportsman*. Megastenes alude a massagens, aos exercicios fisicos, às caçadas do rei que assistia aos combates dos animais e dos gladiadores.

O efectivo do exército de Chandragupta, era segundo Megastenes, de 600 mil homens de infantaria e de 30 mil homens de cavalaria.

A unificação política da India realizada por Chandragupta tinha a sua base na unificação espiritual levada a cabo pelo movimento jaina-budista, e vinha satisfazer a necessidade da *frente única*, reconhecida após a invasão de Alexandre que fácilmente impusera o seu jugo à India retalhada.

A Chanáquia é atribuida a paternidade de *Artha-xastra* (122) que não era só uma ordenação dos principios e normas da ciência económica e do direito público legados pela tradição e adaptados às condições da época, mas ainda um manual politico tão cínico, como o *Principe* de Machiavel. Assim, para tomar uma fortaleza aconselha: a intriga, os expiões, a corrupção do inimigo, o cêrco, o assalto.

Não só reconhece os direitos do monarca, mas ainda lhe impõe deveres para com os seus subditos. Delegado da soberania nacional, êle jura perante o povo: "Perca o céu, a vida, a progénie, se vos oprimir."

Isto lembra o *despotismo iluminado* do século XVIII de

(122) E' discutivel não só a paternidade, senão também a época em que foi redigido. Cf. Keith—*Sanskrit Literature*; A. N. Bose—*The Date of the Arthasastra* no *Indian Culture*, vol. IV, n.° 4, pag. 435.

que o Marquês de Pombal foi um dos lidimos representantes e o ideal estóico de que se fazem éco Dion Crisóstomo e Elius Aristides, escritores gregos do século II da nossa era.

"...on y découvre le fruit du nouvei idéal social et politique de l'époque, déjà exprimé dans les écrits des auteurs grecs, comme Dion Chrysostome ou Aelius Aristi qui furent les chefs de cette sorte de renaissance académique de culture classique dont le II siècle après J. D. fut le témoin. Ils voyaient dans l'Empire romain la réalisation de l'idée hellénistique traditionelle de l'unité du monde civilisé, l'" oecuméne " *el ils présentaient aux empereues l'idé il stoicien a'une monarchie éclairée dont le chef voue sa vie au service de ses sujels el regarde le gouvernment non comme un preoilège, mais comme un devoir.*" [123]

A escravatura é condenada. Os privilégios civis dos brâmanes são restringidos.

A *Arthaxastra* descreve a organização do Império da India, completando os informes de Megastenes:

O Império estava dividido em províncias, cada uma das quais era governada por um vice-rei, e as províncias em distritos administrados por conselhos organizados a simile do município de Pataliputra, e fiscalizados por agentes do poder central.

O poder legislativo e o executivo eram exercidos pelo soberano por intermédio de oito ministros. A justiça era administrada pelo chefe da aldeia (*gopa*) ou pelo conselho aldeão (*panchaiat*) pelos tribunais colectivos de 1.ª e 2.ª instância e pelo Supremo Tribunal presidido pelo monarca. A administração militar, era confiada a um conselho composto de trinta membros, distribuidos por seis comissões, incumbidas, respectivamente, dos serviços navais, administração militar, infantaria, cavalaria, transportes de guerra, e corpo de elefantes.

A justiça era administrada pelos tribunais locais (*panchaiats*), pelos tribunais de 1.ª instância, compostos de três juizes, civis (*dharmasthania*) ou criminais e disciplinares

---

(123) C. Dawson—*Les Origines de l'Europe*—trad. francesa, pag. 38.

(*kanthaka-sodhana)* e pelo Supremo Tribunal, presidido pelo monarca.

Segundo Megastenes, os índios não conheciam a usura nem eram demandistas.

Havia repartições especiais de viação, serviços marítimos, hidráulica, agrimensura, estatística, comércio, agricultura e zootecnia. Havia rigorosa fiscalização do jôgo e da venda de bebidas alcoólicas.

As estradas nacionais eram arborizadas, e ao longo delas havia, em intervalos regulares, estações postais, poços, estalagens e postos policiais. Havia transportes marítimos do Estado que mantinham o comércio com o Extremo Oriente.

Eram as seguintes as fontes das receitas do Estado: um sexto do produto das terras das comunidades agrícolas e das pescarias, rendimentos dos bens da Corôa, monopólio das minas, pérolas e sal, transportes marítimos, taxas de irrigação, da venda de bebidas alcoólicas, e das casas de jôgo, direito de portagem, e multas. Eram isentas de impostos as comunidades de aldeia, cujos membros pagassem o tributo de sangue ou o imposto de trabalho gratuito.

O município de Pataliputra era gerido por trinta vereadores, distribuidos por seis pelouros:

Ao 1.º cabia a fiscalização do contrato de trabalho e a protecção dos operários. O 2.º exercia funções consulares, dando assistência aos estrangeiros. O 3.º estava incumbido dos serviços de registo civil. O 4.º fiscalizava as transacções comerciais. O 5.º estava encarregado de fiscalizar as manufacturas. O 6.º cobrava o décimo das mercadorias vendidas.

A expansão do jainismo — Rice demonstrou, em face de inscrições e das tradições jainas, que o *sudra* Chandragupta, o primeiro Imperador da India, introduziu o jainismo em Maiçor. ([124]) O jainismo foi uma das pontes que ligaram a India do Norte à do Sul, pondo em contacto a civilização árica com a dravídica.

([124]) *Mysore*, vol. I, pag. 288.

Nos primeiros séculos da era vulgar Mathura, ao Norte, e Xravana Belgala, ao Sul, eram os grandes focos do jainismo, que nos séculos V a XII mereceu a protecção das dinastias que dominaram no Decão, e na India Meridional e no Guzerate: *Gangas*, *Kadambas* de Goa, *Chaluquias* e *Raxtracutas* que exerceram influência na ciência e na arte. No reinado do raxtracuta Amogavarcha, os poetas Jinasena e Gunabadhra compuseram o *Mahapurana*, e, Mahaviracharya o seu tratado de matemática.

O centro do jainismo deslocou-se de Behar para Guzerate, onde no século V da era vulgar reuniu o concílio de Valabi.

Entre os protectores do jainismo sobressaem Mandalica, rei de Katiawar (século VI), os Raxtracutas (século XI), o rajput Sidaraj Jaising, rei de Guzerate, aparentado com os reis *Kadambas* de Goa, que também (século XII) professaram o jainismo. Até o meado do século XII a literatura canarêsa era principalmente jaina. Sob o influxo do célebre escritor jaina Hemachandra, Kumarapala transformou o seu território em Estado jaina, e o jainismo foi abraçado pela classe mercantil de Guzerate que erigiu os belos templos jainas de Monte Abu e Shatrunjaya.

As perseguições dos reis hindús, como Ajaiapal, de Guzerate (fins do século XII), e Kuma, da India Meridional (século VII, e dos maometanos (século XIII) apressaram a decadência do jainismo na India ocidental e meridional, mantendo-se, porém, até o século XVI em Vijaianagar. Contam-se hoje 1 milhão e 250 mil jainas na India; seguem em geral a profissão mercantil, distinguem-se pelas obras de caridade e pela protecção dispensada aos animais.

Existem vestígios do jainismo em Goa. Os *jaina-gurous* servem nos templos hindus, e, empunhando uma vara, caminham adiante do ídolo, nas procissões.

O jainismo não repudiou completamente o passado bramânico. Os brâmanes continuaram a presidir às cerimónias religiosas domésticas. E quando a fúria das perseguições tudo varreu, fácil foi ao jainismo integrar-se no hinduismo. Na

India do Sul, muitos jainas, fugindo às perseguições de Basava *premier* dum dos reis, converteram-se à seita hindu dos *lingaitas* fundada no século XII pelo brâmane Ecantadaramaia, a que pertence o rei de Sundém que descende dum dos ramos da dinastia de Vijaianagar.

O budismo—"Dois séculos e meio após a morte do fundador, diz Barth, o budismo tornou-se a religião oficial do Imperador da India, Axôca, da dinastia *Mauria*, cujos domínios se estendiam do vale de Cabul à foz do Ganges, do Himalaia ao Sul dos Vindhyas, cujos missionários se entranhavam nos países maratas e dravídicos e aportavam a Ceilão. Estes progressos rápidos não se devem certamente aos seus dogmas pouco sedutores e pouco originais nem tão pouco à superioridade incontestavel da sua moral, e se não tivesse tido outros meios de acção o seu êxito seria um dos problemas mais intrincados da História. Mas, afora as suas doutrinas e os seus preceitos, o budismo tinha a seu favor as suas instituições, o seu espírito de disciplina e de propaganda, tôda uma arte-nova de conquistar e governar as almas, tinha Budha e a sua memória viva na sua igreja.

Não é exagêro atribuir grande parte das conquistas do budismo à personalidade e à lenda que se teceu em volta do seu fundador.

No bramânismo, em que tudo é impessoal, em que os corifeus mais venerados apenas deixaram um nome, nada há a opôr à *Vida de Budha*, pouco histórica como relação de factos, mas que de certo nos conservou a fisionomia do Mestre e a impressão indelével que dele guardaram os discípulos. Sem embargo de um estilo horrível, o mais insuportável de todos os estilos, os contos budistas (*jatacas*) formam a mais tocante narrativa que a humanidade imaginou, e é facto sabido que até no Ocidente, onde penetraram pelas traduções gregas, formaram o tema da lenda popular que por largo tempo foi para o mundo cristão um livro edificante, a lenda de Barlaam e Josafat. Estes contos conquistaram mais almas para o budismo que as suas teorias da existência e do *Nirvâna*.

Meditar sôbre as perfeições de Budha, admirá-lo, amá-lo,

dizer-se e sentir-se salvo por êle, eram sentimentos novos, desconhecidos do bramânismo e, por um contraste singular, foi uma religião sem Deus que iniciou a India nas alegrias íntimas da devoção.

O budismo triunfou emquanto teve o monopólio dêstes sentimentos, êle começou a declinar no dia em que as religiões *neo-bramânicas*, em especial o *vixnuismo*, se aproveitaram dêle contra êle.

Para melhor fazer sentir isto, seria preciso focar o admirável vulto que se divisa; êsse modêlo perfeito de calma e dôce majestade, de ternura infinita por tudo quanto respira de piedade por tudo quanto sofre, de liberdade moral perfeita e de emancipação de todo o prejuizo. . . . . Para salvar os outros, quem um dia havia de ser Gautama, se dignou de trilhar a estrada do *nirvâna* e se fêz Budha, à custa de inúmeras existências suplementares. O brâmane chegou a professar, em princípio, a benevolência para com todos os seres, mas entre os seus semelhantes há muitos que êle repele com horror e cujo contacto o mancha. O Budha sabe que o homem não é maculado senão pelo pecado e o próprio *Chandala*, que é menos que um cão, é acolhido por êle como irmão.

A moral do budismo, que analizada preceito a preceito não difere na sua essência da dos livros bramânicos, mostra-se tão elevadamente original como impregnada dum espírito novo, objectivado na vida do fundador. Imitar o Budha tal foi a lei superior que deu à religião novos e admiráveis discípulos.

A memória dêsses discípulos conservou-se tão piedosamente como a do Mestre, e o budismo teve assim uma incomparável colecção de lendas, um *Flos Sanctorum* que pela delicadeza e encanto do sentimento religioso é o único que ousa disputar primazias com o do cristianismo.

Imitar o Mestre era, antes de mais, continuar a sua obra era propagar, como êle, a boa doutrina. Esta não era, como o bramanismo uma taumaturgia, não continha segrêdos para alcançar bens temporais, segrêdos que não era conveniente divulgar.

Era a boa nova para todos, destinada a passar de bôca em bôca; dava alegria a quem a conhecia e a quem a propagava. O budismo foi a mais antiga religião proselitista. E' nela que se encontra o conceito da conversão, assim como um termo especial para a designar (em *pali: sota-pati*, quere dizer "*ingresso na corrente*"). A sua arma foi a que o Mestre já usara: a prédica em língua vulgar, a que se acrescentou a pouco e pouco uma literatura popular, além de lendas e biografias, colecções de parábolas e de narrativas, meio-religiosas meio-profanas, cujo assunto é muitas vezes tomado às existências anteriores de Budha e que são uma das criações mais originais do budismo. Onde quer que penetrasse, o budismo adoptava o idioma popular. Se em alguns países, como Ceilão, Birmânia, Sião, chegou a ter uma lingua sagrada, os livros canónicos foram traduzidos e explicados ao povo em vernáculo e são bem diferentes, nesta parte, do *Vêda* dos brâmanes em que a forma vale tanto como o fundo e que traduzido noutro dialecto ou dado à escrita já não é *Vêda*." [125]

Gautama, o Budha, o Iluminado, nasceu pelos meados do século VI (antes de Cristo), em Lumbini, ao Sul de Nepal e ao Nordeste de Oudh. Pertenceu à casta militar (*kchátria*) à família principesca dos *Saquias*. Seu pai era *rajá* ou senhor dum território, cuja capital era Capilavastu, chamava-se Sudodana e era casado com Maia.

Budha casou cêdo, segundo o costume oriental, com Bhadaccha, teve um filho por nome Raula. Enfastiado da vida da côrte, abandonou-a, vestiu a cabaia amarela de penitente, e recolheu-se para o êrmo. Ao cabo de uma vida austera, à sombra de um pimpôl (*ficus religiosa*), chegou à conclusão de ter achado o meio de atingir o *Nirvâna* (repoiso, inconsciência).

Budha iniciou o seu apostolado com o sermão de Benares. A sua fisionomia insinuante e a sua bela eloquência criaram-lhe adeptos entusiastas que propagaram a sua dou-

---

(125) Barth—*Les Religions de l'Inde*, pag. 71.

trina. Morreu em Kusinara no actual distrito de Goracpur cêrca de 480, antes do Cristo. ([126])

"Ha alguma coisa de inspirador — diz o dr. Aiken, professor na Universidade católica de Washington — neste homem de alto nascimento e fina cultura, que abandonou quanto há de mais caro no mundo para se consagrar à tarefa ingrata de ensinar à humanidade sofredora os meios de salvação que êle julgava ter descoberto. Nisto, de certo, se iludiu, mas foi sincero. É esta sinceridade aliada à real grandeza de ânimo que explica os triunfos de sua doutrina. Só uma alma grande e forte, só uma personalidade augusta e imponente é que seria capaz de exercer tamanha influência nos seus contemporâneos e nas gerações que se lhes seguiram. Aos olhos dos discípulos êle não tinha pecados, não tinha defeitos; era dotado de tôdas as graças do espírito e do coração.

"Podemos hesitar sôbre a fidelidade do retrato de intenso colorido que a tradição búdica nos legou, mas é forçoso reconhecer em Budha qualidades de homem superior e bom. Vetustos contos pintam-no vagueando de terra em terra, sem preocupações de confôrto, intrépido e calmo, doce e misericordioso, atencioso para com os homens de tôdas as classes, obececado pela idea de quebrar as algemas da miséria, e irresistível pela maneira hábil e eloquente com que apontava o caminho da salvação. Pela sua doçura, facilidade de esquecer as injúrias, zêlo, castidade e simplicidade da vida, êle aproxima-se, sob mais dum aspecto, de S. Francisco de

---

([126]) "En vérité, seigneurs, l'ascète Gotama est gracieux, agréable à regarder; il inspire confiance, possède un teint d'une grande beauté, a une noble prestance, est magnifique à voir.

En vérité, seigneurs, l'ascète Gotama est doué de la vertu des sages (arhats) (il est) bon et vertueux, doué de bonté et de vertu.

En vérité, seigneurs, l'ascète Gotama possède une voix séduisante, une élocution charmante; il se sert d'expressions choisies, claires et sans ambiguité, propres à faire comprendre la question traitée". (*Portrait du Boudha par un brahmane, extrait du Digha-Nikaya* IV, a pag. 179 de *Gotama le Bouddha d'après les écritures palies* por E. H. Brewster).

Assis. Não encontramos carácter mais nobre em tôda a antigüidade pagã. Se o retrato não é fiel, é de grande valor, porque revela a concepção budista do homem ideal." (127)

A supressão da dôr é o fim a que visa o budismo. Para alcançá-la, os homens devem conhecer as seguintes verdades: existência da dôr, causa da dôr, extinção da dôr e o caminho que conduz à extinção da dôr.

"Há dois extremos, ó monges! — exclama Budha no sermão de Benares — dos quais se deve afastar quem leva uma vida espiritual. Quais são êsses extremos? Um é a vida de prazer, consagrada aos prazeres e ao gôzo, istó é baixo, ignóbil, contrário ao espírito, indigno, vão. O outro é uma vida de maceração: isto é triste, indigno, vão.

"Dêstes dois extremos, ó monges! o Perfeito se afastou e descobriu o caminho que passa pelo meio, o caminho que abre os olhos do corpo e os do espírito, que conduz ao repouso, à ciência, à iluminação, ao Nirvâna. E qual é, ó monges! o caminho do meio que o Perfeito descobriu, que abre os olhos do corpo e os do espírito, que conduz ao repouso, à ciência, à iluminação, ao Nirvâna? É êste caminho sagrado de oito ramais que se chama fé pura, vontade pura, língua pura, acção pura, meios de existência puros, meditação pura. Eis, ó monges! o caminho do meio que o Perfeito descobriu, que abre os olhos do corpo e os do espírito, que leva ao repouso, à ciência, à iluminação, ao Nirvâna.

"O nascimento é dôr, a velhice é dôr, a morte é dôr, a união com a pessoa que se não ama é dôr, não conseguir o que se deseja é dôr, em suma: as cinco espécies dos objectos que nos prendem são dôr. Aqui tendes, ó monges! a verdade santa sôbre a dôr.

"É a sêde da existência, acompanhada do prazer e da cobiça que leva ao renascimento, que encontra aqui e acolá o seu prazer — sêde do prazer, sêde da existência, sêde do po-

---

(127) Dr. Aiken — *Boudhisme et Christianisme*, traduit de l'anglais per l'abbé Colin, pag. 92.

der. Aqui tendes, ó monges! a verdade santa sôbre a origem da dôr.

A extinção dessa sêde pelo aniquilamento do desejo, banindo-o, repudiando-o, libertando-se dêle, não lhe deixando lugar: eis, ó monges! a verdade santa sôbre a supressão da dôr.

O caminho de oito ramais que se chama fé pura, vontade pura, língua pura, acção pura, meios de existência puros, aplicação pura, memória pura, meditação pura — eis, ó monges! a verdade santa sôbre o caminho que conduz à supressão da dôr."

A vida, sob todos os seus aspectos, é dôr. Não vale a pena viver! Esta concepção pessimista, encontrâmo-la nas *Upanichadas*. A vontade — eis aí a fonte da dôr. É o desejo de viver, de conservar a existência individual, de satisfazer as inclinações da natureza sensível; é a sêde de adquirir nome, riquezas, poder, que sujeita o homem a êste ciclo infinito de renascimentos com o seu cortejo inevitável da decadência, doença e miséria!

É pela supressão de todo o desejo que se pode chegar a fazer cessar a miséria que oprime o homem! E é o estado da ausência do desejo e da dôr que é conhecido por *Nirvâna*.

Indubitávelmente, a filosofia de Tolstoi se deixou impregnar da doutrina budista.

Os diversos céus da teologia bramânica, com as suas delícias sensuais, tinham sido conservados para serem a recompensa das almas virtuosas que não estavam maduras para o *Nirvâna*. Aspirar àquela recompensa era permitido ao monge fraco e recomendado aos seculares.

Como o bramânismo, Budha reconhecia que na cadeia ininterrupta de renascimentos o carácter de cada existência sucessiva individual era o resultado próprio de suas acções boas e más na vida precedente *(karma)*.

Sem a recompensa celestial, o número dos discípulos de Budha ter-se-ia reduzido à *élite* de almas heróicas. Era aquele elemento que temperava a severidade da doutrina de Budha sôbre o *Nirvâna*, tornava a sua religião acessivel às massas, e estava destinado a sobrepujar, no curso do tempo, a noção primordial do *Nirvâna*, fazendo dêste um céu de delícias positivas e eternas.

A vida perfeita de que Budha nos deu o exemplo e a que convidava os seus semelhantes era a vida de celibato e de ascetismo. A vida conjugal, baseada no instinto da reprodução, era incompatível com a extinção do desejo e da existência individual. Como garantia da completa renúncia às alegrias do mundo, Budha adoptou para si e para os discípulos a vida calma, austera e contemplativa das seitas da época. Os seus meios de subsistência consistiam na esmola.

O *Sanga*, ordem religiosa budista, estava patente aos homens de tôdas as castas. Todos os monges, brâmanes ou sudras, eram irmãos. A virtude, e não o nascimento, era o sinal de superioridade. Só aos monges era obrigatório o celibato.

O monge budista era obrigado a observar os seguintes dez preceitos: abster-se de destruir qualquer ser vivo, *(ahinsa)* não furtar, guardar castidade, não mentir, não tomar bebidas embriagantes, não comer em tempo proïbido, não dançar, não cantar, não usar perfumes, unguentos, flores, não dormir em camas altas, não aceitar oiro, nem prata. Para assegurar uma conduta irrepreensível, havia quinzenalmente exame de consciência e confissão pública. Mais tarde exigiu-se a confissão privada que devia ser feita no próprio dia da falta. Havia também mosteiros de monjas.

Os conventos budistas, como a célebre Universidade de Nalanda, eram grandes centros da cultura intelectual e artística, e monjas, como Khema, distinguiram-se pelo talento e erudição, tendo algumas delas colaborado no *Therigata* de *Sutta Pitaca*.

Para avaliar o grau de adiantamento da educação feminina lá está o *Lalitavistara* a atestar as qualidades que Budha exigia para a sua noiva. "Preciso duma rapariga que saiba escrever e fazer versos, e seja virtuosa e versada nas *Sutras*." (128)

---

(128) Edição do dr. R. Mitra, pag. 182.

A *Sigalavada Sutta* ennumera os deveres dos seculares: Os pais devem educar os filhos, desviando-os da senda do vício, exercitando-os na virtude, ensinando-lhes artes e ciências, devem casá-los e garantir-lhes os meios de subsistência. Os filhos devem honrar os pais, auxiliá-los, conservar a herança paterna. Os discípulos devem respeitar os mestres, obedecer-lhes, socorrê-los nas suas necessidades e estar atentos às lições. Os mestres devem ser dedicados aos discípulos, instrui-los, livrá-los dos perigos que os cerquem. O marido deve tratar a mulher com respeito e benevolência, ser-lhe fiel, dar-lhe joias e vestidos. A mulher deve cumprir os deveres duma boa dona de casa, ser hospitaleira para os parentes e amigos, hábil e diligente, casta e económica. Todos devem ser corteses para com os amigos, velar pelos seus interêsses, partilhar das suas mágoas e alegrias, e valer-lhes na adversidade.

A moral budista impunha a observância dêstes cinco mandamentos: não matar, não furtar, não mentir, não tomar bebidas embriagantes, não cometer adultério.

Dizia S. Paulo: "Não te deixes vencer pelo mal, mas domina o mal pelo bem." E Budha ensinava: "Pela mansidão e pela paciência domina-se a cólera, a bondade vence a maldade, a generosidade a avareza, a verdade a mentira!"

A semelhança mais impressiva do budismo com o cristianismo—diz o dr. Aiken—está talvez na sua doutrina sôbre a mansidão e o perdão das injúrias. Ser benévolo para com os homens de tôdas as classes, evitar a cólera e a violência física, sofrer com paciência os insultos e as injúrias, pagar o mal com o bem, tudo isto é aconselhado pelo budismo e faz dele uma das mais doces religiões.

Mas, observa o professor Oldenberg, Budha não disse como Cristo: "Amai aos vossos inimigos"; limitou-se a dizer: "Não odieis os vossos inimigos". Pois o amor do próximo era incompatível com o ascetismo que rompia tôdas as amarras que prendiam o homem ao mundo, era incompatível com o ideal da renúncia às alegrias e tristezas da vida, não cabia no caminho estreito que conduz ao Nirvâna. "Não conheço nem amor nem ódio. Na alegria e na dôr fico impassível" (*Cariya Pitaca*, III, 15). ([129])

A doutrina budista não alcançou, é certo, as alturas luminosas em que brilha a caridade cristã que S. Paulo exaltou com a magia do seu verbo. Mas nem por isso a caridade deixou de traçar a linha de conduta que os budistas deviam seguir. Que o digam a vida de Budha e os éditos de Axôca. É que Budha se preocupou mais com a realidade social, com os preceitos morais do que com as especulações filosóficas. Era pragmatista. Dizia com muito espírito: "Quando alguém é ferido trata de chamar o médico em vez de se preocupar com a pessoa do agressor e com os instrumentos do crime".

Budha não reconhecia a autoridade dos Vêdas nem a eficácia dos ritos religiosos, Budha—nota o professor Oldenberg—desacreditou o princípio do sacrifício. "Por repetir maquinalmente cânticos e as sentenças dos sábios poetas da antiguidade, ninguém se deve reputar um sábio: é como se um pobre diabo ou um escravo se colocasse no lugar donde o rei falou, pronunciasse as palavras dele e, feito isto, se julgasse um rei" (*Ambatha Sutta*). "As abluções para quê? Os brâmanes julgam que, tiritando de frio, lavam as manchas das más acções. Neste caso, as rãs e as tartarugas deviam ir para o céu. O que é preciso é não praticar acções más e não cometer a loucura de expôr o corpo ao resfriamento" (*Therighata*). ([130])

Budha opôs o livre exame aos dogmas bramânicos baseados nos Vêdas e na tradição. "Não creais só porque o asceta ou o mestre o disse; se a vossa consciência julga que uma coisa é má e censurável deveis repelí-la."

Budha não admitiu o impedimento matrimonial da diversidade da casta. Assim, consentiu no casamento duma *chandala* (casta inferior) com seu discípulo dilecto Ananda que era da casta superior. ([131])

([129]) Oldenberg—*Le Bouddha*, pag. 288.

([130]) Prof. Oldenberg, *Le Bouddha*, pag. 169.

([131]) *Diviavadana*, cit. por E. Burnoaf—*Introd. à l'hist. du Bouddhisme indien*— pag. 205.

Observa o indianista Przyluski:

" Le Bouddhisme n'est pas dirigé contre la caste au sens étroit. Il ne prétend pas davantage abolir les grandes classes sociales ni mettre le sujet au niveau du souverain. Il s'efforce plutôt de ruiner l'omnipotence des brahmanes. Ceux-ci avaient propagé une doctrine qui faisait d'eux des hommes supérieurs et quasi divins. Tout mérite dérive du sacrifice: le brahmane, qui est seul qualifié pour le célébrer, s'assure ainsi de grands profits matériels et spirituels, et le système des castes, qui traduit légalement cette situation de fait, consacre la triple prépondérance religieuse, économique et sociale de la classe brahmanique. Le Bouddihsme, dès le début, s'insurge contre les excès de ce régime, et ce faisant, manifeste avec une vigueur nouvelle une tendance qui déjà remuait les masses, non seulement dans l'Inde entière, mais encore dans d'autres pays.

La religion védique était fondée sur l'efficacité de sacrifice; tout mérite, et partant tout bonheur, s'acquièrent en offrand aux dieux des victimes. Mais voici que la conscience et la raison protestent contre ce principe. Le savoir et la moralité ne confèrent-ils pas une puissane et un prestige supérieurs? L'homme saint ne serait donc pas le brahmane, mais plutôt celui qui connaît la vérité et pratique la vertu. La religion doit cesser d'être formelle, extérieure à l'individu; elle est un principe de vie, à la fois science, ferveur et bienveillance.

Ainsi, tandis que la caste brahmanique tirait de la doctrine du sacrifice sa dignité et sa richesse, la nouvelle conception de la religion, aboutit à ruiner l'une et l'autre. Le religieux est supérieur au brahmane; c'est à celui-là qui doivent aller les offrandes. En même temps, se trouve fortement ébranlé le principe d'hérédité, qui est à l'origine de la caste. En effet, si la sainteté est à la portée de tous, il est vain de prétendre que la naissance confère une supériorité morale. Aux yeux du sage il n'y a point de caste; la noblesse du brahmane n'est qu'une illusion. Bref, à l'origine du Bouddhisme, nous trouvons un mouvement social en relation avec un sentiment plus épuré de la morale et de la religion et qui tend à ruiner les privilèges de la caste brahmanique." (132)

(132) *Le Bouddhisme*, pag. 7.

Budha dizia que os kxátrias eram superiores aos brâmanes. ([133])

As *Jatacas* reproduzem a doutrina de Budha sôbre a inferioridade dos brâmanes. ([134]) Budha referia-se porém à *classe* brâmane (sacerdote) e não à *casta* brâmane, pois que ao tempo não havia o *impedimento matrimonial da disparidade do culto* que foi consequência das heresias dos jainas e dos budistas que cindiram a sociedade árica, elevando a barreira que na Europa separa os católicos dos protestantes.

Budha admitia a existência dos deuses mas negava que êles aplainassem o caminho para o Nirvâna, pois que estavam, como os homens, sujeitos à lei do renascimento e do *karma* (retribuição dos actos).

O culto dos deuses não era imposto, mas tolerado aos seculares. Mas Budha, após a morte, passou a ser objecto do culto: as suas relíquias, os seus ossos, as suas cinzas, os seus dentes foram transportados para as principais cidades da India, e venerados em santuários: *(dágobas, chaitias, stupas, topes)*; consideraram-se sagradas as terras, em que êle nasceu, em que êle prègou, em que êle morreu, e tornaram-se centros de peregrinações.

A expansão do budismo — Nada se sabe, de positivo, quanto à expansão do budismo desde a morte de Budha até Axôca que o protegeu, qual Constantino Magno o cristianismo, e o difundiu enviando missionários para tôda a India, Ceilão, Síria, Egipto e Macedónia. Axôca convocou em 247 (antes de Cristo) o Concílio de Pataliputra que definiu o credo budista.

O *sudra* Axôca, neto de Chandragupta, subiu ao trono imperial cêrca do ano 272. Era vastíssimo o seu império: estendia-se do Himalaia ao Sul de Goa. Deixou-nos documentos com que podemos reconstituir a sua fisionomia moral, comparável, sob mais de um aspecto, à de Marco Aurélio, e a

---

([133]) *Sutta of the Digha Nikaia* no *Sacred Books of the Buddhists* II, pag. 65-95.

([134]) *Jataka*, V, 257.

acção social elevada e nobre, que exerceu em quási tôda a India, 3 séculos antes de Cristo. Descobriram-se éditos inscritos em rochas e em pilares, erigidos desde Peshawar até Katiawar, desde o Himalaia até ao Sul de Nagpur.

Nos seus éditos, Axôca formulou os princípios da moral pública e privada. Recomenda, se evitem sacrifícios animais, disputas, injúrias e crueldade, se reprimam os impetos da ira e se desanuviem os espíritos dos fumos do orgulho. Aconselha a verdade e a pureza, a tolerância e a caridade, a piedade e a gratidão, a obediência aos pais, a generosidade para com os amigos, parentes, brâmanes e monges.

Axôca não se limitou a prègar as verdades morais, demonstrou-as práticamente com actos e obras, em que vibra a mais intensa simpatia pela dôr humana. Os seus súbditos podiam, a qualquer hora, bater à porta do seu palácio e dirigir-lhe súplicas que êle atendia prontamente, onde quer que estivesse, na casa de jantar ou no quarto de cama. Para realizar o grande sonho de bondade e de assistência à miséria humana e animal, enviou missões médicas com drogas para homem e animais, não apenas para os seus vastos domínios, senão também para o estrangeiro, para Ceilão e para a India Meridional. Não só a moral, não só o bem estar material dos povos, não só a vida animal, mas também a arte merecia os seus desvelos. O viajante chines Fa-kien, no século 4.º da nossa era, exclamava ante as ruinas do palácio de Axôca: "Não é obra humana!".

" Mais nous connaissons l'Asoka réel, grâce à ses inscriptions gravées dans les regions les plus diverses de l'Inde; et l'Asoka réel dans sa grandeur simple et dans la richesse de sa personnalité complexe, fait plus d'honneur au bouddhisme que le dévot humilié des fictions pieuses. Il a vraiment pénétré l'idéal bouddhique, et il le réalise en empereur. Le premier dans l'histoire de l'Inde, il publie ses édits par écrit, gravés sur les rochers. Sans aucun doute, il a emprunté l'idée aux empereurs Achéménides de la Perse dont l'influence se trahit partout sous son règne; il leur emprunte même le formulaire des inscriptions. Mais l'analogie de la forme n'en fait ressortir que plus vivement l'originalité du fond. Darius l'Achéménide avait dans ses inscriptions raconté ses aventures, ses exploits, ses conquêtes. Asoka ne se nomme même pas ; il ne rapelle une de ses conquêtes que pour en déplorer les horreurs. Ses inscriptions sont des sermons, mais des sermons administratifs. Il ne joue point au prédicateur religieux ; il a trouvé une doctrine qu'il croit bonne ; il ne veut pas l'imposer ; il espère la propager par la force morale du bon exemple; il confesse ses défaillances, ses efforts pour s'améliorer ; il explique l'organisation qu'il a créé pour mettre ses fonctionnaires au service de son idéal. Un édit spécial recommande le respect de la vie chez les animaux ; lá encore il prétend payer d'exemple, il déclare supprimer de sa table les plats de gibier. Et ce n'est pas seulement aux dignitaires de l'Etat qu'il s'adresse il veut atteindre le peuple. Il se sert, dans chaque pays, d'un dialecte spécial, approprié à l'usage local ; admirable préoccupation, qui ne se retrouve plus chez aucun prince après lui.

Mais s'il sert le bouddhisme, il enténd bien aussi s'en servir. Il a compris la parti qu'il peut tirer pour sa politique de cette doctrine largement humaine, qui ne s'arrête pas aux frontières d'un royaume ou d'une race. Il inaugure la politique des missions religieuses ; il envoie des apôtres en Syrie et plus loin encore à l'ouest, chez tous les héritiers de l'empire d'Alexandre ; il en envoie probablement aussi dans les pays au nord de l'Himalaya, et à Ceylan, et dans la presqu'ile outre Gange. Il entend exercer un contrôle souverain sur la police intérieure et extérieure de l'Église ; il porte des peines, au nom du pouvoir civil, contre les moines schismatiques ; il fixe un choix de textes sacrés dont il recommande la lecture à l'usage des fidèles. D'après toutes les traditions, il convoque au nom de l'autorité civile, dans sa propre capitale, Pâtalipoutra, un concile pour régler des matières de dogme. Les mesures qu'il prend, en attestant son souci de régler un problème nouveau dans l'histoire du monde ; les rapports entre l'Église et l'État attestent aussi la puissance que l'église bouddhique avait atteinte sous son règne. En fait le bouddhisme était devenu une civilisation ; son idéal était sorti de l'enceinte des couvents pour se traduire sous des formes multiples. Il avait créé une littérature, orale encore sans doute, rédigée certainement pour la plus grande partie dans une langue d'origine populaire, de la même famille que le sanscrit des brahmanes, un dialecte aryen du Magadha, voisin de la langue que le Bouddha lui-même avait parlée ; d'autres textes circulaient déjà, rédigés dans les dialectes divers des provinces où le bouddhisme avait pénétré. Des monuments splendides s'élevaient, qui transformaient en architecture le tertre primitif, stoûpa ou chaitya qui avait longtemps servi à marquer les emplacements sacrés; autour du tertre, changé en coupole maçonnée, couronnée de la roue et du parasol, symboles l'un et l'autre de l'autorité souveraine qui appartenait à la Loi, se dressaient des balustrades, des portiques de pierre; l'art du sculpteur, employé auparavant à travailler seulement le bois, les décorait d'ornements, d'allégories, de scènes édifiantes tirées de la biographie du Maître ou des vieux fabliaux ingénieusement rattachés à ses existences antérieures. Des colonnes de pierre, érigées sur l'ordre d'Asoka lui-même, se substituaient aux anciens "poteaux de victoire" que les souverains d'autrefois avaient coutume d'élever; elles marquaient les victoires de la Loi, les étapes des pèlerinages impériaux; leur sommet s'ornait de chapiteaux élégants et d'animaux traités à la manière perse." (135)

Durante os séculos que precedem e seguem imediatamente ao início da era cristã os gregos, os scitas e os cuscitas subjugaram o Noroeste da India, e alteraram o fundo étnico da população, mesclando-se com os índios, e se os primeiros fundiram a cultura helénica com a indica, os outros aceitaram a civilização dos vencidos e todos se converteram ao budismo e ao hinduismo. O mais interessante é que Patanjali célebre gramático, provávelmente do século 2 antes de Cristo, chama *sudras* aos gregos. Para Manú, os gregos, os scitas e os cuscitas, são *kchátrias* que passaram a *sudras* por terem desobedecido aos brâmanes. (136)

"Or Pantanjali, comme, Çudras non impurs (nous examinerons ailleurs cette important assertion) nomme les Çakas e les Yavanas... Très intéressante l'attitude que les bràhmanes prirent à l'égard des Grecs et des Scythes. Ils les tienneut d'abord pour Çudras non-impurs; des hommes de caste inférieure, mais avec qui les rapports sociaux ne sont pas interdits (voir p. 202 e t. III, 159) Plus tard (ou faut-il tenir compte des lieux?) ils les considè-

(135) Sylvain Lévi—*L'Inde et le Monde*, pag. 105.
(136) *Leis de Manu*, X, 43, 44.

rent comme des Kshatryas ayant perdu leur caste et pouvant, par les rites appropriés, en reprendre possession." ([137])

Convém notar que na literatura hindu os scitas são conhecidos por *sakas* e os gregos por *yavanas*. Como bem diz o brâmane Ketkar, ser ou não ser *kchátria* depende dos brâmanes. ([138]) E' uma convenção social consagrada pela religião ortodoxa que taxava de *sudras* os herejes jainas e budistas. O termo *sudra* não é pois sinónimo de *drávida* ou *não-ária*, como vulgarmente se supunha.

O império grego abrangia o Afegânistão, o Noroeste da India, e chegou a alcançar o gôlfo de Cambaia. Demetrius, que em 190 (antes de Cristo) sucedeu a seu pai Euthydemos no trono da Bactriana, conquistou o vale do Indo e o Punjab, assumindo o título de rei dos hindus e dando à cidade Sagala (Sialkot) nome do Eutidémico. O grego Menandro, (o budista Milinda —180-160) avançou até Pataliputra. No ano 58 (antes de Cristo) terminou a dominação grega no Punjab e em 40 (antes de Cristo) no vale do Indo pela vitória dos scitas e parthos.

O império grego formou-se pelo desmembramento do império dos Maurias, sucessores de Axôca. Os gregos exerceram grande influência na astronomia e na arte da India.

Coincidem os nomes dos signos do zodiaco com os gregos. Não podiam estes ter importado da India, pois que já os conheciam antes de terem travado relações com os índios, cujas obras astronómicas referentes ao zodiaco aludem aos gregos e são posteriores à invasão de Alexandre.

É de presumir que os conhecimentos astronómicos dos gregos se irradiaram para a India. ([139])

Vimos que o império indo-grego caiu aos golpes dos *sakas* (scitas) que fundidos com os *pahlavas* (partos) in-

---

([137]) La Vallée-Poussin — *L'Inde aux temps des Mauryas*—Paris—1830, pag. 202 e 239.

([138]) Ketkar — *An Essay on Hinduism*; pag. XXIV.

([139]) G. N. Banerjee — *Helenism* in *Ancient India*, pag. 167.

vadiram a India em 85 (antes de Cristo) ocupando o vale inferior do Indo.

O fundador do império scito-parta, Manés, teve por sucessor Azes 1.º que subiu ao trono, cêrca de 58 (antes de Cristo) data que foi adoptada como ponto de partida da era de *Vikrama*. Na dinastia scito-parta avulta a figura de Gondofarnes (corrupção persa de Vindafarna, o vitorioso) que começou a reinar em 19 da nossa era e está associado à lenda do apóstolo S. Tomé que da Alexandria teria ido a Taxila, subindo o Indo, e descendo o Indo, teria navegado até Muziris (Cranganor) tocando em Socotorá, tendo fundado no ano 52 a igreja de Malabar donde passou para Meliapor, onde foi martirizado pelos brâmanes. [140]

A dinastia scito-parta foi abatida pelos cuscitas *(Yu-chis* ou *tokares)*. Estes sob Kadfises I que ascendeu ao trono em 58, conquistaram o Noroeste da India. Dentre os reis kuscitas destaca-se Kaniska que começou a reinar em 78, data que foi adoptada como ponto de partida da era *saka*.

O império de Kanisca abrangia o Afeganistão, o Beluquistão e o Noroeste da India, até Mathura. *Puruchapura* (Peshawar) era a capital do império. Entre 220 e 230 desmembrou-se. o império cuscita.

Kanisca foi convertido ao budismo por Asvagocha, brâmane de Aiodia (Oudh), autor da epopeia *Buda Charita* (Vida de Budha) e duma das mais antigas peças de teatro indico, que versa sôbre a conversão de *Saripulra* e *Mandgaliaiana*, os mais antigos discípulos de Budha.

"Dans le foisonnement de la littérature sanscrite, l'Inde a enfanté un génie exceptionnel, né pour toutes les initiatives et pour toutes les audaces, Asvaghosha ; il est au point de départ de tous les grands courants qui ont renouvelé et transformé l'Inde vers le début de l'ère chrétienne. Poète, musicien, prédicateur, moraliste, philosophe, auteur dramatique, conteur, partout il inven-

---

[140] J. N. Farquhar — *The Apostle Thomas in Southern India* no John Rylands Library Bulletin, pag. 20.

te et partout il excelle; il évoque dans sa richesse et sa variété Milton, Goethe, Kant et Voltaire. Mais Asvaghosha, il y a trente ans, n'avait pas même une simple mention dans l'histoire littéraire de l'Inde: Asvaghosha est tout entier une conquête de l'érudition occidentale." ([141])

Kanisca convocou o Concílio budista de Cachemir em que tomaram parte, sob a presidência do sábio Parsva, 500 monges budistas de tôda a India, entre outros os célebres mestres Asvagocha, Visvamitra e Nagarjuna. O Concílio durou 6 meses; elaborou os comentários das escrituras budistas *Ti-pitaca* e compilou a enciclopédia budista *Maha Vibhasa.*

O Concílio de Cachemir marca uma nova fase na evolução do budismo, formando-se a seita *mahaiana* que se contrapõe à *hinaiana* que professava o velho budismo.

É que, por um lado, Asvagocha tentou conciliar o budismo com o bramânismo e, por outro lado, tanto os indo-gregos como os kuscitas abraçaram o budismo que sob a influência grega descambou na idolatria. Entre os livros do *Novo Testamento* do budismo avulta o *Sadharma Pondarika* (Lotus da Boa Lei) de cêrca de século II da era vulgar.

Emquanto no Sul predominava a seita *hinaiana*, o cisma *mahaiano* propagava-se na India do Norte, onde Budha passou a ser considerado uma incarnação eterna e imutável de *Adhi-Budha* que vive no mais elevado dos céus. Em volta de *Adhi-Budha* agrupam-se numerosos *Bodisatvas*, destinados a ser, nas idades vindouras, budhas humanos, para a salvação dos homens. Elevar-se pela virtude à categoria de *Bodisatvas* foi o ideal das almas generosas. ([142])

Os *Bodisatvas* absorveram as divindades populares — processo de assimilação que mais tarde foi adoptado pelo neo-bramanismo, como havemos de ver. Em vez do Nirvâ-

---

([141]) Sylvain Lévi — *L'Inde et le Monde*, pag. 17.

([142]) Sôbre as relações entre os *Bodisatvas* e a lenda cristã de *Barlaam e Josaphat* vide: Joseph Jacobs — *Barlaam and Josaphat.*

na, o *Sucavati* tornou-se objecto de esperança religiosa, o céu de delícias sensíveis, em que reinava *Amitaba*—emanação do eterno Budha. Para atingir êsse fim, não se deixou de reconhecer a necessidade de levar vida virtuosa, mas ligou-se grande importância ao culto das relíquias e imagens, às peregrinações, à recitação de fórmulas mágicas. De modo que o budismo que surgira como reacção contra o fanatismo bramânico entrava por seu turno na fase cultualista e sacerdotal.

O cánon do budismo do Norte é em *sânscrito* e o do Sul em *pali*. Êste é mais antigo do que aquele.

Na literatura budista avulta o *Dhamapada* de 423 estrofes de 4 versos. "Sob o manto real do estilo imaginoso da India—diz Oldenberg—brilham aos nossos olhos sentimentos profundos e as *xlocas* (versos) com o seu ritmo regular e doce, onde se misturam de modo original a variedade e a monotonia, espraiam-se, como as vagas do lago em que, por entre *lotus* policromos e olorosos, se reflecte a claridade do céu. A alma desta poesia é a alma da crença búdica. Eis aqui o pensamento de que se fazem éco todas as estâncias, numa sublime monotonia: "Funesta é a fragilidade das cousas dêste mundo; bem aventurado o que possui o que é eterno!"

Tal é o pensamento que dá o tom à moral ritmada dos budistas, e faz com que ela respire esta serenidade profunda e deliciosa que os próprios deuses invejam; do alto desta serenidade o budista baixa o olhar para as agitações do mundo, inclina-se para o homem angustiado e, sem dizer palavra, apresenta a imagem do coração tranquilo. Para o estudo do budismo não podiamos encontrar livro melhor que o *Dhamapada*, a mais bela e rica colecção de versos." ([143])

No ano 61 da era vulgar, o Imperador da China, Mingti enviou para a India uma comissão para coligir os livros budistas e as reliquias de Budha, e o budismo passou a ser a

---

([143]) Prof. Oldenberg — *Le Bouddha*, pag. 192.

religião oficial do império, ao lado do confucionismo e do taoismo.

Da China, o budismo irradiou para a Coréa (4.º século), Japão (6.º século), Tibete (7.º século) e Tartária (12.º século).

O budismo é ainda hoje professado pelos *calmucks* da Rússia meridional.

Ao passo que o budismo do Norte se difundiu pela China, Japão, Tartária e Tibete, os missionários de Ceilão propagaram o budismo meridional na Birmânia, Sião, Camboja e Java.

São interessantes as relações entre o budismo e o cristianismo, graças ao contacto que tiveram em Alexandria — a grande metrópole intelectual dos primeiro séculos do cristianismo. O célebre *Questionário* de Melinda, rei indo-grego alude às viagens dos budistas que frequentavam Alexandria, porque estavam libertos dos preconceitos que dificultavam a deslocação dos sectários de Brahmá. Dion Crisóstomo (século I) e Clemente de Alexandria (século II) referem-se aos índios budistas residentes em Alexandria e mostram-se familiarizados com o budismo. Plotino, o neo-platónico, e os gnósticos Bardesanes e Basilidio percorrerem o Oriente para receberem lições de filosofia. O *Pistis Sophia* e a *Sadharma Pandurika* revelam semelhanças entre a doutrina *gnóstica* e a *mahaiana.*

São significativas as coïncidências entre a narrativa evangéiica da vida de Jesus e a lenda budista de que se fazem éco o *Lalita Vistara* e o *Budha Charita.*

Se ao Noreste da India se formou o império indo-grego à custa do império *mauria* dos sucessores de Axôca, estes dominaram ao Nordeste, na região do Ganges até cêrca de 185 (antes de Cristo) época em que lhes sucedeu a dinastia *Sunga*, ao passo que ao Sul, no Decão, se levantou a poderosa dinastia indígena dos *andhras*, referida por Megástenes, a qual exerceu a hegemonia desde 200 antes de Cristo a 200 da era vulgar.

Os andhras (*Andarae* de Plinio) foram vassalos de Axôca, e dominavam no Decão oriental, onde se fala o *telugu*, nas margens do Kistna e do Godaveri; Paithan (a *Baithana* de Ptolomeu), a capital do reino andhra era conhecida dos gregos e romanos pelos seus tecidos, bordados, missanga e onix que se exportavam do porto de Broach (*Barigaza* de Ptolomeu).

Os *andhras* sacudiram o jugo dos sucessores de Axôca cêrca de 106 da nossa era, e avançaram ao Oeste para a costa de Katiawar, Guzerate, Concão, e Canará até Banavasi (*Vaijaianti*) no reinado de Gotamiputra (106-130).

Os reis andhras são conhecidos na literatura hindu por *Satacarni*, *Satavahana* e *Salivahana*. A capital primitiva teria sido Xricacula, transferida depois para Dhaniacataca, ambas nas margens do Kistna. As moedas dos andhras trazem a imagem de cavalo, *totem* ou encarnação do deus que adoravam.

Foi de pouca dura a hegemonia dos andhras. O scita Rudradaman conquistou ao seu genro andhra *Pulumayo Vasithiputra*, *Siri Polemayos* de Ptolomeu, cêrca de 130 da nossa era *Surastra* (Kathiawar) *Avanti* (Ujjain, em Gwalior).

Nos fins do século 2 ou nos começos do 3.º as províncias do Oeste ou Sudoeste passaram para a dinastia *Chutu*, conhecida por *Andhrabhrtya*. No meado do século 3.º a dinastia *Chutu* foi vencida pelos Abhiras ao Oeste e pelos Kadambas ao Sudoeste, ao passo que aos Satavahanas que se tinham mantido a Leste sucederam os *rajputs*.

Na côrte dos reis andhras falava-se o *maharaxtri*, língua árica, forma arcaica do *marathi*. Ao rei andhra Hala se atribuem as "*Sete centurias*"—antologia galante que conserva as relíquias da antiga poesia *maharaxtri*.

> "The varied forms of Indian love are brilliantly portrayed... Much is from the life of the village, but we hear also of the demi-monde of the towns... Pictures of nature, sometimes influenced by love, sometimes independently, are frequent and charming, echoing some thoughts of Therigathas." (Keith—*Sanscrit Literature.*)

Um ministro dos *andhras* teria composto a *Katantra* — uma das gramáticas clássicas sânscritas.

Amaravati, cidade andhra, nas margens do Kistna, foi grande centro de arte e na sua vizinhança ficavam dois conventos célebres na história da filosofia budista, pois deram o nome às escolas *Purvu* e *Aparaçaila*. Recentemente se descobriram, em Ceilão, esculturas da arte budista dos *andhras*. (144)

Como desapareceu o budismo da India?

Já nos começos do século V, o peregrino chinês Fa-hien notara a infiltração do politeismo no budismo *mahaiano* com os seus Budhas e Bodhisatvas divinizados. Em Bengala sobretudo o budismo não só assimilou as divindades locais, mas ainda absorveu as superstições grosseiras, a magia e o erotismo tântricos.

A contra-reforma bramânica iniciada, no século IX, por Xancaracharia apressou a decadência do budismo na India. Assim, no século IX só Behar e Bengala se lhe mantinham fiéis, na India do Norte. Dharmala, rei de Bengala, fundou a Universidade de Vicramachila donde nos séculos X e XI, foram enviados missionários para o Tibete para reanimar a fé budista. Tendo a dinastia dos Senas sucedido aos Palas no trono da Bengala, enfraqueceu a influência budista. A invasão mussulmana vibrou o golpe mortal no budismo. Em 1193 Iktiar-ud-din Mahomet Bactiar tomou a capital de Behar. Os mosteiros e as bibliotecas da cidade foram destruidos e os monges massacrados. A invasão muçulmana prejudicou menos o hinduismo que o budismo, o qual não poude resistir porque se concentrava nos conventos, ao passo que os brâmanes constituiam o clero secular que presidia às cerimónias religiosas domésticas.

Assim, em Bengala, após a destruição dos conventos budistas pelos maometanos, os budistas substituiram o culto das imagens budistas: Maitreia, Amitaba, Manjusri, Avalokita, Tara pelo das vixnuitas. (145)

Não desapareceu, porém, o budismo em Ceilão, no Nepal

---

(144) S. Paranavitam — *Examples of Andhra Art recently found in Ceylon* no *Annual Bibliography of Indian Archæology*, XI, pag. 15.

(145) La Vallée Poussin —*Buddhism* no *Legacy of India*, pag. 183.

e no Extremo Oriente. O extremo Sul e o extremo Norte da India mantiveram-se-lhe fiéis.

" Si vieux qu'il soit le Bouddhisme n'est aujourd'hui moribond, ne déchu. Sa vitalité doit retenir l'attention de tout homme, qui s'intéresse au spectacle de l'univers. Dans l'Asie Orientale actuelle où le sentiment nationnel n'est généralement pas très vif et où les anciens cadres se dissolvent, il est une des forces susceptibles de résister au désordre et d'organiser le chaos.

De même que le Christianisme contribue à maintenir une certaine unité morale en Europe et en Amérique, le sentiment religieux sous le signe du Boudha et de Mahomet est à peu près le seul lien que unisse aujourd'hui les peuples asiatiques. Au-dessus des rivalités économiqnes, des guerres civiles, et de l'antagonisme des races, le Bouddhisme reste un principe de paix et un symbole d'union. A tout esprit curieux du passé et inquiet de l'avenir, le développement de cette religion millénaire offre un étonnant spectacle et un merveilleux sujet de méditation." ([146])

Na China escultores sob a dinastia Wei e poetas e pintores sob a de Tang bebem a sua inspiração no misticismo *mahaiano*.

No Japão, Shotaku (593-622), budista convicto, funda mosteiros, favorece as artes e o estudo. A união da Igreja e do Estado, da arte e da fé é sobretudo fecunda no século VIII, no periodo Tempiô, uma das mais brilhantes da história japonesa.

O budismo na India cedeu o passo, no século 2.º da nossa era, ao hinduismo ou neo-bramanismo que o absorveu, no dizer de Sir Monier Williams (*Buddhism*, pag. 162), transformando-se a *seita mahaiana* no vixnuismo e a *hinaiana* no xivaismo.

No meado do século XIII, os mongois conquistaram o Tibeje e em 1260 o grande Lama, monge budista do mosteiro de Sacja, foi elevado por Cublai Khan, que professava o budismo, à dignidade de chefe espiritual e temporal. No *la-*

([146]) Przylucki — *Bouddhisme*, pag. 1.

maismo (budismo tibetano) foram introduzidas modificações litúrgicas e disciplinares pelo famoso Tsong Caba, no comêço do século 15.º.

O budismo transformou-se no Tibete no lamaismo e na India no hinduismo.

A arte budista — Não encontramos vestígios da arquitectura e escultura áricas anteriores à dinastia dos Máurias, porque não era duradouro o material empregado: madeira, marfim, barro. A arte dos Máurias ressente-se da influência greco--persa, graças às relações com os sucessores de Alexandre Magno que foram também sucessores da dinastia persa dos Aquemenides. A arte greco-persa transmitiu também o património herdado das civilizações assírio-babilónica e egípcia, que ia ajuntar-se ao espólio das culturas de Harapa e Mohenjo-Daro.

A arte de Axôca é representada pelos pilares monolíticos, coroados de capiteis esculpidos. O mais belo dos pilares foi implantado no célebre Parque de Sarnat em que Budha prègou o seu primeiro sermão. O capitel compõe-se de 3 partes: a flôr de lotus voltada, campanuda, um friso onde se vêem esculpidas as imagens do elefante, cavalo, zebu e leão separadas pelas rodas *(xacra)* símbolo da lei búdica, no cume três leões que sopesavam uma grande roda da Lei. Nos leões de Sarnat o vigor e a dignidade assirio-persas são temperadas e adoçadas pela poesia das *jatacas* e pela ternura búdica que se estendia, como a piedade do *poverello* de Assis, até aos animais...

Os monumentos típicos da arte de Axôca são de três categorias: *stupa*, *vihara* e *chaitia*.

A *stupa* (relicário) consiste num zimbório (*anda*, ovo) erguido sôbre um terraço *(medhi)* coroado dum kiosque *(harmica)* rodeado duma balaustrada *(vedika)* ornada nos quatro pontos cardiais de pórticos, *(torana)* — verdadeiras obras d'arte.

O *vihara* é um convento e a *chaitia* cripta que encerra uma espécie de altar *(dagoba)*.

É budista a convenção que substitue a imagem de Budha

por símbolos. Assim, um elefantinho representa a *Concepção*: Maia sentada na flôr de lotus, rodeada de elefantinhos que a aspergem á *Natividade*, o cavalo sem cavaleiro a viagem para a eternidade, os demónios ou as cortesãs diante da árvore e do assento desocupado a *Tentação*, a árvore e o assento a *Iluminação*, a roda a pregação, a *stupa* o Nirvâna.

Dentre as *stupas* destaca-se pela sua beleza a de Sanci, junto a Bhopal (Malwa).

"Ce qui fait le charme principal de Sânci, ce sont encore les jâtaka, les "vies antérieures" avec leurs thèmes forestiers et animaux si bien faits pour le génie indien. Qu'il s'agisse d histoires d'animaux comme l'histoire de l'éléphant à six défenses (*shaddanta jâtaka*) l'histoire du roi des singes ou *Mahakâpi jâtaka*, d'histoires humaines ayant la jungle pour cadre comme l'histoire du rishi Unicorne (le naif anachorète fils d'une biche et qui ne sait pas de jouer les ruses d'une courtisane) comme la dramatique légende du prince Viçvantara ou l'histoire, non moins touchante, de Çyâma, dans tous ces cas bien plus que dans les scènes de la vie du Buddha historique on sent les maîtres de Sâñci dans leur élément. Quel amour de la nature, quelle intelligence, ici, des formes florales et animales! Comme nos cathédrales sont des encyclopédies de pierre, les portes de Sâñci déroulent devant nous le poème merveilleux de la nature indienne, le véritable *Livre de la Jungle*. Citons seulement sur la porte orientale l'adoration de l'arbre par le peuple des animaux, buffles, félins, nâga et garuda, antilopes, éléphants sauvages, tous venus aporter au symbole de la Bodhi l'hommage de la création sur la même porte l'adoration du stûpa par les éléphants sauvages, rêve d'un François d'Assise qui aurait eu les connaissances de Mowgli; sur la porte nord les admirables paons qui décorent l'extrémité débordante du linteau médian. De même, en demi-rondebosse, les splendides éléphants domestiques qui servent de chapiteaux aux portes orientale et septentrionales les sculpteurs d' Açoka à Sârnâth n'avaient pas, eux-mêmes, si puissamment modelé. Notons aussi les charmants éléphanteaux chargés de jouer le rôle de nos anges dans la scène de la Conception ou de la Nativité. Citons enfin tout particulièrement, sur le linteau médian de la porte méridionale, l'admirable scène de l'éléphant bodhisattva dans la forêt, entouré de son troupeau (*shaddanta*

Yacchini--Porta oriental da *stupa* de Santchi

jâtaka). Les bas-reliefs assyriens paraissent bien conventionnels, les bas-reliefs grecs eux-mêmes risqueraient de paraître froids devant ces scènes d'un naturalisme délicat et attendri.

Remarquons à ce propos ce qui distingue des animaliers classiques les animaliers indiens : c'est précisément leur sympathie fraternelle envers tous les êtres vivants, sentiment qui dérive à la fois du dogme de la transmigration et d'une tendresse universelle proprement bouddhique et jaina, ou (plus tard) krishnaite : Sous l'inspiration des *jâtaka*, la jungle est devenue un paradis terrestre.

En somme cet art bouddhique — M. Ramaprasad Chanda le faisait naguère remarquer – traduit moins l'idéal de renoncement et d'extinction qui fut celui du bouddhisme théorique que l'amour le plus frais, le plus naif, le plus paien de la vie. Ce qui reste ici de la religion bouddhique, c'est seulement la douceur et la simplicité. Nous sommes en plein naturalisme. Jamais, même dans la Grèce classique, on n'a exprimé avec tant de bonheur la joie innocente et spontanée de vivre. Jamais la poésie des formes féminines n'a été rendue avec plus de sensualité que dans les statues en ronde-bosse de fées (*yakshinî*) qui sur les portes est et nord raccordent les jambages à l'extrémité du linteau inférieur. Ces *yakshiṇî* correspondent un peu aux caryatides grecques. Mais les caryatides restaient des colonnes humaines immobilisées dans leur rôle architectural. La fée de Sâñcî s'élance librement hors de la construction. Elle s'accoude et s'adosse, dans un encorbellement de feuillage, au manguier qui grimpe à l'extrémité du linteau (porte nord); ou bien (porte orientale), se suspendant des deux bras, liane vivante, aux branches de l'arbre, elle penche et semble balancer dans le vide, en une courbe d'une grâce infinie, les "cruches d'or" de son riche buste, toute la fleur de chair de son jeune corps.

Cette robustesse voluptueuse des formes, on la retrouvera bien souvent à cette époque, notamment dans les deux couples enlacés et presque entièrement nus, sculptures rupestres qui gardent l'entrée du caitya de Kârlî. Les deux personnages masculins, avec leurs turbans à la manière des médaillons de Bhârhut et de Bodh-Gayâ, avec leur musculature athlétique, les deux nus féminins presque aussi puissants, et en même temps aussi sensuels que ceux des fées de Sâñcî, présentent de splendides types d'humanité. Même remarque à propos des donateurs et des donatrices de la véranda du caitya de Kañhêri, au XIe siècle de notre ère. En dépit de son utilisation bouddhique, cet art pourrait être appelé l'art païen de l'Inde.

Le grand stûpa ou stûpa I n'est pas le seul des monuments de cet ordre à Sâñcî. La même localité en compte plus d'une dizaine. Le stûpa III est sans doute aussi du I.er siècle avant Jésus Christ. Sa porte méridionale, la dernière en date, d'une riche décoration, semble à Sir John Marshall ajoutée au commencement du I.er siècle de notre ère. Quant au stûpa II, il présente, à côté de reliefs assez primitifs certains détails d'un art beaucoup plus avancé, par exemple, dans un médaillon de balustrade, un délicieux nu féminin dans des lotus où Sir John Marshall croit remarquer la trace d'une certaine influence grecque. Mais on peut répondre que les types féminins d'influence hellénistique, tels qu'on les connait au Gandhâra, sont loin de présenter cette grâce. Sans doute le nu du stûpa II de Sâñcî est infiniment plus souple, plus élégant, moins lourdement sensuel que les nus de Bhârhut, de Kârlï et du stûpa I. mais cette heureuse transformation peut bien être spécifiquement indienne et, tout simplement, nous annoncer Amarâvatï." ([147])

Canisca, para ornamentar os templos budistas que edificou, trouxe artistas greco-romanos da Ásia Menor, os quais fundaram a célebre escola de escultura de Gandhara (Kandahar) donde saiu o tipo da imagem de Budha que a escola indígena de Bharhût e Sanci representava por símbolos. ([148])

"Pour la première fois sur les bas-reliefs nous voyons figurée tout au long la légende du Buddha: cycle de l'Incarnation, avec notre bodhisattva descendant sous la forme d'un jeune éléphant dans le sein de sa mère; cycle de la Nativité, avec la reine Mâyâ debout sous l'arbre du jardin de Lumbni et l'enfant jaillissant de son flanc droit pour être recueilli par les dieux Indra ou Brahmâ; représentation des Sept Pas et du Bain du Nouveau-Né, où — rencontre curieuse — on voit les Grecs créer pour le Buddha ce même type de l'enfant divin, du "sacro bambino", avec sa nudité char-

([147]) R. Grousset—*Les Civilisations de l'Orient*, pag. 92.

([148]) Sôbre a prioridade da imagem de Budha de Gandhara em relação à de Mathura cf. Tarn—*The Greeks in Bactriana and India*, pag. 396.

Budha (Escola de Gandhara)

mante et sa grave auréole, que l'art chrétien retrouvera pour l'Enfant-Jésus. Puis, dans la même veine, l'horoscope émis par l'anachorète Asita, tenant familièrement, en présence du roi et de la reine, l'Enfant sur ses genoux.

Toutes les scènes de la vie du bodhisattva suivront ainsi, tant les Grecs, dans leur anthropomorphisme instinctif, devaient trouver incompréhensibles les scrupules des premiers sculpteurs indiens à représenter, la vie du Bienheureux. Nous verrons donc le bodhisattva adolescent, à l'école, étonner son maître par son savoir— et ce sera dans un style provincial, une réminiscence de quelque fresque romaine. Nous verrons la présentation de la fiancée, Gopâ, une belle dame à la toilette romaine avec une certaine mollesse asiate. Le concours d'armes et de pugilat auquel, d'après le *Lalitavistara*, le bodhisattva fut astreint pour ses fiançailles, fournira aux artistes grecs des thèmes tout préparés. La première méditation du jeune homme sous l'arbre jambu (*pommier rose*), avec les scènes agricoles, sera moins heureusement traitée, car les sculpteurs du Gandhâra, au contraire des maîtres indigènes, sont de piètres animaliers. Le Sommeil des Femmes nous présentera, avec bien des poncifs, quelques scènes de gynécée assez correctes. Le Grand Départ, les adieux du bon cheval Kanthaka sont également traités avec beaucoup de fidélité, mais ici encore il est regrettable que les auteurs de nos bas-reliefs n'aient été neuf fois sur dix que de médiocres artisans, sans aucun talent d'animaliers. Sans doute y a-t-il plus de réalisme dans les rencontres avec des anachorètes brahmaniques et dans les figurations du Buddha-ascète ("*les austérités de Gautama*") parce que les sculpteurs hellénisants se trouvaient en présence d'un thème déjà classique en Occident, le poncif dit "du philosophe barbu", qu'ils n'avaient ici qu'à répéter, et aussi parce que leurs connaissances anatomiques pouvaient, pour la maigreur des torses d'ascètes, se déployer librement.

A partir de la scène de l'Illumination, les artistes gandhâriens créent le type du Buddha, traditionnellement répété depuis lors : c'est un sage grec, debout ou assis à l'indienne, drapé dans l'ample manteau monastique (*samghâtî*) qui est ici traité comme une toge la tête est celle d'un Apollon individualisé seulement par le point de la sagesse entre les deux yeux (*ûrnâ*), par l'allongement du lobe des oreilles (dû à la lourdeur des pendants chez l'ancien prince Siddhârtha), et, le cas échéant, par l'auréole, création orientale dont l'art gréco-levantin dotera à l'est les saints boudhiques, à l'ouest ceux du christianisme.

Autour de ce type du Buddha, de cette figure de philosophe grec à la tête apollinienne, vont s'ordonner toutes les scènes canoniques depuis l'Illumination jusq'au Nirvâna : l'assaut de Mâra, avec des monstres ici sans grand caractère, la prédication aux cinq premiers disciples, la conversion des anachorètes Kâcyapa (miracles du feu et du serpent), l'ordination forcée de Nanda ; puis la conversion de l'ogre d'Atavi, l'offrand du singe et la soumission du nâga Apalâla,—trois scènes où, par exception, les reliefs du Gandhâra arrivent à présenter un certain pittoresque ; même pittoresque et même naturalisme animalier, d'autant plus remarquables ici qu'ils sont plus rares, dans la scène de la visite d'Indra au Buddha méditant, avec le singe également en méditation, les oiseaux, le lion et l'antilope, bas-relief de Loriyân Tangai au Musée de Calcutta. Le grand miracle de Crâvasti, avec la double production de l'eau et des flammes, est au contraire rendu avec la plus grande fidélité, mais aussi avec froideur, à la manière des miracles du Christ dans l'art byzantin. Quant au nirvâna, c'est naturellement un des thèmes les plus fréquemment représentés : le Buddha repose couché sur le côté droit, la tête appuyée sur la main droite ; dans cette position ses vêtements ont gardé la chute de plis de la station verticale ; autour de lui, disciples et saintes femmes éplorés ; puis, avec le même entourage, représentations de l'ensevelissement, de la mise au cercueil et de la crémation : scènes en somme assez analogues à celles de nos *Pieta* et de nos ensevelissements. Enfin " guerre ", partage, transport et vénération des reliques, complètent le cycle gandhârien de la vie du Buddha.

Quand on feuillette dans les volumes de M. Foucher la série de ces bas-reliefs, si on oublie une seconde les thèmes proprement bouddiques qui les inspirent, on a l'impression d'une sorte de vie du Christ, racontée par des artistes gréco-romains (et même plutôt romains que grecs). Qui ne connaîtrait rien de l'histoire pourrait s'imaginer qu'une forme de christianisme a conquis l'empire romain dès le 1er siècle et que l'art roman et gothique a été ainsi précédé d'un art chrétien official dans la Rome des Césars.

Le christianisme devait constituer son iconographie d'après les modèles de l'Olympe classique. D'après le même principe les personnages du panthéon bouddique sont ici traduits par des équivalents du panthéon gréco-romain. Le Buddha, nous l'avons vu, est un Apollon doté des signes de la bouddhéité; et le même type aux différences de coiffure et d'attributs près —servira pour les six Buddhas du passé qui ont précédé Çâkyamuni, et pour son successeur éventuel, le Buddha futur, Maitrêya. C'est encore le type apollinien qui a servi pour les bodhisattvas, mais, cette fois un type indianisé transformé en jeune râja, avec toute la toilette des seigneurs penjabis ou awadhis à l'époque kushâna: riche turban à bouffettes, enrichi de pierreries s'il s'agit du prince Siddhârtha, ou chignon brahmanique plus ou moins orné s'il s'agit de Maitrêya; draperie de la dhoti laissant à nu le buste, ou tout au moins la partie droite de la poitrine; et, sur tout cela profusion de bijoux, colliers, anneaux d'avant-bras, bracelets aux poignets, pectoraux, sautoirs, pendants d'oreille, etc. Enfin, pour achever de distinguer du Buddha le bodhisattva, les moustaches, mode, semble-t-il, nouvelle, car elle est inconnue aux kshatrya de Bhârhut et de Sâncî et parait bien avoir été importée dans l'Inde du nord-ouest par les conquérants scythiques. Ce même type royal directemente copié d'aprés le milieu sera prêté aux dieux brahmaniques mêlés à la vie du Buddha, Indra et Brahmâ.

Au contraire les têtes de démons et de yaksha seront la plupart du temps empruntées aux types de génies barbus de la sculpture grecque, depuis les grotesques du Céramique jusqu'aux têtes de Zeus. d'Héphaistos, d'Héraklès ou de Poseidon. Le génie familier Vajrapâni, avec son foudre, sera fréquemment la copie d'un Zeus à moins qu'il ne soit traduit en Héraklés, en Eros, en Hermès ou en Dionysos. Certains Yaksha deviendront des Atlantes. Le thème indien du Garuda enlevant une Nâgi sera interprété par le motif alexandrin de Ganymède enlevé par l'aigle de Zeus. Certaines Nagi sont des Bacchantes. Le génie des richesses, Pâncika, ou Kuvêra, roi des Yaksha, sera tantôt un râja indien, d'après le type ci-dessus, tantôt un éphèbe alexandrin.

Et maintenant quel jugement porter sur toutes ces oeuvres? Au point de vue iconographie leur intérêt ne saurait être exagéré car, grâce à leur fidélité canonique, elles nous permettent de suivre pas à pas, sans symbole ni devinette la légende du Buddha telle que la raconte par exemple le *Lalitavistara*. Au point de vue esthétique, c'est une autre affaire. Evidemment la sculpture gandhârienne, avec ses figures souvent molles et sans caractère, ses motifs d'école adaptés sur commande, et, disons le mot, ses poncifs, ne saurait être comparée, pour la sincérité de la foi, l'émotion, la spontanéité de l'inspiration, à l'école de Sânci ni, *à fortiori*, aux écoles postérieures des temps gupta et pallava. Aussi bien est ce la trahir que de la ranger parmi les écoles indiennes. Au contraire, si on la met à sa place légitime, parmi les écoles hellénistiques, elle y fait figure très honorable. Au lieu d'accabler le Gandhâra en l'opposant au gupta, rapprochez-le d'Alexandrie, de Pergame, des diverses écoles provinciales de l'art romano-asiate ou romano-syrien: il prendra toute sa valeur. Bien mieux : les caractères indiens de cette statuaire, méconnaissables tout à l'heure, ressortiront par contraste. Ce qui nous apparaitra souvent alors, ce ne sera plus la banale copie d'un Apollon de décadence, ce sera, sous la souple draperie hellénique, un adolescent au charme étrange, pareil aux dieux nouveaux qui conquéraient alors l'Occident, Mithra ou Adonis... Et quand le type s'indianisera davantage pour traduire les princes bodhisattva, avec moustaches, turbans, torse nu, colliers et bracelets, on aura la figure pleine de fierté d'un véritable râja." (149)

O principal grupo de pinturas budistas é o de Ajanta, que, situado no extremo noroeste do Estado nativo de Haiderabad, encerrava um conjunto de conventos subterrâneos que a piedade dos fiéis decorou com frescos murais, desde o século II a VII da nossa era. Os mais antigos foram executados, cêrca do ano 100, sob a dinastia dos *andhras* e associam-se à arte de Amaravati, e os posteriores à arte *gupta* e à arte *chaluquia*.

"Chacun des thèmes principaux d'Ajantâ mériterait une analyse particulière. Toute une étude pourrait être faite par exemple sur les types masculins, depuis l'élégant kshatrya à la légère moustache, aux vêtements diaphanes, à la souplesse de torse presque féminine, jusqu'aux types plus ou moins iraniens que nous mentionnions tout à l'heure, avec barbes, bonnets coniques et vêtements épais. Il y aurait lieu de signaler encore toutes les scènes de la vie de cour : le cortège du jeune prince monté sur son éléphant, sortant du palais avec une escorte à cheval de la grotte I, le beau

(149) R. Grousset—*Les Civilisations de l'Orient*, II, pag 104.

Ajanta— Fachada da caverna XIX

Ajanta—Santuário XXVI

Ajanta — O Nirvana

Ajanta—Pintura mural numa gruta

défilé d'éléphants richement caparaçonnés, montés par des guerriers et encadrés de cavaliers de la grotte 17, — une vraie scène de l'épopée indienne où M. Foucher a retrouvé l'illustration du *Simhalâvadâna*, l'histoire du marchand Simhala devenu roi de Ceylan. Il faudrait détailler enfin toutes les scènes de la jungle où des Barye inconnus ont apporté à l'observation directe de la vie animale un réalisme et une fougue dignes des animaliers de Sâñci, — notamment le combat de buffles de la grotte I, la mêlée d'éléphants de la grotte 19 et, dans la grotte 10, le troupeau d'éléphants de l'histoire de l'éléphant à six défenses (*Shaddanta jâtaka*). Notez encore dans le même genre les charmants éléphants employés comme motifs décoratifs sur les panneaux de la grotte I, à la manière de Sâñci et de Bodh Gayâ. A remarquer de même la suprême élégance des antilopes (antilopes adorant un stûpa, grotte 17) la vérité saisissante des gestes des singes (grotte 17) ou des figures des loups, la splendeur décorative des paons, bien dignes, eux aussi, de ceux de Sâñci. Nous renvoyons, pour les reproductions de ces morceaux, aux splendides albums de M. Victor Goloubew (éditions Van Oest).

Il ne serait pas sans intérêt de rappeler à ce propos (nous revenons à dessein sur ces rapprochements) qu'aux portes de l'Inde, la Perse sâsânide possédait une école d'animaliers de talent. Citons seulement le relief des parois droite et gauche de la grande grotte de Taq-i Bustân (circa 620), figurant la chasse de Khusraw II, que nous avons reproduite au tome I du présent ouvrage : on distinguera, à côté des differences locales, plusieurs caractères communs. Les éléphants dela Chasse aux sangliers, notamment, nous ont paru, à nouvel examen, sur place, très influencés, sinon même directement inspirés par l'art indien.

D'autre part, toute une étude pourrait être consacrée à la survivance des motifs classiques à Ajantâ: sortes d'Amours ou de petits génies faisant lutter des coqs ou des cabris, thème purement gréco-romain qu'on a parfois la surprise de voir mêlé à un thème bouddhique resté spécifiquement indien (grottes 1 et 17). De même pour les représentations des kinnarî, copiées sur les femmes-oiseaux de la mythologie grecque. Quelques scènes plus loin, on pourrait noter l'adaptation indienne de ces motifs classiques. A côté des nâgakanyâ en forme des sirènes purement grecques de la grotte 2, voici (grotte 1) d'autres créatures fabuleuses ayant le bas et la queue de la sirène, mais dont la tête et les membres antérieurs sont ceux d'un buffle ou d'une vache : création typique du génie indien. De même nous voyons les Amours classiques se mêler dans les panneaux décoratifs à une flore exotique, ou même alterner avec des singes, des buffles et de charmants éléphanteaux aux grâces d'enfants. Ailleurs nous decouvrons sur les mêmes panneaux le motif persan des animaux héraldiques affrontés que nous retrouverons jusqu'à Turfân, en Asie centrale." (150)

A vida material—É post-budista o regime vegetariano, pois no *Xatapatha Brahmana*, no *Aitareya Brahmana*, no *Taittiriya Brahmana*, no *Gopatha Brahmana* e na *Brihadarianyak Upanichada* encontramos referências ao uso da carne na alimentação. É no século IV (antes de Cristo) que aparece a proïbição legal de abater gado bovino. "Não devem ser abatidos o boi, a vitela, e a vaca leiteira" (*Artaxastra*, liv. II, cap. 26).

Nas *Jatacas* (cantos budistas) há referências à luta anti-alcoólica travada pelo budismo, hoje renovada pelo *Congresso Indiano*, sob a inspiração de *Gandhi*. Estrábão, baseando-se no testemunho de Megástenes (século IV antes de Cristo) diz que os brâmanes se abstinham de bebidas alcoólicas. Este costume se estendeu mais tarde a outras classes, como observou o viajante chinês Fa-hien (século IV da era vulgar). É evidente a influência do movimento jaina-budista na alimentação e temperança do índio.

Nas esculturas de *Sanci* e *Amaravati* (século III, antes de Cristo) deparam-se-nos vestes parecidas com o *angarcá*. O traje mais vulgar dos índios consta desde tempos immemoriais de dois panos sem costura: *pudvem* e *dupattó*. Arriano, escritor romano do século II, alude aos turbantes.

A profusão e a riqueza das joias, contrastando com a simplicidade do traje, impressionam o ocidental, como já observava Estrábão (151). É de notar, porém, que os ador-

---

(150) R. Grousset — *Les Civilisations de l'Orient*, II, pag. 136.
(151) Mc. Crindle — *Ancient India*, pag. 57.

nos femininos não são na India artigos de luxo, mas de primeira necessidade; não traduzem a ânsia de luzir, a paixão da sumptuosidade e da pompa, nem são meros derivativos da vaidade feminina: influem na consideração social, teem o seu lugar marcado no código do bom tom, como a *toilette* e a moda no Ocidente. Os costumes são tão exigentes que a moral budista, austera e grave, impõe ao marido a obrigação de ornar a mulher com adereços. (152)

O organismo social aperfeiçoa-se e complica-se. Em tempos de Budha havia as seguintes profissões: agiotas, azeiteiros, banheiros, barbeiros, caçadores, carniceiros, carroceiros, cesteiros, confeiteiros, contabilistas, cornacas, cortidores, cozinheiros, empregados, fabricantes de artefactos de bambu, e de marfim, ferreiros, floreiros, lavadeiros, marinheiros, ourives, oleiros, pedreiros, pescadores, pintores, sapateiros, tecelões e tintureiros. As profissões já eram hereditárias. (153)

Era admirável a organização económica do império de Chandragupta (4 séculos antes de Cristo). Á Repartição da Agricultura incumbia não só o estudo das condições agrícolas, a introdução de novos processos culturais, a selecção e distribuição de sementes, mas ainda as observações e previsões meteorológicas, as obras de hidráulica agrícola, os serviços pecuários, e a cultura das terras do Estado.

A indústria da extracção do sal e a da distilação de espíritos constituiam monopólio do Estado, cumprindo ao Comissário do abcari tomar providências contra o alcoolismo que era uma das causas da criminalidade. Havia uma Repartição de minas que superintendia os trabalhos da exploração das minas do Estado; extraiam-se o oiro, prata, cobre, chumbo e estanho. Escritores gregos, como Plínio e Estrabão e Ptolomeu, na sua *Geografia*, mencionam as pedras preciosas e pérolas que se obtinham na India: diamantes, safiras, cornalinas, jacintos, berilos, onix, carbúnculos. O Es-

---

(152) *Sigalavada Sutta.*

(153) Rhys Davids — *Budhist India*, pag. 88.

tado explorava a indústria téxtil e fiscalizava as corporações das artes e ofícios (*xrenis*).

Á Repartição do Comércio cabia assegurar os meios de comunicação, cobrar os direitos aduaneiros, ministrar informações sôbre os mercados estrangeiros, cotações das mercadorias, transportes, história e etnografia dos países estranhos; fixar os preços quando a especulação os exagerasse, fabricar e vender balanças, pesos e medidas, e obstar à venda de géneros deteriorados. ([154])

"Sur la frontière nord-ouest de l'Inde, entre l'Empire des Séleucides en Syrie et l'empire des Mauryas, autour de Bactres comme capitale, un royaume grec indépendant s'était crée dès le temps d'Asoka ; les rois de la Bactriane, Grecs d'origine, d'éducation, de langue, de culte, de civilisation, avaient admis à titre officiel la civilisation, de l'Inde sur ce sol pourtant iranien d'histoire et de tradition ; Bactres passait pour le berceau de Zoroastre, et pourtant, sur les monnaies frappées par ces princes, si la face porte une légende grecque inscrite autour de la tête du roi, le revers porte une légende tracée en langue indienne dans un dialecte voisin du pali, et souvent au lieu des divinités grecques : Pallas, Héraklès, Nikè, etc., il présente des symboles indiens qui semblent être surtout des symboles bouddhiques : tels l'éléphant, l'arbre entouré d'une balustrade, etc. L'histoire de ces rois n'est guère, jusqu'ici, qu'une histoire numismatique. Mais un d'entre eux, Ménandre, nous est connu par d'autres témoignages, et ce que nous savons de lui nous laisse deviner ce que le bouddhisme doit à cette dynastie. Ménandre est le heros d'un ouvrage canonique du bouddhisme, qui nous est parvenu en deux langues : en pali, c'est le Milindapanha, " les Questions de Milinda (roi des Grecs) " en chinois, c'est le Na-sien king " le soûtra de Nâgasena (le docteur bouddhique); le Na-sien king existe encore en deux recensions dans la collection chinoise du Tripitaka. L'original sanscrit est perdu, mais nous savons de source certaine qu'il a existé. La donnée de l'ouvrage est expressive: le roi Milinda est dans sa ville de Sâgala (probablement Sialkot, près d'Amritsar) au Penjab ; il s'ennuie, il vient d'inspecter ses soldats, et en véri-

---

([154]) *Arthaxastra*, liv. II.

table Grec il voudrait s'exercer et se distraire à un passetemps intelligent ; et quel meilleur passetemps pour un Grec que la discussion ? "Ah, l'Inde est vide", s'écrie t-il. Mais un docteur bouddhique de grande réputation, Nâgasena se présente ; il est prêt à soutenir une controverse sur les dogmes de sa religion. Le dialogue s'engage ; les arguments s'affrontent ; après un brillant tournoi, Milinda s'avoue vaincu ; il se convertit au bouddhisme, et il élève à Sâgala un couvent avec un temple pour commémorer sa conversion. Nous apprenons de plus par les sources grecques, que à la mort du roi Ménandre, plusieurs cités se disputèrent ses cendres, comme on avait fait jadis pour les restes du Bouddha.

L'épisode de Ménandre montre en raccourci ce que le bouddhisme devait gagner au contact de la civilisation grecque ; mis en présence d'étrangers intelligents, instruits, raffinés, exercés à toutes les subtilités de la dialectique, familiers avec des systèmes philosophiques de construction puissante, le bouddhisme s'il prétendait les gagner à sa foi, davait reviser l'ensemble de ses dogmes et de ses thèses, enrichis et développés au caprice du hasard depuis le Nirvâna du Maître, afin de les organiser dans un ordre rigoureusement logique et cohèrent. Ces étrangers, ils ne bornaient pas leurs exigences aux satisfactions de la raison ; pour eux, le vrai ne se séparait pas du beau ; ils avaient donné à leurs dieux des formes plastiques voisines de la perfection ; ils les avaient glorifiés dans des chefs d'œuvre littéraires de tous genres. Le bouddhisme avait reculé jusque là devant la représentation plastique du Maître, avec d'impuissance ou marque de respect ; les textes qui s'étaient transmis visaient plus à instruire et à édifier qu'à provoquer l'admiration. L'exemple profita au bouddhisme ; il en tira des moyens d'action nouveaux.

Le royaume grec de Bactriane, après des jours glorieux où il avait atteint les rives du Gange, s'éteignit, vers le début du I.er siècle avant l'ère chrétienne ; épuisé par les rivalités intestines de généraux ambitieux qui ce disputaient le pouvoir, il s'effondra devant l'invasion des Saka et des Koushana, venus des steppes du Nord. Le bouddhisme allait encore trouver des protecteurs dans ces étrangers à demi barbares, que le prestige des grandes civilisations éblouissait, et qui prenaient volontiers de toutes mains les dieux et les arts que la Grèce, l'Iran et l'Inde pouvaient leur offrir. Un des rois de la dynastie kouchane, Kanishka, joue un rôle décisif dans l'histoire du bouddhisme; maitre d'un empire qui touche à la Chine, à la Perse, et qui absorbe toute l'Inde du nord, il semble s'appliquer à suivre l'exemple d'Asoka pour le surpasser. Mais cet autre Asoka est étranger à l'Inde ; ses images nous le montrent vêtu à la Tartare, d'une tunique épaisse serrée à la taille, chaussé de hautes bottes ; en travaillant avec succès à servir la propagande du bouddhisme au dehors, il prépare la ruine du bouddhisme indien dans l'Inde Il convoque un Concile qui fixe en langue sanscrite le texte du canon sacré ; en adoptant la langue savante des brahmanes, le bouddhisme s'est isolé de la foule qui ne la comprend pas ; il perd en efficacité ce qu'il semble gagner en noblesse. Comme pour mieux marquer l'orientation nouvelle, le Concile porte son effort sur les textes de philosophie, il les complète, il les commente· Vers les territoires lointains qui n'ont pas encore entendu la Bonne Parole. des missionnaires s'élancent, protégés et servis par le prestige du souverain ; leur zèle ne connait pas de frontières; ils passent en Asie Centrale, en Chine ; du côté de l'Occident leur trace se perd, mais leur oeuvre n'est pas douteuse. La destinée elle-même amène spontanément au bouddhisme des prosélytes sur le sol indien ; la périodicité des moussons longtemps ignorée du monde hellénique, est reconnue ; un trafic régulier s'établit par mer entre les ports de la mer Rouge, du golfe Persique, et des côtes de l'Inde ; des commerçants venus de l'Occident hellénisé (Yavana) s'installent au Kathiawar, au Guzerate ; ils adoptent le bouddhisme qui leur confère une sorte de droit de cité ; ils figurent parmi les donateurs de ces prodigieux sanctuaires creusés dans le roc au voisinage de la mer, à Karli, à Kanheri, etc. On peut se demander si leurs conseils n'ont pas aidé ou présidé à la construction de ces merveilles qui évoquent les hypogées de l'Egypte et anticipent sur les cathédrales gothiques du Moyen-âge.

L'influence des prosélytes étrangers se marque plus clairement encore dans la transformation des croyances. Au Petit Véhicule (Hinayâna), idéal de sainteté à l'usage des communautés monastiques, vient s'ajouter et bientôt se substituer le grand Véhicule (Mahâyâna) idéal d'une Eglise militante qui prêche l'action, désintéressée, mais l'action incessante. Des Bouddhas nouveaux, qui ne sont le bien propre d'aucun peuple élu, supplantent Sâkyamouni, fils de l'Inde ; des légions de Bodhisattvas également imaginaires se groupent autour d'eux. C'est ce bouddhisme transformé qui va conquérir l'Iran oriental, l'Asie centrale, la Chine, la Corée, le Japon, la presqu'île indo-chinoise et les grandes îles de l'archipel indien." (155)

BIBLIOGRAFIA

AIKEN — *Bouddhisme et Christianisme*, traduit de l'anglais par l'abbé Colin.

BANERJEE (G. N.) — *Hellenism in Ancient India* — Calcutta — 1920.

BANERJEE (P.) — *Public Administration in Ancient India* — London — 1916.

BARTH (A.) — *Les religions de l'Inde* — 1914.

BREWSTER (E. H.) — *Gotama le Bouddha, d'après les écritures palies* (trad. franc.) — Paris — 1929.

BURGARD (R.) — *L'expédition d'Alexandre et la conquête de l'Asie* — Paris — 1937.

DROYSEN (J. G.) — *Alexandre* — Paris — 1934.

FOUCHER (A) — *L'Art greco-bouddhique de Gandhara*, vol. I, 1905, vol. II, 1918–1922.

GLASENAPP (H. von.) — *Brahma et Bouddha* (trad. franc.) — Paris — 1937.

GOBLET D'ALVIELLA — *Ce que l'Inde doit à la Grèce* — Paris — 1897.

GROUSSET (R.) — *Les Civilisations de l'Orient*, t. II, Paris — 1930.

GROUSSET (R.) — *Sur les traces du Bouddha* — Paris — 1929.

GRAVIÈRE (J. de la) — *La Conquête de l'Inde et le voyage de Néarque* — Paris — 1884.

GUÉRINOT (A.) — *La religion djaïna* — Paris — 1926.

KEITH — *Budhist Philosophy* — Oxford — 1923.

KERN — *Histoire du Bouddhisme dans l'Inde* (trad. de G. Huet) — Paris — 1903.

LA VALÉE POUSSIN — *Le dogme et la philosophie du Boudhisme* — Paris — 1930.

LA VALÉE POUSSIN — *L'Inde aux temps des Mauryas et des barbares* — Paris — 1930.

(155) Sylvain Lévi — *L'Inde et le Monde*, pag. 109.

McCrindle — *Ancient India as described by Megasthenes and Arrian* — London — 1877.

McCrindle — *Ancient India as described in Classical Literature* — London — 1901.

Neel (A. D.)—*Buddhism, its Doctrines and Methods*—London—1939

Oldenberg (H.) — *Le Bouddha* (trad. franc.) — Paris — 1903.

Przyluski (J.) — *Açoka* — 1923.

Przyluski (J.) — *Le Bouddhisme* — Paris — 1932.

Raychaudury — *Political History of India* — Calcutta — 1923.

Rhys Davids — *The Questions of King Melinda* — 1890.

Rhys Davids — *Budhist India* — 1903.

Rhys Davids — *Dialogues of the Buddha* — Oxford — 1923.

Rhys Davids — *Buddhism* — London — 1930.

Rice — Mysore.

Saletore (B. A.) — *Medieval Jainism* — 1938.

Samaddar (J. N.) — *The Glories of Magadha* — 1922.

Senaet (E.)—*Essai sur la lègende de Bouddha*—Paris—1875.

Shah (C.) — *Jainism in North India* — 1932.

Stein (M. A.) — *On Alexander's track to the Indus* — 1928.

Stevenson (S.) — *The Heart of Jainism.*

Tarn (W. W.) — *The Greeks in Bactria and India* — 1938.

Thomas (F. W.) — *The Cambridge History of India*, vol. I.

IV

Período hindu

O hinduismo é um amálgama do bramanismo, do budismo e das crenças dos povos do Sul, cuja civilização se fundiu com a do Norte. Não desapareceu o budismo da India, não desapareceram os deuses dos povos dravídicos, dos povos do Sul; absorveu-os o hinduismo.

O professor Bhandarkar, eminente historiador brâmane, baseando-se nos dados fornecidos pela epigrafia e pela linguística, chegou à conclusão de o neo-bramanismo se ter desenvolvido desde o século II da nossa era, em que o budismo foi declinando.

No Sul da India — escreve o professor Rhys Davids — as classes mais ricas e mais cultas foram budistas e jainas antes de serem hindus. Foi só depois de se ter acentuado a influência bramânica na India do Norte no 4.º e no 5.º século e depois de ter aí criado raízes é que o hinduismo avassalou o Sul, onde se desenvolveu de tal modo que nos séculos 8.º e 9.º actuou no hinduismo do Norte, graças a Kumarila e a Xancarachária, ambos naturais do Sul e um deles talvez de sangue dravídico.

O hinduismo venceu, mas como? Os brâmanes — responde Rhys Davids — passaram a ser os árbitros da lei e das convenções sociais. Aceitou-se a teoria das castas por êles formulada, e a hegemonia da casta a que pertenciam. Foi-lhes adjudicado o monopólio do ensino. Os *rajputs*, que lhes disputavam o mando, os budistas, e os jainas estavam reduzidos a insignificante minoria. O resto sujeitou-se ao jugo bramânico. Dos sistemas filosóficos só o panteismo ficou de pé, senhor do campo, em que os outros cairam exânimes. Mas na luta, no fragor do combate, desapareceram também o direito vêdico, os deuses vêdicos, a língua vêdica e a teologia vêdica. Os deuses do povo receberam as homenagens do povo. Sacrifícios animais eram, às vezes, oferecidos aos novos deuses, mas os brâmanes já não presidiam às cerimónias religiosas. A literatura bramânica foi refundida de modo a amoldar-se ao novo culto e a captar o favor e o auxílio dos que não adoravam os deuses vêdicos. E da história aproveitou-se tudo quanto favorecesse as pretensões da casta sacerdotal.

A casta *brâmane* deixou de ser uma casta étnica e de ter valor antropológico; passou a ser uma classe, a mais alta, a casta sacerdotal e a ocupar o vértice da pirâmide social da India teocrática.

A reacção do budismo contra os exageros do culto externo e do ascetismo manifesta-se na literatura hindu. Assim, diz Crisna no *Bhagavad Guitá:* "O formalismo não faz o monge". A mesma idea é expressa na *Xastra* de Yajnavalquia: "Um homem não é virtuoso porque vive no mato, é a conduta irrepreensível que faz o monge".

Não só Budha foi elevado a *avatar* de Vixnú, mas ainda a deusa dravídica Korravai se identificou com Durgá, esposa de Xivá. (¹)

Vejamos como é que se remodelou o panteão índico no período hindu ou neo-bramânico.

Brahmá, a primeira potência divina na época palæo-bramânica, o símbolo do exclusivismo bramânico, passou a ser figura decorativa, presidindo à *trimurti* (trindade): Brahmá, Vixnú e Xivá.

Aparecem duas seitas, dois partidos, um sob o patrocínio de Xivá e outro sob o de Vixnú. Para os xivaitas, Xivá é o maior dos deuses. Para os vixnuitas, a supremacia pertence a Vixnú. São xivaitas os brâmanes *advés* de Goa, e vixnuitas os *ubés*, sendo êstes sectários de *Madvachária* e aqueles de *Xancarachária.*

Xivá é a forma benigna de Rudra, deus maligno dos Vêdas, é Rudra acalmado pela oração e pelas oferendas. Vixnú é um deus vêdico que por meio de *avatares* (incarnações) absorveu as divindades não-áricas.

(¹) S. V. Viswanatha — *Racial Synthesis in Hindu Culture*, pags. 124 e 160.

Xivá incarna o poder, o princípio da destruição, porque absorveu não só o Rudra vêdico senão também os deuses dos povos aborígenes. Se os não-árias eram povos inimigos ou povos estranhos, em relação aos árias, era natural que êstes considerassem deuses maus, deuses inimigos, as divindades que aqueles adoravam. É a mesma lógica que leva os missionários cristãos a considerar como demónios os deuses pagãos. Um teólogo, consultado por um Vice-rei da India sôbre se era lícito permitir aos gentios das terras de Salcete alguns ritos e cerimónias gentílicas, terminou o seu parecer pelas seguintes palavras: "Vimos hoje, logo a concluir que por nenhum título dos apontados se pode consentir a tolerância dos ritos gentílicos em Salcete, particularmente estando já proïbida por el-rei, porque assim como seria grande afronta e desonra nas conquistas temporais deixar perder alguma coisa de ganhado, assim também *na conquista espiritual do reino do demónio* seria gravíssima ignomínia largar-lhe fracamente os despojos da vitória, depois de tantos suores e fadigas dos Prelados da India e dos Ministros do Evangelho".

Até a linguagem é marcial...

Há duas maneiras de vencer o adversário: captá-lo ou eliminá-lo — ensinava Maquiavel. O neo-bramanismo optou pela primeira, graças à sua tolerância que é tão grande que tudo aceita, salvo uma coisa: a negação da supremacia bramânica, da hegemonia da casta sacerdotal!

"Xivá é eterno, é Maacala, o tempo sem limites que engendra e devora todas as coisas. Como produtor, êle tem por simbolo o touro, o Phalus, e a lua que lhe serve de diadema. Como destruidor, êle reveste-se de formas terríveis; armado de tridente, usa colar de caveiras. Ele é equiparado a Mritia, a morte, e o seu velho apelido de Paxupati, de "senhor do gado humano" talvez o de "senhor das vítimas" porque é um deus mais cruel do que qualquer outro, e exige um culto sangrento. Ele é chefe dos *buths*, dos espíritos malfazêjos, dos vampiros que adejam nos sítios onde os criminosos são executados e os cadáveres queimados, e ronda com êles ao cair da noite. Há um lado orgiaco na sua natureza: é Bairava, deus da loucura furiosa que revestido da pele ensanguentada de elefante marca a dança selvagem de *tandava*. Mas é também o deus do ascetismo e das austeridades: é o chefe dos *yoguis*, como êles anda nú, coberto de cinzas, os longos cabelos em trança atados no alto da cabeça. As lendas estão cheias de seus castigos espantosos: só com um olhar do seu ôlho de ciclope reduziu a cinzas Kama, o amor que ousara perturbar a tranqüilidade do seu coração. A seu lado domina Umá, a graciosa filha do Himalaia, que, segundo alguns passos dos Vêdas, é espôsa de Rudra, ao passo que Ambicá, a boa mãi que agora se identifica com aquela, não é senão irmã de Rudra. Como o seu marido, ela tem muitos nomes e reveste várias formas: é adorada como Devi, deusa, Parvati, filha da montanha, Durgá, a inacessível, Gauri, a brilhante, Sati, a espôsa dedicada, Bairavi, a terrível, Kali, a negra, Carala, a horrivel, e sob uma infinidade de outras denominações que exprimem a sua dupla natureza de deusa da vida e da morte". ([157])

A espôsa de Xivá é a protectora da maternidade, com o nome de Matá Janavi, é a deusa da abundância sob a invocação de Ana Purnã Devi; é a deusa do casamento na forma aterradora de Durgá; preside ao horroroso *sati* com ([158]) o nome de Kali e sob esta forma é a deusa querida dos *thugs*. ([159]) É branca, da pureza imaculada da neve, quando representa Umá, é amarela, da côr do desespêro, como Durgá, é negra, da côr da morte, sob a invocação de Kali.

É incarnação de Xivá o *línga*, o símbolo da energia reprodutora masculina, idêntico ao phalus de Atys, ao gentil Adonis do culto de Afrodite da Síria, a Belfegor dos moabitas, ao Priapo dos egípcios, gregos e romanos. A espôsa de Xivá é o *yoni*, a energia passiva fecundada pelo *linga*.

([157]) Barth — *Les Religions de l'Inde*, pag. 98.

([158]) O sacrifício de a viuva hindu se deixar arder na mesma pira em que se queima o cadáver do marido.

([159]) Bandidos que assassinam as vítimas, ganhando primeiro a sua confiança.

Xivá teve dois filhos: *Ganês* e *Scanda*.

Ganês quere dizer chefe de *gana*, comitiva de Xivá. É representado com a cabeça do elefante, remove as dificuldade da vida, é por isso adorado como deus da inteligência.

Scanda (Kumara, Kartiqueia, Subrahmania) é o deus da guerra e comandante do exército do céu.

Kubera é deus da riqueza e *Kama* do amor. Rudra identifica-se com Bhairava, forma terrorista de Xivá. (160)

O *kchátrya* Vassudeva, da tribu dos Satvatas, opôs, cêrca do século V (antes de Cristo), ao ateismo búdico o teismo de Ecantica Dharma, doutrina baseada nas *Upanichadas* e exposta no *Bhagavad-guitá*, célebre poema filosófico, um dos episódios do *Mahâbhârata*. Se para o budismo a salvação estava na moral, na pureza dos costumes, para Vassudeva estava no cumprimento desinteressado do dever *(karma)*, na fé, na devoção, no amor de Deus *(bhâkti)*. Com o volver do tempo, Vassudeva foi divinizado, como Budha, confundiu-se com Naraiana, gérme da humanidade, com Vixnú, divindade secundária do *Rig-vêda* e no comêço da era cristã com o menino Crisna, deus dos pastores *abhiras*, que talvez tenham sido portadores das tradições cristãs, embora o nome Crisna não seja corrução da palavra Cristo, porquanto encontramos êsse nome no *Rig-vêda* e é vulgar na India não só inferir da homofonia das palavras a analogia das ideas e a identidade dos factos, mas ainda assimilar deuses estranhos. Vixnú absorveu Budha que é uma das suas incarnações. ¿Que admira que o mesmo tenha sucedido a Cristo? Assim se formou o vixnuismo. (161)

A imagem de Vixnú é azul-escuro, vestida de amarelo, cavalgando a águia Garuda, com 4 braços que empunham uns maços, concha, disco e flôr de lotus ou sentada no lotus

(160) Ramaiana, Ayod. Kand. 25, 45 *Rudra*, que em sânscrito significa *vermelho*, corresponde ao termo dravídico *Xivá* que também significa *vermelho*.

(161) R. G. Bhandarkar — *Vaisnavism, Saivism and Minor Religious Systems*, pag. 2 seg.

branco, tendo à direita Lacximi, nascida do mar e aspergida por elefantes com a água do Ganges e aspersórios de oiro.

Os poemas épicos e os *Puranas* divergem quanto ao número das incarnações de Vixnú, que segundo uns se elevam a trinta e duas, e, conforme outros, baixam a dez, sendo certo que as seguintes dez são as mais importantes:

1.º *Matsia* (peixe). A Terra estava para ser tragada pelo dilúvio quando Vixnú, querendo salvar Manú, rei dravídico do Malabar, lhe revelou que se ia avizinhando o cataclismo, e Manú, seguindo os seus conselhos, construiu um navio em que embarcou com sete *rixis* (compositores de hinos religiosos) e sementes de todos os seres quando as águas principiaram a subir. Vixnú assumiu a forma de peixe, atrelou-se ao navio por meio da serpente Cêcha, que se enrolou ao chifre que saiu da cabeça dêle, e conduziu Manú são e salvo até às vertentes do Himalaia.

Esta lenda, cujos germes encontramos no *Xatapatha Brahmana* e que tanto se aproxima da tradição caldaica e bíblica do dilúvio, foi recolhida e modificada pelo Mahâbhârata e pelos *Puranas (Matsia* e *Bhagavata).*

O peixe, inspirador de Manú, segundo o *Xatapatha Brahmana*, transformou-se em Brahmá no Mahâbhârata e em Vixnú nos *Puranas.*

Manú, que no *Xatapatha Brahmana* era o progenitor da nova raça humana, passou a ser grande *rixi* no Mahâbhârata, a ser rei do Malabar no *Matsia Purana*, e a ser considerado drávida pelo *Bhagavata Purana.*

Na versão de *Xatapatha Brahmana*, Manú embarcara sósinho e depois de salvo conseguira à fôrça de sacrifícios, oferta de manteiga, a criação de Ida, resplendente de beleza, com quem coabitou para procriar a nova raça. Mas no *Mahâbhârata* Manú faz-se acompanhar dos 7 *rixis*, que, segundo a lenda bramânica, são os ascendentes de todos os brâmanes da India. Segundo o *Matsia Purana*, Manú embarcou metendo em um navio, qual Noé na arca salvadora, os exemplares de todos os seres vivos.

É que a lenda acompanhou a evolução religiosa da India. Na sua metamorfose reflectem-se o período bramânico esotérico, exclusivista, em que Brahmá era a primeira figura do panteão, e a fase neo-bramânica, em que se inaugurou a política de assimilação dos povos e deuses estranhos e Vixnú adquiriu a supremacia.

2.º *Curma* (tartaruga).

3.º *Varaha* (porco-espinho).

4.º *Narassinva* (homem-leão).

5.º *Vamana* (anão).

6.º *Paraxurama*. "A história desta incarnação foi inspirada talvez, diz Milloué, pela recordação dum conflito sangrento, duma luta pela conquista do poder entre os *kchátryas* (militares) e os *brâmanes* (sacerdotes) provávelmente no início do periodo bramânico". ([162]) Os brâmanes para sacudirem o jugo dos *kchátryas* imploraram o auxílio dos deuses. Vixnú incarnou-se na pessoa de Ramá, filho do brâmane Jamadagni e de Renuca. Xivá ensinou-lhe o manejo das armas e ofereceu-lhe um machado *(paraxu)*. A sua luta com os *kchátryas* começou pelo assassinato do rei Cartaviria, acusado de ter furtado a Jamadagni um bezerro destinado ao sacrifício. Paraxurama venceu os *kchátryas* em 21 recontros e entregou o império do mundo ao brâmane Caciapa. É a essa época que remonta a supremacia da casta sacerdotal na India. Eis a lenda em que se baseia a teoria bramânica do desaparecimento da casta kchátrya.

7.º *Ramá*, herói do *Ramaiana*.

8.º *Crisna*. Weber no *Krisna's Geburtsfest* põe em evidência as semelhanças entre alguns episódios da vida de Cristo e as lendas que envolvem Crisna: o natal e a adoração dos magos, o massacre dos inocentes, a transfiguração, etc. Como não se nos deparam estas lendas nas epopeias: *Mahâbhârata* e *Ramaiana*, mas sim nos *Puranas*, o professor Hopkins conclui que foram importadas na India cêrca do século VI da nossa era.

([162]) Milloué—*Histoire de Religions de l'Inde*.

9.º *Budha.* Segundo os *Puranas*, Vixnú ter-se-ia incarnado em Budha, para apressar a destruição dos demónios e dos ímpios, incitando-os a desprezar os deuses, os *Vêdas* e a leï das castas. "É evidente — diz Milloué — que esta assimilação de Vixnú ao adversário mais terrível do bramanismo não teve outro fim senão atenuar na medida do possível as consequências da reforma budista".

10.º *Calanqui* (cavalo branco) será a última aparição de Vixnú sôbre a terra. Quando os crimes do mundo tiverem atingido o seu cúmulo, Vixnú aparecerá, o gládio flamejante na mão, montado num cavalo branco, para destruir o universo corruto e criar um novo mundo mais puro.

É o bálsamo da esperança que as religiões esparzem para a consolação da humanidade desgraçada!

Vixnú é o redentor, incarna-se para libertar o homem das garras do mal.

Krixna incarnação de Vixnú, anuncia no *Bhagavad Guitá*: "Todas as vezes que a virtude declina ou o vício recrudesce eu apareço de tempo a tempo para a defesa dos justos, destruição dos maus e triunfo da virtude".

Vixnú simboliza a série de profetas que de quando em quando surgem no tablado do mundo para renovar o ambiente moral, exprobrando o vício e exaltando a virtude.

É profunda, elevada e talvez cristã a concepção ética de Vixnú.

Sylvain Lévi põe com elegância o problema das relações entre a India e a Palestina, entre o cristianismo e o crisnaismo:

> "Un des rois les plus puissants du groupe Saka, qui étend sa domination sur la rive orientale de l'Indus, Gondopharès, se trouve inséparablement lié aux origines chrétiennes ; il est un des trois rois mages qui viennnent, guidés par l'étoile révélatrice, adorer l'Enfant Jésus dans la crèche ; c'est le roi mage Gaspar ; c'est lui aussi qui, par l'entremise du courtier Abbas, engage à son service l'apôtre Thomas comme architecte, pour se faire construire un palais à la grecque, et qui attire ainsi dans l'Inde le premier messager de l'Evangile. Sur la foi de ces indices, on a tenté de remonter plus

haut encore et de pousser loin ; on s'est demandé de bonne foi si les mouvements religieux qui aboutirent en Palestine à Jean Baptiste et à Jesus n'étaient pas le contrecoup d'une propagande bouddhique si l'étrange communauté des Esséniens en particulier n'était pas une adaptation locale de la communauté bouddhique ; on a cru saisir dans les Evangiles des emprunts positifs tirés de la légende et même de la littérature bouddhiques ; on a dressé des tables de parallèles. N'a-t-on pas essayé de spéculer sur l'apparente et trompeuse ressemblance du nom du Christ avec le nom de Krishna le héros glorifié par le Mahâ-Bhârata et adoré encore aujourd'hui, comme un avatar de Vishnou ? Ici aussi on a cité dans les deux légendes sacrées des ressemblances, et qui sont indéniables : la naissance dans la crèche, la fuite de la sainte famille, le massacre des Innocents par l'ordre d'un tyran inquiet. On en a conclu précipitamment à un emprunt venu de l'Inde ; Mais n'a-t-on pas, d'autre part, essayé d'établir que la Bhagavad Gitá, l'essence de la doctrine de Krishna et aussi l'essence de la pensée philosophique de l'Inde, n'était qu'une collection de centons tirés du Nouveau Testament ? Sur de pareilles questions, où la moindre parole prononcée risque de froisser des consciences dans leurs scrupules les plus ombrageux, la prudence rigoureuse de la science doit s'accompagner d'une délicatesse rafinée ; les affirmations tranchantes et de plus fondées sur des bases précaires, ne sont pas seulement méprisables, elles deviennent odieuses. Mais il n'en est pas moins vrai que la question a le droit d'être posée et d'être traitée ; des coïncidences accumulées sortira peut-être un rayon de lumière, un trait de vérité. Les principaux obstacles sont l'incertitude de la chronologie indienne, spécialement de la chronologie littéraire, et aussi l'obscurité presque impénétrable de la vie religieuse dans le monde iranien à l'époque qui entoure la naissance du christianisme. Entre le monde de la Mediterranée et le monde indien, l'Iran est le trait d'union nécessaire, et les récentes trouvailles de l'Asie Centrale prouvent que son action s'est étendue aussi à l'Est, plus loin et plus profondément que personne ne croyait. L'historien du bouddhisme n'a pas le droit d'ignorer les problèmes des croyances religieuses de l'Iran sous les Parthes Arsacides, non plus que les problèmes des origines chrétiennes." [163]

---

[163] *L'Inde et le Monde*, pag. 39.

A literatura e a ciência—Se o vêdismo teve a sua expressão nos *Vêdas*, o bramanismo nos *Brahamanas*, nas *Upanichadas*, e nas *Sutras*, o hinduismo reflecte-se, como num espêlho, na literatura posterior que se inicia com as grandes epopeias: *Ramaiana* e *Mahâbhârata*.

A parte mais antiga da literatura hindu — diz Barth — que na sua forma actual é, de-certo, obra dos brâmanes não lhes pertenceu sempre. O *Mahâbhârata* e muitos *Puranas* são postos na bôca de bardos profanos. Exceptuando as *mantras*, não há para os textos sagrados dos hindus uma língua sagrada, e poesias populares cantadas em todos os idiomas da India foram um dos principais meios da propagação do hinduismo, e entre os autores dêsses cânticos figuram individuos das castas inferiores.

O *Cural* de *Tiruvaluvar*, essa admirável colecção de estâncias em tamul, duma inspiração tão pura e tão elevada, é obra dum *pária*. Há lendas que fazem de Valmiqui, autor do *Ramaiana*, um *colee* (carregador). O maior nome da poesia épica, Viassa, o autor mítico do *Mahâbhârata* e dos *Puranas*, teria sido, no dizer dêstes livros, um brâmane de pureza mais que contestável, e narrativas análogas correm quanto ao grande Xancaracháría. ([164])

O *Mahabharata* e o *Ramaiana* são dois monumentos do neo-bramanismo ou hinduismo, na sua forma primitiva.

O *Mahabharata* é uma grande enciclopédia de quatrocentos mil versos. É uma epopeia com vários episódios. É a maior de todas na história literária do mundo. Descreve a luta entre os *curús* e os *pandús*, príncipes de Hastinapura, nas proximidades de Delhi, descendentes do rei Bharata, filho de *Xacuntalá*.

Neste romance em verso entalham-se a interrompê-lo várias digressões morais e alguns episódios encantadores, de delicada sensibilidade, de comovida ternura, de humana beleza, entre os quais se assinalam: a história de *Xacuntalá*, donde Calidassa extraiu o célebre drama, as façanhas de

---

([164]) Barth—*Les Religions de l'Inde*, pag. 94.

Ramá, um dos *avatares* (incarnações) de Vixnú, que Valmiqui cantou no *Ramaiana* e o *Bhagavad-Guitá*.

O *Bhagavad-Guitá* prèga a religião do dever. Kant não foi o primeiro a enunciar a teoria do imperativo categórico que já encontramos nestas palavras de Crixna: "Deves preocupar-te do acto em si, nunca dos seus frutos." ([165]) É o dever pelo dever. Quem cumpre o seu dever faz a vontade de Deus.

Desde a sua publicação na Europa, o *Bhagavad Guitá* teve acolhimento entusiático. Humboldt que lhe consagra um notável estudo nas Memórias da Academia de Berlim (1825-26) considera-o como a obra mais profunda e sublime que o mundo produziu.

É que a Europa habituada ao misticismo contemplativo legado pela idade média se deixou impressionar pelo misticismo activo e pela elevação moral de *Bhagavad-Guitá*:

"O homem isento do ódio, compassivo, bondoso, altruista, indiferente à dôr e ao prazer, paciente, senhor de si, firme nas suas resoluções, com o espírito e pensamento concentrados em mim: êsse me é caro".

Atribuiu-se a paternidade do Mahâbhârata a *Viassa*, personagem fantástica, considerada também autor dos *Vêdas*; mas o *Mahâbhârata* não é obra dum poeta. A compilação é posterior à invasão dos gregos e dos scitas, pois que se lhes refere.

Os brâmanes — diz o professor Macdonell na sua *História da Literatura Sanscrita* — souberam aproveitar a grande influência da velha tradição épica para insinuar no povo e nos reis a sua doutrina da origem e imutabilidade do sistema das castas e da subordinação de todas as castas à classe sacerdotal. O *Mahabharata* de obra literária passou a ser livro sagrado (*smriti* ou *darmaxastra*). Assim, Bana, escritor indiano dos principios do século 7.º, refere que o *Mahabharata* era recitado no templo de Maacala, em Ujjain; Xancarachária, o grande filósofo e teólogo hindú do século

([165]) *Bhagavad Guitá*, II, 47.

9.º, fundador da seita dos brâmanes *advés* de Goa, diz, comentando um dos versos do *Mahâbharata*, que êste se destinava à instrução religiosa dos não-brâmanes, aos quais era defeso ler os *Vêdas*.

O *Ramaiana*, poema heróico atribuido a Valmiqui, *colee* (carregador), segundo alguns, tem 24 mil *xlocas* ou 48 mil versos e divide-se em 7 livros. O professor Jacobi, após pacientes investigações, demonstrou que o *Ramaiana* primitivamente se compunha de 5 livros. Canta o destêrro de Ramá, príncipe de Ayodhyá, para o Decão e a libertação de Sitá, espôsa de Ramá, raptada por Ravana.

Dassarata, rei de Ayodyha, dispunha-se a coroar, como herdeiro presuntivo, o seu filho mais velho Ramá; mas Kaikeyi, terceira mulher, lembrando-lhe uma imprudente promessa exige a coroação do seu filho Bharata e o destêrro de Ramá por 14 anos. Ramá parte para o exílio em companhia de Sitá e de seu dedicado irmão Locximona. Dassarata morre penalizado. Bhârata suplica o regresso de Ramá, mas êste insiste em cumprir o destêrro imposto pelo pai. Bhârata coloca no trono as sandálias do irmão e governa em seu nome. Ramá corta o nariz e as orelhas da irmã do Ravana, rei--demónio de Ceilão, que se vinga raptando Sitá. Com o auxílio dos macacos e do Hanuman, deus-macaco, Ramá ataca Ceilão, mata os demónios e liberta Sitá.

> " Le héros créé par Valmiki reste encore aux yeux de l'Inde contemporaine le plus parfait modèle de l'humanité. La vaillance paisible de Râma, toujours au service du bien, son obeissance passionnée au devoir, sa sensibilité fine et délicate, sa piété filiale, sa tendresse conjugale, sa communion d'âme avec la nature entière, sont des traits d'éternelle beauté que le temps ne saurait ni effacer ni affaiblir ". ([166])

Sitá é o tipo ideal de espôsa fiel, como Penelope. "Os meus pais ensinaram-me—diz ela—a acompanhar o marido

---

166) Sylvain Lévi—Préface à la traduction du *Râmâyana* par l'abée Roussel.

em todas as contingências da vida". Janaca entregando a sua filha Sitá a Ramá diz-lhe: "Aceita como companheira no cumprimento do dever. Que ela seja tão pia e devotada que te siga, como sombra".

Conjectura-se ser o *Ramaiana* anterior ao *Mahâbhârata* e mesmo a Budha, porquanto se refere a *Mitila* e a *Viçala*, como duas cidades de reinos distintos, quando em tempos de Budha já se tinham fundido, formando a cidade de *Vaiçati*. Os aditamentos são provávelmente posteriores ao século III, antes de Cristo. Certo é que no *Ramaiana* se encontram alusões a Budha e à sua doutrina. "Budha é um tratante, um ateu" — eis o que se lê numa das estrofes do *Ramaiana*.

E' indubitável — diz o professor Rapson — que o *Mahâbhârata* e *Ramaiana* primitivamente pertenceram à classe militar (*kchátrya*). Narram os feitos dos reis e dos guerreiros. As cenas passam-se na côrte e nos acampamentos. Avulta entre os deuses a figura de *Indra*, o celeste guerreiro, o *kchátrya* divino, e a recompensa que esperam os heróis na vida futura é uma vida de delícias no céu de *Indra*. A linguagem não é a dos *Brahmanas* nem a das *Upanichadas*, nem é o sânscrito clássico; é menos regular, mais popular, e cheia de arcaismos. É de presumir que as duas epopeias tenham sido, na sua origem, compostas por menestréis que vagueavam de côrte em côrte, cantando as guerras e os heróis. Mais tarde, quando se consolidou o poder sacerdotal dos brâmanes, as epopeias revestiram-se de carácter religioso e sagrado.

Nas epopeias reflectem-se as relações amistosas e a mistura dos árias com os não-árias. O ária Abhimanyu, filho de Arjuna, casa-se com Utara, filha do rei não-ária do Virata. ([167]) Viassa autor do Mahâbhârata, é filho do Parasara e duma peixeira. ([168]) Draupadi, heroína do *Mahâbhârata*, é escura. ([169]) "É impossível discernir a casta, por causa da grande

---

([167]) *Mahâbhârata* — Virata Parva, 77, 15.

([168]) *Adi Parva, Amsalvarana*, 63.

([169]) *Mahâbhârata*, Asramavasika, 27.

mistura das raças ó! grande serpente!" exclama *Yudhistira* no *Mahabharata.* ([170])

Posteriores ao *Mahabharata* e ao *Ramaiana* são os *Puranas*, romances histórico-religiosos, compostos provávelmente nos primeiros séculos da nossa era, e alguns deles no século 14.º ou 15.º, e destinados à propaganda do hinduismo.

A palavra "*purana*" significa "antigo" e o título justifica-se pelo facto de o *Atharvavêda* e os *Brahmanas* se referirem às obras do mesmo nome, versando idêntico assunto. Supõe-se que os *Puranas* tenham tido por fonte livros antigos que se perderam, mas na sua forma actual são relativamente modernos, pois que aludem às dinastias que reinaram nos primeiros séculos da era vulgar.

As informações dos *Puranas* são, em parte, confirmadas pela literatura budista e jaina, pelas inscrições, e pelas moedas.

Os *Puranas* conteem cêrca de 400 mil versos; tratam em geral, dos seguintes assuntos: criação do mundo, sua destruição e reconstituição; genealogia dos deuses, dos *manus* (patriarcas) e dos *rixis* (compositores dos hinos religiosos), história das dinastias reais, solar e lunar.

São 18 os *Puranas* do Norte, além dos do Sul: seis vixnuitas, seis xivaitas e seis consagrados a Brahmá. São vixnuitas: *Vixnu, Naradia, Bhagavata, Garuda, Padma* e *Varaha.* São xivaitas: *Matsia, Curma, Linga, Xivá, Scanda* e *Agni.* São bramistas: *Brahmá, Brahmanda, Brahmavaivarta, Marcandeia, Bhavixya* e *Vamana.*

Há mais 18 *Upapuranas* a saber: *Sanatkumara, Narasimha, Naradya, Xivá, Durvasas, Kapila, Manava, Ausanasa, Varuna, Kalika, Samba, Nandi, Saura, Parasava, Aditya, Mahesvara, Bhagavata* e *Vaxista.* ([171])

Os *Tantras* são mais modernos que os *Puranas* e dedicados ao culto das *Sactis*, espôsas dos deuses, sôbretudo a espôsa de Xivá.

([170]) *Mahâbhârata*. Vana, 182, 21, 31, 32.

([171]) K. S. Ramaswami Sastri—*The Puranas and their contribution to Indian thought* no vol. I do *Cultural Heritage of India*, pag. 169.

Segundo o *Kularnavatantra*, a cada um dos quatro períodos cósmicos corresponde uma fase da literatura sagrada, ao *krita-iuga* a *xruti*, ao *treta-iuga* a *smriti*, ao *dvapariuga* os puranas e ao *kali-iuga* os agamas (tantras).

O número de *Tantras* é extraordinàriamente elevado. Uma classificação geográfica distingue três grupos de 64 tantras. O primeiro compreende os tantras de *Vichnucranta* que se estendem da cordilheira dos Vindhyas a Chittagong (Bengala); o segundo os do *Ratacranta*, isto é, entre os Vindhyas e a China; enfim o terceiro os de *Achvacranta*, do resto da India.

Outra classificação sectária enumera 108 agamas *vichnuitas*, 28 *xivaitas* e 77 *shactas*. Estas classificações e enumerações são arbitrárias e incompletas.

Os *tantras* são manuais dos ritos post-védicos; dão instruções para a erecção de templos, imagens dos deuses e para as cerimónias do culto público e doméstico.

Nem todos os *tantras* são, como vimos *chactistas*. O *chactismo* é o culto das divindades femininas que representam o último e supremo princípio do cosmos, divindades que ocupam um lugar inferior na mitologia védica e bramânica. Sir John Woodroffe que profundou a literatura tântrica presume que o *chactismo* seja originário de Tibet onde está muito espalhado, pois o ritual tântrico considera o Tibet como a sua pátria. É curioso que a rosa da China seja a flôr sagrada da deusa *Durgá*.

O conceito metafísico fundamental do *chactismo* é monista. A única coisa realmente existente é o espírito absoluto, Brahma. Sob o aspecto estático Brahma é Xivá, o bemaventurado, o imutável, o inacessível a todas as mutações terrestres. Sob o aspecto dinâmico Brahma é *Chactí*, a fôrça que produz e re-absorve todos os corpos físicos, o princípio que se manifesta na matéria grosseira ou subtil e que pelo seu poder mágico *(maia)* provoca os múltiplos fenómenos do universo. Xivá e Chacti são formas diferentes do Uno eterno.

Aos sacrifícios sangrentos associam-se os ritos orgíacos,

a ginástica respiratória e uma filosofia transcendente que se eleva às esferas superiores da abnegação e da perfeição— observa Glasenapp.

No 5.º ou 6.º século, depois de Cristo, a poesia lírica e a poesia dramática destacaram-se da epopeia, e começaram a viver uma vida à parte.

O *teatro* índico desenvolveu-se independentemente da influência do Ocidente. Reflecte os costumes sociais, nos cinco ou seis séculos que precederam à dominação muçulmana.

As palavras *nata* (actor) e *nataca* (peça de teatro) derivaram do *prâcrit* (vernáculo) *nat* que significa "dançar". É que o teatro começou por uma rude pantomina, em que os movimentos do corpo eram acompanhados do canto, do jôgo fisionómico e da mímica das mãos, e se desenvolveu pelo adicionamento do diálogo. Parece que as peças de teatro foram, ao princípio, religiosas, como os mistérios medievais. Ausência da tragédia, estâncias líricas alternando com o diálogo em prosa, personagens falando umas o *sânscrito* e outras os *prâcrits* (vernáculos)—eis o que caracteriza o teatro índico.

O desenlace nunca é trágico, ninguém morre no palco. Personagens importantes, como o rei e os brâmanes, exprimem-se em sânscrito; as mulheres e o povo falam os *prâcrits* (vernáculos).

As melhores peças do teatro índico sobem a doze, das quais umas foram compostas por Calidassa e Bavabuti, no período que vai do século V, da era vulgar, ao século 8.º, e outras são atribuidas aos reis Xudraca e Harcha.

Das obras de Calidassa chegaram até nós: *Xacuntalá*, *Vicramorvassi* e *Malavicagni-mitra*. Os dramas de Calidassa, duma suavidade idílica, dum lirismo terno e gracioso, em que a tristeza se dilui em vaga e sonhadora melancolia, não os agita a paixão rude e violenta, encrespando as águas dormentes dos lagos, onde nenúfares abrem as suas pétalas de marfim. Falece-lhes, porém, a veemência, a vida, e a acção caracteristicas de *Mricchacatica* atribuida ao rei Xudraca.

Tal foi o entusiasmo com que Goethe saudou a tradução de *Xacuntalá* que o prólogo do drama sânscrito serviu de modêlo ao prólogo do *Fausto*. [172]

Entre os *Mss* Turfan, o professor Lüders descobriu fragmentos de dois dramas, um dos quais é da autoria de Asvaghocha (século I da era vulgar), os quais revelam o desenvolvimento que a arte dramática havia atingido. [173]

Na poesia lírica avultam os poemas de Calidassa: *Meghaduta* (Nuvem Mensageira) que Goethe admirou e Schiller imitou na sua *Maria Stuart*, e a *Ritusamhara* (Ciclo das Estações); o *Gatha-carpara*, dum poeta desconhecido, o *Chaurapanchacica*, composto no século XI, por Bilhana, poeta de Cachemir; e *Xriranga-xataca* (Século do Amor) de Bhartrihari que viveu no século 7.º, e *Saptaxataca* do poeta Hala do século X.

A poesia lírica indiana inspirou a Heine o *Die Lotosblume* e o *Auf Flügeln des Gesanges*. A planta e o animal desempenham nela papel eminente: a flôr de *lotus* é a flôr poética por excelência. Na païsagem luxuriante, afogueada pelo Sol dos trópicos, o poeta admira e canta a beleza índica, de tez ambarina, de olhos negros, em brasa, que, reclinada à sombra de copadas árvores, aspira a fragrância das flôres, embalada pela música dos ninhos...

> "Pourquoi — interroga o académico e crítico Edmond Jaloux — trois littératures entre toutes, l'indienne, la grecque et l'anglaise, ont elles atteint un niveau de poésie plus élevé que les autres?
>
> La nature — responde — c'est la vie même: le secret de la poésie est, peut-être, dans cette union intime et fraternelle d'un individu et de l'universel." [174]

A literatura didáctica assumiu principalmente a forma de contos, apólogos e fábulas. As colecções mais importantes de fábulas e contos são o *Panchatantra* e o *Hitopadêxa*. Destinavam-se à educação moral dos príncipes. A sátira e a

---

(172) H. G. Rawlinson — *India in European Literature and Thought* no *Legacy of India*, pag. 33.

(173) Lüders (trad. de Nariman), pag. 236.

(174) *Les Nouvelles Littéraires*, n.º 819.

ironia mordiscam o vício, a hipocrisia e a avareza dos sacerdotes, as intrigas dos cortesãos, a infidelidade da mulher...

As colecções de fábulas e contos são em prosa, exceptuando a monumental *Catha-sarit-sagara* do poeta cachemiri Somadeva, do século XI, que se compõe de 22 mil estrofes, todas tiveram por fonte as *Jatacas* (contos budistas).

A íntima relação da fala de Mofina Mendes no *Auto* de *Gil Vicente* com o apólogo indiático incluido no *Panchatantra* foi pela primeira vez indicada em 1891 por Guilherme de Vasconcelos Abreu no seu *Sumário das investigações em sanscritologia* desde 1888 até 1891, pag. 41 a 47, e desenvolvida pelo académico Esteves Pereira no seu interessante opúsculo *A Mofina Mendes de Gil Vicente.*

As fábulas e os contos indianos entraram no *folk-lore* europeu, no *Gesta Romanorum*, no *Decameron*, no *Canterbury Tales* de Chaucer, nas *Fábulas* de La Fontaine, na colectânea de contos de Grimm e Anderson, e nas novelas de Kipling, avultando a história de Barlaam e S. Josaphat que é a história de Budha tal qual é narrada no *Lalita Vistara* e o conto da *libra de carne* que Shakespeare inseriu no *Mercador de Veneza.* E S. Josaphat tem as honras do altar na catedral de Palermo!

O viajante árabe Masudi (950) nota que a colecção arábica das *Mil e uma noites* encerra contos indianos. [176]

Na literatura hindu figuram também as *Xastras*, tratados de moral e de direito, atribuidos a *Manú*, *Yajnavalquia*, *Anguiras*, *Apastamba*, *Catiaiana*, *Brihaspati*, *Viassa*, *Dacxa*, *Gautama*, *Vassixta*, *Narada*, *Caxiapa*, *Baudhaiana*, etc. As mais conhecidas são: a de *Manú*, compilada provávelmente no século II, da nossa era, e de *Yajnavalquia*, composta cêrca do meado do século IV, da era vulgar em Tirhut, e a de *Narada*, escrita nos princípios do século IV.

As *Xastras* — nota o professor Macdonell na sua *História da Literatura Sânscrita* — não são códigos oficiais, como

---

(176) H. G. Rawlinson — *India in European Literature and Thought* no *Legacy of India*, pag. 25.

os europeus, mas compilações particulares dos brâmanes para uso dos brâmanes. Desempenhavam a função dos cânones no direito medieval europeu, e dos tratadistas e jurisconsultos no moderno direito internacional.

A justiça era administrada pelo soberano, mas os consultores eram brâmanes. O influxo da lei canónica e dos comentadores brâmanes sôbre o direito profano *(viavahara)* era natural e lógico.

No período épico desenvolveram-se a ciência política e a ciência jurídica. A ciência política é conhecida por *rajadharma* e *rajaxastra.* (176)

As fontes da lei são o direito natural *(dharmaxastra)*, a casuística *(viavahara)*, a tradição *(charitra)* e as ordens régias *(xasana)*. Além da lei geral eram reconhecidas as leis especiais, da localidade, da família *(kula)*, da casta *(jati)* e das classes. (177)

Os tribunais eram soberanos; ninguém podia fugir à intimação. (178) A lei estava acima do rei. (179)

Nas relações internacionais era sagrada a pessoa do embaixador *(duta)*. (180)

O impôsto não podia incidir sôbre o capital nem sôbre os meios de produção nem sôbre o mínimo da subsistência. (181) Na fixação do impôsto devia atender-se ao lucro, ao risco e ao custo da produção, e devia ser cobrado na época que conviesse ao contribuinte. (182)

Não foi só na literatura, e nas ciências especulativas que a India fulgiu. Os algarismos considerados árabes são de origem indiana como indiano é o sistema decimal introduzido pelos árabes na Europa e pelos budistas na China. Cinco

(176) *Mahâbhârata* — Santi, 31 e 58.
(177) *Mahâbhârata* — Santi, 35, 19; Gautama IX, 19-21.
(178) *Mahâbhârata* — Santi, 14, 110.
(179) Manú, VIII, 33, 6.
(180) *Ramoyana* — Sund. Kand. 52, 2.
(181) *Mahâbhârata* — Santi, 87, 19; 85, 4.
(182) *Mahâbhârata* — Santi, 37 e 38.

séculos antes de Newton, Bhaskara havia descoberto os princípios do cálculo diferencial. A Índia precedeu a Europa no conhecimento de certos teoremas de álgebra e trigonometria. O termo "*seno*" é corrução árabe do vocábulo sânscrito "*xingini*".

Ariabhata, nascido em 476 da nossa era, fundou a álgebra indiática introduzida na Europa pelos árabes. A geometria já era cultivada no período bramânico.

Nas obras astronómicas de Ariabhata, Brahmagupta e Bhascara, a queda dos corpos era atribuida à gravidade. Os físicos índios admitiam o princípio da conservação da energia e da matéria, cujas propriedades gerais conheciam.

"La dépendance par rapport à la tradition hellénique était pourtant ici moins complète, à cause de la science indienne qui avait pénétré à Bagdad dans la dernière partie du VIII siècle. De cette science nouvelle, Al-Khwarizmi, qui écrivait sous le patronage d'Al-Mamoun, put tirer parti dans ses oeuvres. Il utilisa, notamment ces deux inventions capitales: le système décimal de numération et le zero. Aussi est-ce de son nom qui les Européens du moyen âge tirèrent la désignation du nouveau système de numération: l'algorisme. C'est encore à lui qu'ils doivent leur première connaissance de l'algébra. Son traité d'algébra fut traduit par Robert de Chester em 1145, et l'on doit probablement à Adélhard de Bath la traduction de son traité d'arithmétique *Algorismi de numeris inderum*." (C. Dawson — *Les Origines de l'Europe* — trad. franc. pag. 161, cf. S. K. Das — *The Origin and development of Numerals* no *Indian Historical Qualerly*; III, 97 e seg.)

"Sur deux points seulement, la géométrie du triangle rectangle et l'atomisme physique — bien plus philosophique que physique d'ailleurs, mais touchant tout de même à une physique qui se cherche — nous avons à glaner quelques connaissances, décidément antérieures au VI siècle, (antes de Cristo) et qui semblent bien, jusqu'à plus ample informé, autochtones." ([183])

Os químicos índios seguiam a teoria atómica, conheciam

([183]) Abel Ray — *La Science Orientale avant les grecs* — Paris 1930, pag. 408.

as teorias da combustão, calor, e afinidade electiva dos corpos; descobriram os processos da distilação, calcinação, sublimação, tinturaria, metalurgia, pirotécnica, fabrico de cimento, sabão, aço, vidro e pólvora, que foi introduzida na China cêrca do século 5.º ou 6.º da era vulgar. Patanjali, o gramático do século 2.º antes do Cristo, foi o fundador da metalurgia índica. Os índios foram os primeiros a extrair o oiro; quinze séculos antes de Cristo conheciam as pedras preciosas; dois séculos antes de Paracelso descobriram o zinco; fizeram grandes progressos na botânica, zoologia e veterinária. Xalihotra é o criador da ciência dos cavalos, e Palakapia da ciência dos elefantes. São interessantes os estudos sôbre a etologia das serpentes. Ladiaiana é grande autoridade na entomologia e na herpetologia. São duma notável precisão os estudos ornitológicos de Dalvana.

No *Rig-vêda* invoca-se Rudra como o deus da medicina. Há referências a contravenenos e ao tratamento das mordeduras da cobra e do escorpião ([184]) e aos três humores: ar (*vata*), bilis (*pita*) e fleugma (*cafa*). ([185])

No *Atharva-vêda* desenvolve-se a medicina hindú. A medicina do *Atharva-vêda* era essencialmente mística, atribuia as doenças aos espíritos, e pretendia curá-las por meio de fórmulas, e processos de magia.

Sucedia o mesmo na Grécia.

> "Il n'est pas besoin de dire qu'à une semblable époque, en dépit des grands médecins du temps, la superstition était puissante. Passer la nuit, après le sacrifice célébré pour obtenir la guérison, sur la peau de l'animal abattu, était peut-être un moins bon remède que se fortifier le corps à la palestre et se tremper dans l'air pur du stade." ([186])
>
> "Il a fallu bien du temps, du moins, pour que la science médi-

---

([184]) *Rig vêda*, X, 97, 22; 1, 191, 10-16.

([185]) *Rig-vêda*, I, 34, 6.

([186]) Quennell — *La Vie des Grecs* —trad. francesa —Paris —1937 — pag. 207.

cale se dégageât de la magie religieuse, comme l'astronomie de l'astrologie, la chimie de l'alchimie. C'est après la grande peste d'Athènes, dans les dernières décades du Vᵉ siècle que dieu Asclépios, éclipsant le *héros-médicin*, pour monopoliser les pratiques des dieux "secourables", s'était installé au pied de l'Acropole, d'abord à l'Ouest dans la maison de Sophocle, puis au Sud, à l'ombre du mur de Cimon, sous la caution d'Éleusis. Zeus, disait-on, l'avait jadis foudroyé pour avoir su ressuciter les morts. Quelle recommandation profissionnelle! Dans les cas graves, on l'invoquait çà et là, ses succursales du Pirée, d'Egine, ou à Epidaure, et jusqu'à Cos même; on sollicitait chez soi les offices de ses prètres-médecins. L'impitoyable raillerie d'Aristophane a dénoncé déjà certains de leurs procédés. Néanmoins ils obtenaient des résultats, pratiquant avec succès l'imposition des mains, par exemple. La longue suite des guérisons, dont le récit, souvent bizarre, a été consigné sur les stèles retrouvés auprès du temple d'Asclépios, à Épidaure, montre assez le prestige acquis par ces cures, où le "merveilleux" intervenait, parait-il, déjà, par ordre du ciel. La langue impie de l'esclave Carion, interprète des sceptiques, ne fut pas, certes, la plus forte contre une si populaire et si profitable industrie. On remerciait selon sa fortune, avec une stèle, un tableau peint, et quelque victime animale." (187)

A mais antiga literatura budista narra as maravilhosas operações cirúrgicas de Jivaca. Passos de *Mahavagga* e de *Majjhima-Nicaia* que ascendem ao século III, antes de Cristo, aludem à cirurgia. As inscrições de Axôca (século III antes de Cristo) referem-se à cultura das plantas medicinais e aos hospitais para homens e animais.

Diz Arriano que os médicos gregos que acompanharam Alexandre Magno não conheciam remédio para a mordedura da cobra que os índios curavam, a ponto de Alexandre determinar que as vítimas da mordedura fôssem recolhidas no pavilhão real para serem socorridas pelos médicos índios. (188)

A *Aiurvêda* (ciência da vida) abrange: a medicina

---

(187) Charles Picard — *La Vie Privée dans la Grèce Classique*. pag. 75.
(188) *Arrian's Indian History*, vol. II, cap. 15.

(kaiatantra), a cirurgia e a obstetricia *(xaliatra)*, o tratamento dos olhos, ouvido, nariz e garganta *(xalaquiatantra)*, a psicoterapia *(bhutavidia)*, a pediatria *(kaumarabhritia)*, a toxicologia (*agadatantra*), a longevidade (*rasvianatantra*) e o rejuvenescimento sexual (*vajicaranatantra*), de modo que os índios já tinham abordado os problemas, cuja solução preocupou os sábios europeus como Brown-Sequard, Metchnicoff e Voronoff.

O mais antigo tratado da medicina hindu, cuja data pôde ser fixada, é o *Bower Ms* descoberto em 1890 no Turquestão Chinês. É do 4.º século da nossa era e foi traduzido para inglês e publicado por A. F. R. Hoernle no *Archeological Survey of India*, vol. XXII (Calcutta, 1893-1912).

As mais antigas obras de medicina que teem sido conservadas, são as de Charaka e Susruta que no século IV da era vulgar eram consideradas obras clássicas e segundo Fehrista foram vertidas para o árabe, cêrca de 800 por ordem do Kalifa de Bagdad e são muito citadas por Avicena e por outros médicos árabes.

> "There is nothing in Indian medical texts which might suggest Greek influence. There are some general resemblances to Hippocratic medicine, but the whole materia medica is Indian and there is no reference to Greek medicine and no proof of borrowing from Greece." (189)

Chegaram até nós os seguintes tratados de medicina hindu: *Characa Samhitá* que é anterior a Budha e já se referia ao sistema circulatório, séculos antes da descoberta de Harvey; *Suchruta Samhitá* atribuida ao célebre filósofo budista Nagarjuna (século VIII ou IX da nossa era) que se ocupa da medicina operatória: amputação, laparatomia, litotomia e trepanação, já alude aos preparados mercuriais que Paracelso introduziu na Europa no século XVI, à auscultação nas doenças pulmonares e à dissecção para o progresso da cirurgia; *Astanga-radaiasamitá* de Vagbhata, quási contemporâneo de

(189) W. E. Clark — *Science* no *Legacy of India*, pag. 353.

Susruta, que descreve instrumentos cirúrgicos, como o forceps, o espéculo; o *Nidana* de Madhava (século IX), que atribui as doenças da pele aos micróbios e a transmissão das doenças ao ar e à água.

Characa é citado nas obras de Avicena (Ibn Sina), Rhazes (Al-Razi) e Serapion (Ibn Serafyun).

A autoridade do médico árabe Al-Razi, que morreu em 982, da era vulgar, era, ainda no século 17, invocada pela medicina europeia. (190)

Alberuni, célebre geógrafo árabe do século X, esteve 40 anos na India a estudar botânica e química. Foram traduzidas para o árabe e difundidas pela Europa as seguintes obras índicas:

Tratado de venenos por Chanaquia, comentado por Manca, Ibn Hatim, Balkhi e Abbas.

Tratado de medicina, hipnotismo e astronomia por Kankiraia.

Tratado de medicina por Characa, comentado por Abdula.

Tratado de matéria médica por *pandit* Manca.

Tratado de venenos das serpentes por *pandit* Rai.

Tratado de medicina por Susruta.

Tratado de farmacologia por *pandit* Itri.

Emquanto a Europa só no século 4.º, da nossa era, começou a ter hospitais, a Índia já os tinha no século 3.º antes de Cristo. É completa a osteologia de Characa. Os cirurgiões índios já empregavam o borato de sódio com que se prepara o ácido bórico, usavam cêrca de 127 instrumentos, como a lanceta, o forceps, a serra, o cateter.

A teoria patológica de *vaiu*, *pitta* e *kafa*, mal interpretada foi uma grande descoberta. É aparente a sua analogia com a teoria humoral dos gregos. *Vaiu* não é vento, mas a função do sistema nervoso, central e simpático; *pitta* não quer dizer bilis, mas a função do metabolismo e termogenése abran-

---

(190) Dr. Royle — *Essay on the Antiquity of Hindu Medicine.*

gendo o processo da digestão, coloração do sangue e formação de secreções e excreções; *kafa* não significa fleuma, mas a produção de humores: muco, sinóvia, etc.

Na farmacologia eram conhecidas as propriedades terapêuticas do alcool, da manteiga, de óleos e xaropes, dos preparados mercuriais e minerais, do ruibarbo, ópio, etc.

A medicina desenvolveu-se nas Universidades e nos Hospitais anexos aos conventos budistas de Pataliputra, Taxila, Sarnat, Nalanda, Vicranisila e Udantapura e declinou no período neo-bramânico, como conseqüência da reacção contra o budismo. ([191])

O ensino — As epopeias permitem reconstituir o sistema da educação dos príncipes e da classe militar. Além dos Vêdas aprendiam a arte militar *(dhanurvêda)*, a equitação, a música, as belas artes, a ginástica, a esgrima, a natação, a história, a biografia dos herois, a literatura *(gatha)*, a eloquência (*vani*) e a ciência política (*nitixastra*). ([192])

O viajante chinês Hiuen-Tsang que esteve na India no século VII admirou o sistema de ensino adoptado nessa época. O ensino secundário constava das seguintes disciplinas: gramática, artes e ofícios, medicina, lógica e filosofia. O ensino superior era professado nos conventos budistas e nos colégios bramânicos. Eram famosas as universidades de Taxila, Ujjain, Nalanda e Benares. Distinguia-se a primeira pela escola de medicina, a segunda pela de astronomia, a terceira pelo ensino da teologia *mahaiana*, e a quarta pelo curso da teologia bramânica.

O chinês *I-Tsing*, que também esteve na Índia no século VII, completa as informações do *Hiuen-Tsang:*

Na idade de 6 anos entrava a criança para a escola

([191]) N. R. Dhar — *India's Contribution to Chemical Knowledge*, a pag. 445 do vol. III, de *Cultural Heritage of India*; M. K. G. Sen — *The Spirit and Culture of Aiurveda* a pag. 413 do vol. III, do *Cultural Heritage of India.*

([192]) *Ramayana* I, 80, 27; R. Mookerji — *Hindu Educational Sytems* a pag. 230 do vol. III da *Cultural Heritage of India.*

primária: o primeiro livro de leitura era o *Siddhirastu*. O segundo a *Sutra* do célebre gramático Panini, o terceiro era o tratado de verbos (*Dhatu*) e afinal o *Kasikavritti*, comentário da *Sutra* de Panini por Jaiaditia.

Ao estudo da gramática (*sabdavidia*) seguia o da lógica (*hetuvidia*), metafísica (*adhyatmavidia*) e medicina (*chiquitsa-vidia*).

O ensino superior era ministrado nas faculdades de letras (*viacarana*) onde eram adoptados os tratados de filologia de Patanjali (*Churni*) e Bhartrihari (*Bhartriari-Xastra, Vaquiapadiya* e *Peina*) e nas faculdades de teologia bramânica e budista, onde se comentavam o *Vinaia-Pitaca*, as *Sutras*, as *Xastras* e a *Budhacharita Kavia* de Asvagocha.

Os conventos de Nalanda e Valabhi, e as côrtes dos reis eram os principais centros da alta cultura.

Entre os sábios da época destacam-se: Jnanachandra, Ratnasimha, Divacaramitra, Tathagatagarbha, e Rahulamitra.([193])

O nosso território de Gôa não deixou de participar do movimento intelectual da Índia. A tradição guarda os nomes dos célebres professores (*xastris*) Mahesvôr Boto Sunctancar (1719-1817) e Rogunata Boto Sunctancar que em Marcela (Pondá) ensinaram gramática, retórica, lógica, astrologia, astronomia, medicina, teologia e direito

A expansão do hinduismo — Como e quando é que o neo-bramanismo se propagou?

Duma maneira geral, podemos caracterizar os 5 séculos, anteriores a Cristo pela decadência do bramanismo e pela expansão do budismo desde os Himalaias até Ceilão, sob a protecção de Axôca e das dinastias indo-gregas e cuscitas.

Nos 3 séculos posteriores a Cristo, sob as dinastias indo-scitas, o bramanismo e as religiões heterodoxas, como o budismo e o jainismo, viviam lado a lado, num perfeito equi-

---

([193]) R. Mookerji — *Hindu Educational Systems* a pag. 245 do vol. III do *Cultural Heritage of India*.

líbrio e harmonia no mútuo respeito e tolerância, aplainando o caminho para a fusão e unificação das crenças que o neo-bramanismo efectivou.

Do século IV ao X, desenvolveu-se o neo-bramanismo, sob o patronato do grande Vicramaditia, da dinastia imperial dos *Guptas*, e dos rajputs, príncipes indígenas ou indo-scitas, hunos ou gurjaras agraciados pelo neo-bramanismo com o título de "*kchátrya*", pela protecção dispensada ao novo credo.

Cêrca de 230 da era vulgar desmembrou-se o império cuscita. Uma dinastia scita dominou no Sindh e em Guzerate até os fins do século IV. No meado do século II, o *saka* (scita) Rudradaman conquistou o Kathiawar, Guzerate e Concão ao seu sôgro o rei andhra, Pulumaio 2.º e Ujjain (*Ozenê* de Ptolomeu) em Gwalior passou a ser a capital dos scitas, também conhecidos por *kchatrapas* que abraçaram o hinduismo e cultivaram o sânscrito.

Rudradaman ufana-se de compôr em prosa e em verso obras que satisfazem às exigências da retórica.

> "C'est au temps des Kshatrapas et à la cour des Kshatrapas que se seraient constitués le vocabulaire et les premiers modèles du drame sanscrit et des genres apparentés autrement dit de la littérature sanscrit proprement littéraire." [194]

Os andhras, pelo contrário, protegeram a literatura *maharaxtri*, forma arcaica do *marathi.*

> " Les Çâtakarnis (andhras) sont, au contraire, les patrons traditionels de la littérature prâcrite: Hala ou Çatavahna, un des rois de la dynastie, passe pour avoir compilé l'anthologie galante, em sept centuries qui nous a conservé les restes charmants de l'antique poésie maharastri." [195]

---

(194) Sylvain Lévi—*Inscriptions des Kshatrapas* no *Journal Asiatique* — 1902, 1, pag. 95.

(195) La Vallée Poussin — *L'Inde aux temps des Mauryas*, pag. 219.

Os andhras que eram budistas converteram-se ao hinduismo.

O império *andhra* que se formou no Decão após a morte de Axôca ruiu no século 3.º da nossa era. O Decão converteu-se em arena de combate entre os *palavas* (partos) e os *ratas* (ascendentes dos maratas).

No século 4.º forma-se o império dos *Guptas*. O budismo cede o passo ao hinduismo. A 26 de Fevereiro de 320 inicia-se a era *Gupta*. Pataliputra (Patna), Ayodhyá (Oudh), Kançambi e Ujjain foram sucessivamente as capitais dos Guptas cujos domínios se estendiam do Golfo da Arábia ao Golfo de Bengala.

Nos fins do século 4.º o Concão foi incorporado no império de Chandragupta 2.º, sucessor de Samudragupta, que derrotou o scita Rudrasinha que dominava desde Kathiawar até o Concão. É provável que Chandragupta 2.º seja o lendário Vicramaditia e que o seu reinado coïncida com a época mais brilhante da literatura sânscrita e com o desenvolvimento do hinduismo. Ujjain, a capital dos scitas, passou a ser séde do govêrno dos Guptas e aí cêrca de 400 (da era vulgar) se representavam peças de teatro do grande Calidassa, autor de Xacuntalá.

Nas suas peças Calidassa põe na bôca das mulheres que entram em cena, versos em *maharaxtri*, o que prova que a maharaxtri era a língua vernácula do império dos Guptas, pois que o *sânscrito* era uma língua erudita, cultivada pela intelectualidade, como o latim na Europa medieval, e no teatro indiano, o povo e as mulheres falam o vernáculo e só personagens importantes, como os príncipes e os brâmanes se exprimem em sânscrito.

A conversão dos *andhras* ao budismo e ao neo-bramanismo e a cultura de *maharaxtri*, língua ariana, na côrte dos *andhras*, e a sua vulgarização nos impérios dos scitas e dos Guptas são a prova eloquentíssima da arianização política e social de Maharaxtra.

A dominação dos scitas e dos partos por alguns séculos no Decão influiu evidentemente na modificação do tipo étnico dos povos de Maharaxtra. O casamento do rei scita Rudraduman com a filha do rei *andhra* Pulumaio 2.º vem demonstrar a fusão dos scitas com os drávidas. A conversão dos scitas ao budismo e ao neo-bramanismo vem demonstrar a arianização social dos scitas.

O império dos Guptas caiu no século 6.º, enfraquecido pelas lutas com os *hunos* que desceram da Asia Central.

> "Quoi qu'il en soit, la " Paix Gupta " fut un beau moment de l'histoire philosophique, littéraire et artistique : de belles monnaies (influence occidentale); des monuments d'une grande valeur artistique, sculpture, peinture ; le progrès de l'astronomie (influence occidentale) deux grands nomes du bouddhisme, Vasubandhu et Asanga ; le plus grand nom de la littérature classique Kalidassa." [196]

O período *gupta* é comparável aos períodos de Pericles, Augusto e Luis XIV da história da Europa.

Harcha foi o último imperador hindu da Índia do Norte. Filho do rei de Thanesar, subiu ao trono de Thanesar e de Kanauj vago pela morte do seu cunhado em 606 que marca o início da era do seu nome. Durante 6 anos combateu os reis vizinhos e formou um vasto império que se estendia de Assam aos confins de Afeganistão e do Himalaia ao rio Narbada. Escolheu para capital Kanauj — cidade banhada pelo Ganges.

Á sua glória militar associa-se o cultivo das letras. Poeta lírico e dramático, deixou-nos, além dos hinos budistas, e de comédias heróicas, o célebre drama "*Nagananda*" e um tratado de gramática. Na sua côrte brilharam o seu biógrafo Bana e Subandhu, autor de *Vassadata*, romance de aventuras.

Em matéria de religião Harcha era ecléctico; adorava o Sol, Xivá e Budha; êle e o seu irmão Radjiacri, budista erudito compraziam-se em tomar parte nos debates teológicos entre sábios de várias seitas religiosas. Hiuen-Tsang, viajante chinês,

---

[196] La Vallée Poussin — *Dynasties et Histoire de l'Inde depuis Kanishka*, pag. 32.

assistiu em 643 em Kanauj, a um dêsses debates numa sala em que se viam 4 mil monges budistas e 3 mil jainas ou brâmanes!

Em consequência da queda do império de Harcha passou a India do Norte a ser dominada pelos *rajputs.*

No meado do século 6.º surge no Decão a dinastia *rajput* das chaluquias.

Qual é a origem dos *rajputs*?

Os scitas—escreve o professor Aiyangar—fundiram-se com os nativos e formaram uma nova raça que se converteu ao neo-bramanismo. (197)

Os chefes indo-scitas, hunos, e gurjaras, os descendentes das antigas casas reinantes, e os chefes aborigines arianizados que se distinguiram pelo valor militar e pela ortodoxia e zêlo religioso, passaram a constituir a classe dos *rajputs* que por meio de fantasiosas lendas foram agraciados com o título de *cxátrias* pelos neo-brâmanes. (198)

É que os rajputs favoreceram a propaganda do neo-bramanismo.

Daí a lenda da criação de novos kchátrias no Monte Abu, para garantirem a ordem perturbada, após o extermínio dos antigos kchátrias por Paraxurama!

James Tod no seu monumental *Annals and Antiquities of Rajastan* reconstitui o regime feudal dos *rajputs.* Os chefes locais inferiores estavam presos aos superiores pelos laços de vassalagem, pela obrigação do serviço militar e de tributos em troca da protecção.

A *élite* dos chefes feudais formava o Conselho d'Estado e a côrte do rei, a quem acompanhavam, nas guerras, nas festas, nas caçadas.

Os chefes pagavam ao suzerano na ocasião da aclamação o *nazar* e na sucessão ou renovação das mercês o *kaid.*

O soberano era assistido de 3 ministros do Estado pre-

---

(197) Aiyangar—*A History of India*, pag. 108.

(198) V. A. Smith—*Early History of India*, 4.ª edição, pag. 427.

sididos pelo *Pradhan*: o secretário do interior e do exterior (*sahai*), o ministro da guerra (*bakchi*) e o ministro das finanças (*suratnama*), debaixo dos quais serviam os *karkuns*, chefes dos serviços e *faujdars*, chefes militares.

O território dividia-se em distritos (*chouraxi*) cujos chefes exerciam funções militares, judiciais e administrativas. Nos postos da fronteira (*thana*) a justiça era administrada por magistrados especiais. Os *tanadares* convocavam os tribunais locais (*panchaiats*) compostos de membros eleitos pelas aldeias.

Os rajputs realizam o tipo heróico e cavalheiresco da nobreza militar, dos barões feudais da Europa medieval.

" These invaders carved out kingdoms for themselves and eventualy settled down in the country, taking hindu wives the ruling classes had no difficulty in persuading obsequious Brahmins to admit them into the Hindu fold, and to provide them with genealogies going back to heroic times, very much as Virgil and Livy traced the ancestry of the founders of the Roman Empire back to the heroes of the Trojan War. Confirmation for the theory of the foreign origin of many of these clans is found in the Puranic legend about the creation of the Agnikula or Fire-born Rājpūts. When Parasurāma, "Rama with the axe", had, at the behest of the Brahmins, destroyed the ancient Kshatriyas, the land was left masterless, whereupon the gods repaired to Mount Abu in Southern Rājputāna and therefrom the sacred firepit produced the four "fire-born" clans, the Powar, the Parihār, the Chauhān and the Solanki. There is little doubt that here we have an allegorical account of the rite by which the foreign chieftains were initiated into Hinduism. It is interesting to note that the destruction of the original Kshatrya caste is admitted. Other Rājpūts clans, such as the Chandel, appear to have originated in indigenous tribes like the Gonds, who rose to power and were similarly ennobled and admitted into Hindu fold.

But of their foreign origin the Rājpūts quickly lost all recollections. They regarded themselves as coming of the bluest blood in the country, and quickly developed into a haughty and exclusive aristocracy, intensely jealous of its privileges. Kings assumed a semi-divine status, and were surrounded by hosts of retainers.

They patronised learning, and their courts were filled with Brahmin scholars, poet and dramatists. Commerce flourished, and the land waxed rich. Magnificent temples, fortified cities and palaces were erected and their treasuries filled with untold wealth. A feature of court life was the bard, the Bhāt or Chāran, who recited the heroic deeds of the Rājpūt noble's ancestors. The bard was an important and favoured person, for not only was he the repository of the unwritten history of the clan, but he was the undisputed authority on all genealogical matters. He was the registrar of the family's births, deaths and marriages, and his verdict was final in settling disputes about the division of ancestral property or of caste and consanguinity in the case of wedlock. The bard's person was sacrosant — he acted as herald in war, and as a pledge for the fulfilment of contracts. If these were broken, the bard would commit *trāgā* (religious suicide) and bring the most terrible of curses upon the head of the offender. The Rājpūt's ruling passion, and indeed his only congenial occupation, was war. The boy, on reaching puberty, was initiated into knighthood, as in medieval Europe, by the ceremony of *karg bandai*, or binding of the sword. He was brought up on stories of the epics of old. His pattern was Rāma, the prince of Hindu heroes. He was taught to respect women, spare the fallen and those who asked for quarter, and never strike a foul blow. A suppliant who had taken sanctuary by his hearth was sacred. The old ballads abound in stories illustrating the almost quixotic chivalry of the Rājpūt. When not fighting, he spent his time hunting and hawking, or in feats of arms ; during his leisure hours he was entertained by his bards and dancing girls, or sat drinking opium-water *(kusumba)* with his retainers...

The Rājpūt has been compared to the Scottish Highlander. His loyalty to his chieftain and clan was intense, and being too proud and indolent to undertake menial work, he spent his time in quarrelling with his neighbour and raiding his territory. Haughty and punctilious, he seized upon the most trivial slight as an offence to be wiped out in blood: on one occasion, a sanguinary campaign was fought because a rājā, when out hawking, had picked up a partridge which had fallen over his neighbour's boundary. The ballads give a vivid picture of the warrior passing the night before the battle, listening to recitations from the *Mahâbhârata*, longing for the morning as a lonely wife longs for her husband, and asking "When will the night pass away: when will the morning come: the time of battle ?" The younger sons of the family frequently wandered to foreign courts in search of adventure, offering their swords and often carving out fresh principalities for themselves. Women enjoyed great freedom. The Rājputinī exercised the ancient Kshatriya right of Maiden's Choice; she accompanied her husband in the hunting field and even to the war, and at his death in battle, proudly mounted the pyre by his side. The bardic literature resounds with the praises of these heroines. When the Muhammadans invaded the land, the women in a besieged town committed the horrid rite of *jāuhar* or mass suicide in order to escape defilement, worse than death, at the hands of the unclean barbarian ... " (199)

As côrtes *rajputs* foram grandes centros literários. Em Kanauj cêrca de 900 Raja-Shekhara compôs em *pracrit* o drama *Karpura manjari*; em Bengala, em 1200 Jaideva escreveu o célebre drama lírico *Guita Govinda* (amores de Krichna e de Radha); em Cachemir, Kalhana publicou a crónica *Rajatara-angini*, a única no género e Somadeva a famosa colectânea de contos *Katha Sarit Sagara*.

Referindo-se à educação feminina da mulher rajput escreve Rawlinson:

"Of social conditions, we obtain a clear picture from contemporary literature and also from the great work of al-Biruni, the learned Muslim scholar referred to above Women were well educated and took an active part in public life. Girls could read and write and understand Sanskrit, they learned to play, dance and paint portraits." (200)

Vatapi, o moderno Badami, no distrito de Bijapur, era a capital dos *chaluquias*.

Entre os soberanos *chaluquias*, avulta a figura de Pulaquessim 2.º (608-642) que repeliu a invasão do grande imperador Harcha e derrotou os *cadambas* de Banavasi

(199) H. G. Rawlinson — *India* — London — 1937 — pag. 200.
(200) H. G. Rawlinson — *India*, pag. 214.

(Dharwar) que mais tarde dominaram em Goa. Em 625 Khusru, rei da Pérsia, enviou um embaixador para a sua côrte. Os seus domínios dilataram-se ao Norte até Guzerate e Malwa e ao Sul até o rio Palar (Mysore). Os frescos de Ajanta (Haiderabad) mostram o desenvolvimento que a arte da pintura havia atingido no século 7.º, no reinado de Pulaquessim 2.º. O viajante chinês, Hiuen-Thsang que visitou a India, cêrca de 639 esteve na côrte dos *chaluquias* e rendendo as suas homenagens de admiração ao grande Pulaquessim 2.º escreveu:

"É da raça dos *cxátrias*. Chama-se Pulaquessim. As suas idéas são alevantadas e o seu espírito altruista. Os seus súbditos servem-no com dedicação".

Referindo-se ao povo de *Mahraxtra* acrescentou:

"Os costumes são simples e honestos. O nativos são de estatura elevada, altivos e de carácter rígido. Nunca se esquecem dos favores recebidos, mas não perdoam os agravos, de que se vingam mesmo arriscando a vida".

O emblema dos chalúquias era o javali, símbolo de Vixnú.

As lutas entre os *partos* e os *chaluquias* enfraqueceram uns e outros. O império *chaluquia* desmoronou-se e a suzerania do Decão passou no século 8.º aos *raxtracutas*, um ramo dos *ratas* (ascendentes dos maratas). O *raxtracuta* Crisna 1.º ergueu o célebre templo de Kailasa em Elora (Haiderabad) que é uma das maravilhas arquitectónicas, o mais sumptuoso templo talhado em rocha dedicado a Xivá. O império raxtracuta estendia-se ao Norte até Malwa (India do Norte) e ao Sul até ao rio Cavery (India meridional) Amogavarcha transferiu de *Nasic* (Presidência de Bombaim) para *Malked* (Haiderabad) a capital do império. O imperador Caca 2.º foi destronado pèlo *chaluquia* Tailapa 1.º que, em 973, fundou a dinastia dos *chaluquias* de *Kalian* (Hyderabad).

Entre os *chaluquias* de *Kalian*, destaca-se Vicramaditia 2.º que subiu ao trono em 1076, fez tributário o *cadamba* Jaiaquessi, rei de Goa, e protegeu o poeta cachemiri Bilhana, que fez o seu elogio histórico, e o grande jurista *Yajnavalquia*, autor de *Mitacchara*, cuja autoridade é ainda hoje acatada pelos tribunais ingleses, sobretudo em Maharaxtra. O rei Somesvara 3.º escreveu um tratado da educação dos príncipes, intitulado *Abhilashitarta Chintamini*, revelando vastos conhecimentos de astronomia, poética, pintura, arquitectura, retórica e medicina.

Em 1190 desabou o império *chaluquia* de Kalian. Os *Yadavas* de Deoguiri, moderno Daulatabad (Haiderabad) nobres vassalos dos *chaluquias* passaram a dominar no Decão ocidental. O império dos *Yadavas* que abrangia o nosso território de Goa caiu aos golpes dos muçulmanos.

A India meridional, a que fica ao Sul dos rios Kistna e Tungabadra, foi a séde da antiquíssima civilização dos drávidas, cuja história, em grande parte, não está desvendada.

Como muito bem notou Bhandarkar "no extremo Sul da península indiana e na costa oriental (Madrasta) os indo-árias embora aí tivessem penetrado e propagado a sua civilização, não conseguiram encorporar na sua sociedade os indígenas e exterminar a língua e a civilização dêstes, as quais tiveram de aprender e adoptar em parte. Assim, o canarês, o telegu, o tamil e outras línguas que se falam na India meridional, não são sanscritoides, mas pertencem a outra família; a arte do Sul é diferente da do Norte. Se a invasão ariana não deu no Sul da India os mesmos resultados que no Norte, é porque os indo-árias encontraram no Sul comunidades e reinos bem organizados."

Cêrca do século 8.º antes de Cristo, mercadores drávidas da India meridional importaram o alfabeto da Mesopotâmia.

Conjectura-se que mil anos antes de Cristo, no reinado de Salomão, a India do Sul mantinha relações comerciais com a Palestina e com a Babilónia.

No século 1.º da nossa era, o escritor Plinio queixava-se de que o luxo dos romanos drenava milhares de libras para a India meridional. Nos primeiros séculos da nossa era a literatura tamil enriqueceu-se com o célebre poema *Kural* de Tiruvaluvar, poeta e tecelão de Meliapur, com as epopeias

Silapadicaram e *Manimecalai*, com as colecções de hinos religiosos: *Tiravasagam*, *Tivaram* e *Tiruvaimali*.

Artistas drávidas ergueram os grandiosos templos de Tanjor e Maduré.

Megastenes, embaixador de Seleuco, rei da Síria, junto da côrte de Chandragupta, rei de Magada e imperador da India do Norte (4 séculos antes de Cristo) e as inscrições de Axôca (3 séculos antes de Cristo) fazem menção das três grandes potências da India do Sul: *cheras*, *cholas* e *pandias*.

Convém notar, antes de mais, um facto importantíssimo que explica como é que as línguas arianas que se espalharam em Maharaxtra e no Concão não se difundiram na India meridional.

Ao passo que os *andhras* e os *ratas* que dominaram no Decão e no Concão, adoptaram o *maharaxtri*, língua ariana, derivada do *magadi*, e aceitaram o jugo de Axôca, rei de Magada, imperador da India do Norte (*Ariavarta*) e representante da civilização ariana, os *cheras*, os *cholas* e os *pandias* não só estiveram fóra da *esfera de influência* de Axôca, mas ainda conservaram as línguas dravídicas afirmando a vitalidade e a pujança da civilização dravídica.

É que a difusão de uma língua obedece a factores sociais e políticos, e nem sempre é consequência, como se supôs por muito tempo, da propagação de uma raça. Os turcos que não são arianos, espalharam na India do Norte o *hindustani*, língua ariana.

" C'est en *tamil* également que fleurit la littérature sapientiale des aphorismes sur les quatre fins de la vie humaine: Dharma (religion et vertu), Kama (amour sexuel), Artha (activité publique), Mokcha (salut). Le plus connu de ces recueils gnomiques est le Koural, composé avant l'an 800 par le tisserand Tirouvallouvar, et résumant en treize cent trente sentences de deux vers chacune les principes d'une morale générale recommandée à tous les hommes et d'une philosophie pratique applicable à toute existence. Il y eut postérieurement au Koural une nouvelle collection du même genre, laissée par Naladiyar.

La littérature tamile possède — outre le poème épique dont

devait l'enrichir le jésuite Beschi, chef-d'oeuvre devenu classique dont—on reparlera—une autre épopée de réelle importance et faite d'éléments authentiques hindous: le "Joyau divinatoire" (Tchintamani). Elle a comme héros un aventurier, mais cet aventurier est un génie à sa façon; au terme de ces aventures, dont chacune s'achève par un mariage, il se retire avec ses neuf femmes dans la solitude des forêts pour y faire pénitence. De l'auteur inconnu, que Beschi appelle "le prince des poètes tamils", on sait uniquement qu'il vécut au plus tard dans le cours du XVIe siècle. Son "Joyau" reflète comme un miroir la vie de cette époque." ([201])

" La littérature tamoule du moyen âge (Alvārs, etc.) est importante pour les " religions de dévotion " (visnuïsme et çivaïsme), la littérature tamoule de haute époque est importante pour la civilisation et l'histoire des vieux royaumes du Midi, Pāndyas, etc. Malheureusement, la chronologie des " Académies " et des poèmes qui en relèvent, est incertaine.

On distingue: 1. les plus anciens ouvrages, le Tolkāppiyam (grammaire, préchrétien?, III-IVe siècle préchrétien d'après Dikshitar, *Studies*, 13, ??) et le Kural; 2. la littérature de la troisième " académie " de Madurā, dont certaines pièces peuvent être antérieures au Kural; 3. les classiques; les oeuvres des saints çivaïtes et visnuïtes.

1. Le Kural de Tiruvalluvar est connu et apprécié en Occident depuis les versions de G. de Du Mast, *Maximes des Courals de Tirout-Vallouvar, ou la morale des Parias*, et de G. U. Pope, *The sacred Kurral of Tiruvalluva-Nayanar*, Londres 1886,— Tiru est le tamoul pour *çrī*; les Valluvar sont les *pūjāris* ou prêtres des Parias (Barth).— On admet souvent la date 100 de notre ère; d'après Barnett, IIe - IIIe siècle au plus tôt...

2. Il y eut trois " académies " de Madurā. Ont été conservées des oeuvres de la troisième, les anthologies Puranānuru, Ahanānuru, Venbāmālai, etc. (Analyses de G. U. Pope, *JRAS.* 1889, 225), corbeilles qui contiennent des pièces anciennes, matière épique ou lyrique. L'opinion de V. Smith est optimiste: IIe - IIIe siècle. Mais les avis diffèrent: " The last pronouncement on the subject is that it must have come into existence some time after the 5th. century"...

([201]) Padre Väth, S. J.—*Histoire de l'Inde et de sa culture*—pag. 237.

"Le Purananuru et plusieurs autres pièces sont certainement antérieurs aux classiques: on peut croire que ces poèmes, d'aspect *genuine*, sont authentiques, mais de bons juges pensent qu'ils ne peuvent être de beaucoup antérieurs au VIe - VIIe ...

3. Il y a trois "classiques", Çilappadikāram (oeuvre d'un moine jaïna), Manimekhalai (nettement bouddophile) (le premier étant la préface du seconde), Jīvagacintāmani (où éclate l'hostilité jaïna-çaïva contre le bouddhisme)...

4. Nāyanmars. et Alvārsa. Quatre Nāyanmars, saints civaïtes — et, plus tard (1100), soixante-trois saints — dont les oeuvres sont réunies dans le Tirumurai ("Saintes paroles") qui contient plusieurs recueils, le Tevāra (Devāram, *circa* 1025), le Tiruvācagam, etc.

Le premier saint est Tirujnnāasambandhar dont les discussions avec les philosophes bouddhistes ont un caractère vraisemblable, dont le rôle dans l'empalement des jaïnas est plus douteux (ci-dessus 254). — Milieu VIIe siècle (?) — "On peut dire qu'il n'y a pas un temple çivaïte du pays tamoul où sa statue ne soit pas l'object d'un culte quotidien" (P. S. Pillai).

Mānikkavāsagar (Tiruvādavūradigal) du IXe siècle, bien connu par les traductions de G. U. Pope (...*Sacred utterances of the Tamil Poet, Saint and Sage Mānikka-vacakar*, Oxford, 1900). L'auteur explique "la merveille de la grâce divine opérant en lui, sa conversion, sa joie exaltée, ses défaillances, sa honte, le triomphe final. Ces poèmes ont eu sur la vie religieuse des Tamouls l'influence que les Psaumes ont exercée en Occident...

5. Douze Alvārs saints visnuites, depois le VIe siècle (?), dont les oeuvres remplissent les parties archaiques du Nālayradivyaprabandham (collection de Nāthamuni, *circa* 1000-1050) — Ce sont des prédécesseurs de Rāmānuja (ci-dessous 324). "Leur religion était surtout une émotion passionée. Leur joie était de fixer les yeux divins des idoles et d'épancher leurs sentiments en musique et en lyrisme... Ils ne faisaient pas de distinction entre les castes. Une vierge, Andal, rêve à son mariage avec Visnu à la façon de l'imagination catholique du moyen âge..." ([202])

([202]) La Vallée Poussin — *Dynasties et Histoire de l'Inde depuis Kanishka jusqu'aux invasions musulmanes* — Paris, 1935, pag. 316.

O reino dos *cheras* compreendia o actual distrito britânico de Malabar e os Estados nativos de Cochim e Travancor, onde encontramos vestígios das instituições primitivas, como a poliandria e o matriarcado, e comunidades cristãs nestorianas do rito siríaco.

Nos primeiros séculos da nossa era, Muziris (Cranganor) e Bacarei eram os principais portos do reino dos *cheras*.

Maduré era a capital do reino dos *pandias* que dominavam no extremo Sul da India nos actuais distritos de Maduré e Tinivelly. Korkay era grande porto e grande centro do comércio de pérolas que eram a principal fonte de riqueza do reino dos pandias.

Um rei *pandia* enviou uma embaixada a Roma no ano 20 antes de Cristo.

Os *cholas* dominavam na costa de Coromandel. O reino dos cholas alcançou o seu apogeu no reinado de Rajaraja o Grande (985-1010) que conquistou a actual Presidência de Madrasta e Ceilão e para comemorar os seus triunfos ergueu o belo templo de Tanjor. Puhar, na foz de Caveri, era o principal porto dos cholas, cuja frota chegou a preponderar no Golfo de Bengala. As instituições locais administrativas estavam muito desenvolvidas. Grupos de aldeas formavam o *kuram*, assemblea representativa que escolhia os magistrados judiciais e os superintendentes da viação. O Estado arrecadava um sexto do produto das terras.

Nos períodos vêdico e paleobramânico não havia templos nem ídolos nem monges, tudo isto foi, como vimos, criado ou adoptado pelo budismo, que condenou os sacrifícios animais, ao ar livre, dos tempos vêdicos e descambou na idolatria.

O neo-bramanismo sincretista absorveu o budismo, o jainismo, e as outras crenças da India, cindiu-se em várias seitas religiosas, umas xivaítas e outras vixnuítas, e ergueu o próprio Budha às culminâncias de *avatar* (incarnação) do deus Vixnú!

O sincretismo neo-bramânico teve a sua expressão artística nos frescos da célebre Universidade de Ajanta —obra prima da pintura e arquitectura indianas: um dos quadros representa o casamento de Budha, que segura na mão a flôr de *lótus* de Vixnú; Xivá e Parvati assistem às bodas do alto do monte Kailassa.

Emquanto o Norte da India se povoava de templos vixnuitas, encimados do *sikhara*, ([203]) o xivaismo da India meridional erguia, desde o século 7.º até o 11.º, as maravilhas arquitectónicas, templos talhados em rocha, de Elefanta e Elora ou filigranas de pedra, como os pagodes de Badami, Tanjore, Conjevaram, e Maduré, coroados de zimbórios, sob o patrocínio das dinastias dos Chaluquias, Raxtracutas, Cholas e Palavas.

É que o vixnuismo traduzia a noção filosófica do rei protector do povo, simbolizada pela tôrre do palácio-fortaleza, e Vixnú, deus conservador, era o tipo ideal do rei, e *sikhara* o símbolo arquitectural do seu palácio no monte Meru (Himalaia).

Ao vixnuismo, culto da acção e lealdade, realista, como a seita *mahaiana*, opunha-se o xivaismo, austero e meditabundo, idealista, como a seita *hinaiana*, que adoptara como símbolo arquitectónico do ideal do ascetismo e renuncia a cúpula da *stupa* budista.

Dêste modo se explica a transição do budismo *mahaiano* da India do Norte para o vixnuismo e do budismo *hinaiano* da India do Sul para o xivaismo.

Neste ambiente desabrochou o espírito superior dos apóstolos do neo-bramanismo: Kumarila, Xancarachária, Ramanuja e Madvacharia, cuja influência religiosa e social se estendeu até o nosso território de Goa, onde a população hindu professa o xivaismo de Xancaracharia e o vixnuismo de Madvacharia, dividindo-se nas duas conhecidas classes dos brâmanes *advés* (xivaitas) e dos brâmanes *ubés* (vixnuitas). A tradição aponta Xancaracharia como o maior adversário do budismo. É um dos maiores pensadores de tôdas as épocas e de todos os países, no dizer do Padre Väth.

Brâmane duma pureza contestável, Xancaracharia nasceu

([203]) Piramide.

no Malabar, pelos fins do século VIII, e completou a sua educação nas margens de Narbada, sob a direcção do *guru* (mestre) Govinda Bhagavatpada. Iniciado nos segredos da filosofia e teologia hindu, Xancaracháría dirigiu-se a Benares, onde fundou um colégio sacerdotal e comentou as *Upanichadas*, o *Bhagavad-Guitá*, e a *Vedantà Sutra* (compêndio da doutrina vedanta).

Durante o debate secular com o jainismo e o budismo, os brâmanes reconheceram a necessidade de fixar em corpo de doutrina os elementos dispersos nas *Upanichadas* sôbre a concepção panteista da união da alma individual com a alma universal e deram a essa exposição sistemática o nome de *vedanta* que assumiu a sua forma definitiva nas 555 *Sutras* de Badaraiana que viveu provávelmente no século IV depois de Cristo.

Depois de Badaraiana, os expositores da doutrina bramâ nica são meros comentadores das *Sutras*. O bramanismo entra na fase escolástica. Entre os comentadores avulta Xancaracháría, como S. Tomás d'Aquino na escolástica europeia:

> "Elle a eu un Sankara, grand peut être comme un François d'Assise et comme un Luther. Qu'en-a -t-elle fait? Un héros de miracles vulgaires et de tournois scolastiques, si pâle si incolore, si flou, si dénué de réalité qu'elle le promène à volonté des millénaires qui précèdent le Christ jusqu'au premier millénaire de l'ère chrétienne. Pas un nom, pas un fait pour fixer exactemement sa place dans la suite des siècles Et pourtant il s'agit d'une personnalité hors ligne qui marque une des phases décisives de la pensée humaine et qui survit encore profondément empreinte dans l'âme de l'Inde actuelle!" (204)

Acompanhado por um grande número de discípulos, Xancaracháría saiu de Benares, em missão evangelizadora para propagar a sua doutrina. A sua activadade foi assombrosa. Atravassou a India desde Cachemir a Guzerate, desde Assam a Malabar e India meridional. Fundou os conventos-

(204) Sylvain Lévi — *L'Inde et le Monde*, pag. 14.

-universidades (*advaitamuthas*) de Sringueri (Mysore), Dwarka (Kathiawar), Puri (Orissa), Badarinâth (Himalaia) e nas margens de Tungabhadrá (India Meridional) erigiu um templo a Sarasvati.

Adversário de Budha, Xancaracharia *caçou no mesmo terreno*, identificou com Xivá as imagens de Budha que se encontravam nos templos budistas e que os hindus ainda hoje adoram, sob a invocação de Xivá, como nota o *pandita* (teólogo hindú) Bhattacharya; organizou dez ordens de monges cognominados respectivamente: *Sarasvati, Bharati, Puri, Tirta, Asram, Bana, Guiri, Arami, Parvati* e *Sagara*. Estes monges eram como os budistas, note-se, *recrutados de todas as castas*, com exclusão, porém, das mulheres.

Recebeu dos budistas a tese da irrealidade das coisas. Satisfez as exigências contraditórias da alma hindu que reclama um Absoluto tão absoluto que se confunde quasi com o Nada, deuses antropomórficos, cultos fálicos e outras superstições da mentalidade primitiva. ([205]) Continúa ainda a bramanização dos deuses e dos cultos locais dos povos atrazados.

Thakurani Mai, a deusa sanguinária dos Bhuiyas é hoje considerada como uma forma de Durgá, espôsa de Xivá. Os brâmanes que presidem às cerimónias religiosas das castas inferiores e dos povos atrazados identificam os deuses locais com as formas de Vixnú ou Xivá. É o primeiro passo para a adopção gradual das práticas cultuais hindus. ([206])

No panteismo vedantista que identifica a alma individual com a alma universal: Brahma, encontrou Xancaracharia uma plataforma para integrar em o neo-bramanismo as crenças mais heterogéneas e dar base doutrinal ao suave espírito de tolerância, herdado do budismo e do jainismo. *Todos os caminhos vão dar a Roma*, todos conduzem ao Ser Supremo, a grande, a única Realidade, sendo tudo o resto *mayá* ou *avidiá*, sonho, mera ilusão da ignorância que envolve a centelha da

---

([205]) La Vallée Poussin — *Dynasties et Histoire de l'Inde* — Paris — 1935 pag. 323.

([206]) Risley — *The Tribes and Castes of Bengal*, I, 71. 369.

verdade, como o fumo a chama, a labareda—ensinava Xancaracharia. ([207])

Na Europa, no século IX (cêrca de 810-877) João Scotus defendeu o neo-platonismo (que tanto influiu no desenvolvimento do misticismo medieval nos séculos 12 e 13) e o panteismo condenado pelo papa Honório III: Deus é a única realidade. Dêle emana a alma individual, cujo fim é o regresso para Deus. Dir-se-ia que o panteismo indiano teve o seu reflexo no Ocidente.

"Au commencement du Moyen Age l'homme n'était qu'un atome spirituel destiné à se noyer en Dieu. Dieu était la seule, l'unique existence et toute la vie tendait à Dieu. Le mot de prédilection des moines, des anachorètes, des mystiques, des moralistes et des saints était l'anéantissement. La vie parfaite, pour l'homme, c'était la suppression progressive de lui-même." ([208])

Madvachária nasceu no século XII ou XIII, no Canará, onde o jainismo florescera, como no-lo demonstram a monumental estátua de Karkal e o grandioso templo de Mudbidri. O *pândita* Atchuta Precchа ensinou gramática e lógica a Madvachária, que fêz rápidos progressos e deu provas do vigor da sua dialéctica, terçando armas com um célebre teólogo por nome Vassudeva, num dêsses debates públicos que os reis e os ricos homens honravam com o seu favor e protecção, conferindo prémios aos vencedores dos torneios da *Lógica* de Gautama e de Canada e das doutrinas teológicas e filosóficas em voga. Concluidos os preparatórios, passou Madvachária a cursar a teologia védica. Os seus triunfos dialécticos não pararam; cruzou os ferros não apenas com os *pânditas* de Benares, da escola de Xancarachária,

---

([207]) C. N. K. Aiyar — *Sri Sankaracharia; Bhattacharya — Hindu Castes and Sects*, pag. 374; *Sancaracharia and Kant* por Zimmermann no *Journal of the Bombay Branch of the Royal Asiatic Society*, XXV, n.º 1, pag. 187.

([208]) G. Papini — *La Renaissance* no *Nouvelles Littéraires* de 4 de Junho de 1938.

senão também com os teólogos do budismo que ainda não desaparecera do Canará — estância de sábios como Budha Sagara.

Numa das suas excursões pela India, Madvachária esteve em Gôa, onde perseguido a princípio pelo rei, prègou a sua doutrina e converteu ao seu credo muitos sectários de Xancarachária. Comentou as *Upanichadas* e a *Bhagvad-Guitá* e expôs a sua doutrina no magistral *Sutra-Bhachia* e fêz do templo de Crisna em Udipi (Canará) o centro da sua religião. Condenou os sacrifícios animais, tolerados pelos xivaitas, e atacou o monismo de Xancarachária: O homem é homem e Deus é Deus; a alma humana não se identifica com *Brahma*. O mundo é uma realidade, não é uma ilusão do nosso espírito — proclama Madvachária. (209)

O vixnuismo foi pregado também por Ramananda (século XIV), Kabir (século XV), Valabha e Caitania (século XVI) e em Maharaxtra pelos santos poetas de Pandharpur: o alfaiate Nandêv (século XVI) e o *vani* Tucarama (século XVII) que compuseram em versos marathis cânticos religiosos, que se entoavam no templo de Vithobá (Vixnú) em Pandharpur Atribuem-se a Tucarama que morreu em 1649 4 a 5 mil antífonas. Este e a poetisa Mirabai, princesa de Chitor (século XV), reconhece o padre Väth, exprimiram em termos quási cristãos o amor de Deus, a dedicação terna e apaixonada, o abandono confiante em Deus. (210)

Êste movimento religioso é comparável ao misticismo francês do século XVII.

> "A partir de la fin du XVIe siècle surgit à côté de l'humanisme dévot, une vague mystique dont le flot s'enfle jusq'en 1650, et reflue lentement au cours de la seconde moitié du XVII siècle. Ce courant commence par s'inspirer des mystiques espagnoles. Mais il s'émancipe avec Bérulle, le fondateur de l'Oratoire. Il donne alors naissance à une mystique essentiellement française. Son

---

(209) C. M. P. Char — *The Life and Teaching of Sri Madhvachária.*

(210) *Histoire de l'Inde*, pag. 128-235.

caractère principal réside dans son théocentrisme; ses regards sont dirigés vers Dieu et vers la vie intérieure de la divinité. Son but n'est pas l'ascèse, mais la prière; il ne demande pas à l'homme de se vaincre lui même, mais d'ouvrir son coeur aux rayons de la grâce. L'influence de Bérulle a régénéré le clergé français; elle a inspiré saint Vincent de Paul, le grand apôtre de l'amour du prochain; elle a trouvé enfin son couronnement dans une mystiqne de l'adhérence qui, à l'opposé de la piété protestante, ne cherche pas à sentir, à connaître, à éprouver, Dieu — car ce serait l'humaniser — mais à lui appartenir, à se donner complètement à Lui par un mouvement qui est "au delà des actes et des paroles". Telles sont les sources d'où naquit le culte du Sacré-Coeur, dont le sens profond consiste à unir toutes les forces de la prière pour pénétrer jusqu'à l'intérieur de Jésus." (211)

O culto modificou-se também; o sacrifício vêdico ao ar livre cedeu o passo à adoração dos ídolos nos templos *(bhacti)*. Certos símbolos como o *linga*, emblema de *Xivá*, a pedra *chaligrama*, emblema de *Vixnú*, e as imagens dos deuses ocupam o centro do culto e são honradas por novos ritos: cânticos religiosos, libações, incenso, sacrifícios animais, oferenda de flores e alimentos, agitação de luzes, *toilette* do ídolo que é banhado, ungido, vestido e coberto de joias, procissões em que o ídolo é conduzido em andor, banho nos rios sagrados, como o Ganges e Naroá de Gôa *(tirta)* e peregrinações aos lugares sagrados, como Benares (*Kaci*) e Allahbad (*Prayaga*). Ressente-se a influência dos cultos dravídicos, como bem nota o professor Aiyangar (212). É certo, observa o professor Glasenapp, que nos *Vêdas* há alusões isoladas à idolatria, mas não só os manuais litúrgicos a não mencionam, mas ainda as referências aos templos e aos ídolos se acentuam na literatura posterior à medida que se remodela o panteão hindú. (213) Reconhece o professor Venkateswara

(211) E. R. Curtius — *Essai sur la France*, pag. 220.

(212) S. K. Aiyangar — *South Indian Culture* no *Cultural Heritage of India*, vol. III, pag. 76 e seg.

(213) H. von Glasenapp — *Brahma et Bouddha*, pag. 118.

que no *Yajur-vêda* se reflecte o estado social correspondente à cultura de Harapa e Mohenjo-daro. ([214]) Isto confirma as infiltrações dravídicas e a mistura dos árias com os drávidas. É a fase da integração que sucede sempre ao embate e à luta entre povos estranhos, como sucedeu na Europa após a invasão dos bárbaros e dos árabes.

Observa-se o mesmo fenómeno no mundo helenizado, após as conquistas de Alexandre Magno:

> "Le pur Iauisme juif s'était défini par négation, par *exclusion* des autres dieux: monothéisme étroit et jaloux, intolérant et le plus souvent haineux à l'égard de tout ce qui lui était étranger. L'éxpansion des idées stoïciennes, le syncrétisme religieux et surtout la multiplication des religions de salut qui procuraient à tous les mêmes satisfactions par des moyens identiques, ont développé dans l'antiquité l'idée, tout opposée, de *l'équivalence* des dieux: large monothéisme, accuillant et compréhensif, veritable universalisme religieux, qui conçoit les divinités des divers peuples comme les expressions multiples et équivalentes d'un même être: "l'Etre saint, unique, qui sous des formes multiples et des rites divers, est adoré par tout l'univers sous mille noms différents" (Apulée, *Métane.* XI).
>
> L'immortalité de l'âme et le monothéisme ne sont pas plus des acquisitions juives ou chrétiennes que la maitrise de soi, l'héroïsme, l'amour des dieux et des hommes". ([215])

A arte — Sob as dinastias nacionais, pela elaboração dos elementos indígenas de Bharut e de Sanci e pela adaptação dos elementos estranhos de Gandhara formou-se uma estética puramente índica que se anuncia nas escolas de Mathura e de Amaravati e atinge o apogeu na arte *Gupta*.

Coomaraswami, notável crítico d'arte hindu, nota as seguintes características da arte de Mathura: cabeça rapada, ausência

---

([214]) S. V. Venkateswara –*Proto-indian culture* no *Cultural Heritage of India*, vol. III, pag. 56.

([215]) Felix Sartiaux — *Les Civilisations Anciennes de l'Asie Mineure* — Paris — 1928, pag. 77.

da *urna* entre os olhos, espádua direita sempre núa, peito abaulado, o vestuário aderente ao corpo, dando a impressão de molhado, expressão de energia.

A arte de Amáravati estabelece um laço de continuidade entre as escolas de Bharut e de Sanci e a arte medieval hindu. O hiato provocado no Norte pela imitação helenistica deixou de existir. O génio indiano prosseguiu livremente no caminho da sua evolução e das suas tendências. A arte naturalista de Sanci afina-se, espiritualiza-se.

> " Nous arrivons de la sorte à l'art gupta. L'art *gupta*, ainsi appelé parce qu'il se forma dans la région gangétique sous le règne de la grande dynastie des Gupta (IV.e et V.e siècles de notre ère), porta à leur apogée les tendances qui se faisaient jour à la fin de l'école d'Amarâvati. Les écoles gupta reprennent à leur compte la plastique suprêmement élégante d'Amarâvati en même temps que la riche sensualité de Mathurâ. Mais Amarâvati, malgré la spiritualité de ses dernières oeuvres, restait en général trop mondaine et trop agitée: les ateliers gupta la spiritualiseront encore et l'apaiseront. De même la robustesse païenne de Mathurâ, reste des anciennes écoles de Bhârhut et de Kârlî, ne pouvait plus suffire à une époque de métaphysique profonde et subtile comme le IV.e siècle boudhique: les ateliers gupta la fondirent dans le canon d'une beauté nouvelle: et l'esthétique indienne se trouva créée.
>
> Nous parlons à dessein d'une *esthétique* nouvelle et non pas seulement d'un *art* nouveau. Cette esthétique indienne, remarquons-le, suppose une pensée qui a connu le canon hellénique, mais qui ne l'a connu que pour s'en affranchir et créer elle-même un canon égal. En se libérant ainsi du classicisme grec, devenu au Gandhâra un poncif, l'art gupta a produit un classicisme nouveau, vivant celui là parce que né des conditions mêmes du milieu. L'art gupta tire les règles de sa plastique non seulement de la connaissance du vêtement indien et des conditions de la vie subtropicale, mais do la science du corps indien lui-même. Il supprime la draperie qui étouffait ce corps habitué aux mousselines transparentes: la draperie, il ne l'indique plus que par les fluides sinuosités — les ondes — d'un vêtement diaphane qui semble mouillé et collé aux membres, en attendant que ces sinuosités mêmes disparaissent et

que le vêtement ne sois plus indiqué que par l'intersection discrète des lignes terminales.

En même temps la sculpture gupta a rendu au corps indien sa souplesse et sa douceur natives. Pour exprimer les dimensions de ce corps, elle cherche ses mesures, non dans les proportions géométriques des Grecs, mais dans le geste des courbes vivantes qu'offre la nature, dans le geste des fleurs, dans les ondulations enveloppées du corps animal. Le visage devra avoir l'ovale d'un bel oeuf, en attendant, dans l'art pâla du Bengale, de suivre les lignes,, plus nerveuses, de la feuille de bétel. Le front, entre les cheveux et les sourcils, aura le contour d'un arc. Les sourcils, bien unis, seront, eux aussi, semblables à un arc ou aux feuilles de l'arbre nîm. Les yeux de femme seront pareils au hochequeue ou à l'oeil de biche. Les yeux des divinités seront semblables au lotus. Le nez féminin sera en fleur de sésame; les lèvres "humides, douces et rouges" se compareront au fruit du bimba. Le menton sera un noyau de mangue, le cou aura la forme d'un coquillage, le torse la douceur d'un mufle de vache et la poitrine des héros sera telle un corps de lion. L'épaule et l'avant-bras auront la courbe de la trompe de l'éléphant. L'avant-brass ressemblera aussi à un tronc de bananier; les doigts auront le renflement des cosses de haricot; les mollets seront pareils au poisson gonflé de frais. Les mains et les pieds seront deux lotus.

Quant à la pose favorite des corps, surtout des corps féminins, ce sera la pose "à trois flexions" (tribhanga), la tête par exemple penchée à droite (pour les statues féminines) et le buste incliné vers la gauche, tandis que, grâce au jeu du hanchement indien, les jambes reviendront vers la droite (vice versa pour les statues masculines dont la tête penchera à gauche). (Cf. Abanindra Nath Tagore, *Art et anatomie hindous)*.

Ce souci d'imiter les courbes florales et animales, cette recherche des attitudes "compensatrices" qui font rendre au corps le maximum de ses effets plastiques et semblent le tendre comme une grande fleur inclinée, ont rénové l'esthétique indienne. Désormais, pendant dix siècles, une eurythmie souveraine l'animera. Plus rien de heurté. Les contours des membres s'adouciront en un fondu d'une inexprimable suavité. On obtiendra ainsi un art synthétique, assoupli, simple et harmonieux où, aucun détail secondaire ne venant interrompre les lignes générales, la beauté terrestre traduira directement la plus haute spiritualité. Aussi, bien que le nu domine désormais, aucun nu plus chaste que ce nu gupta. Entre l'art naïvement païen de Sâñcî et l'art lourdement sensuel du Dékhan méridional postérieur, nous atteignons ici les plus hautes régions de l'âme aryenne.

Les deux spécimens les plus heureux de la statuaire gupta sont le Buddha assis à la indienne et faisant le geste de la prédication dit de la dharmaçakra-mudrâ, grès brillant de 1 m. 40, au Musée de Sârnâth, — et le Buddha debout, de 2 m.20, originaire de Jamalpûr, aujourd'hui au Musée de Mathurâ, le premier presque nu, le second vêtu d'une draperie diaphane, tous deux nimbés de l'immense auréole circulaire des Gupta, tous deux datant du Ve siècle de notre ère. Citons de même, merveille de jeune corps indien vivant et respirant sous la transparente mousseline, le Buddha colossal de cuivre de Sultanganj, aujourd'hui au Musée de Birmingham. Membres purs et harmonieux, visages d'une suavité tranquille, l'art si imprégné d'intellectualité qu'à travers la beauté tout idéale des formes il traduit directement l'âme. Peut-être comprendrons-nous mieux le caractère de ces oeuvres si nous songeons qu'elles sont contemporaines de la métaphysique lumineuse et fluide des grands idéalistes indiens du Ve siècle, d'un Asanga et d un Vasubandhu. Selon la formule de V. Goloubew, nons trouvons là en présence d'un art non plus indo-grec, mais — la Grèce et l'Occident ayant été éliminés — *indo-classique* ". [216]

A arquitectura medieval hindu compreende três escolas a de Maharaxtra, a de Orissa e a dravídica.

A escola de Maharaxtra que se desenvolveu sob a dinastia dos *Chaluquias* e dos *Raxtracutas* (século VI a X) distingue-se da de Orissa pela ausência do *cikhara* (pirâmide): bolboso, conservando porém, os *mandaps* (pórticos coroados de pirâmides) e os templos mais importantes são excavados na rocha, nos flancos dos montes, dando a impressão de templos subterrâneos.

A escola de Orissa é caracterizada pelas tôrres de forma curvilínea, os *cikharas* (século VIII a XI).

---

[216] R. Grousset — *Les Civilisations de l'Orient*, II, pag. 125.

A escola dravídica (século X a XVII) tem as seguintes características:

"Ces temples dravidiens, surtout ceux du Carnate, se composent d'ordinaire : 1.° de portes à tour, ou gopura, qui donnent accès au temple et sont la caractéristique de cette architecture; —2.° du mandapa, porche ou salle hypostyle précédant le sanctuaire, que nous avons déjà remarqué dans les temples de l'Orissa et dans les temples câlukya ou pallava ;—3.° du sanctuaire proprement dit ou vimâna, surmonté, lui aussi, d'une tour en pyramide tronquée de plusieurs étages. Vimâna et gopura se présentent ainsi comme de lourdes masses de pierre affectant la même forme de pyramide tronquéée, surchargées et entièrement recouvertes de sculptures, la sculpture ici ne valant plus par elle-même, mais seulement comme motif ornemental. Cette décoration, qui évoque une véritable orfèvrerie de pierre, va croissant du vimâna de Tanjore (XI.e siècle) au grand temple de Madura (XVII.e siècle) A' l'intérieur, dans les mandapa, la profusion n'est pas moindre comme le montre la célèbre cavalcade de Crirangam. Selon le mot de William Cohn, on se trouve là en présence d'un "baroque hindou" lequel, d'ailleurs, grâce à l'exubérance de l'inspiration à l'inépuisable fantaisie et à la prodigieuse variété des motifs sculpturaux, ne laisse pas de produire un puissant effet décoratif...Les deux premières en date des écoles d'architecture indiennes, celle du pays mahratte et celle des Pallava sont à l'origine des deux autres. D'une part, en effet, le *Cikhara* de l'Orissa n'est que l'exhaussement, en poussée curviligne verticale, de la pyramide à gradins arrondis du style mahratte (temple de Mâlagitti, a Bâdâmi) ou du style pallava (temple de la plage à Mâvalipuram), le stade intermédiaire étant fourni par les temples de Khajurâho. Par ailleurs, la pyramide tronquée de l'école çola ou tamoule constitue un autre aboutissement des mêmes éléments : si l'on part de la pyramide discontinue à gradins arrondis, telle qu'on la voit sur le *mandapa* de Sûrya Deul, à *Konârak* ou au Mukteçvara de *Kanci*, et si on rend la pente de cette pyramide continue en multipliant les étages et en réduisant l'intervalle en retrait qui les séparait, on obtient les *mandapa* et les *gopura* de Tanjore et de Madura. La phase intermédiaire est d'ailleurs fournie par les temples de l'école hoyçala, au Mysore, que nous avons mentionnées

Tanjore—Templo

Maduré—Templo

Elora—
Caverna
búdica

Buvanesvar—
Templo
de
Lingaraja

plus haut (temple de Somnâthpur, 1248, et temple Nuggehalli, à Mysore, 1249) ". ([217])

Os principais monumentos da escola de Maharaxtra são: os templos de Aihola (cêrca de 600) os de Badami (cêrca de 625)—as primeiras grutas de Elora, como a Caverna dos Avataras, Ravanaka Khai, Dhumar Lena e Ramesvara (século VII) que pertencem ao período *chaluquia*; e os templos de Kailasa em Elora (757-783) e de Elefanta (850-900) pertencem ao período *raxtracuta*.

Os principais monumentos da escola de Orissa são os de Bhuvanesvar e Puri (750-1150) e os de Konarak (século XIII).

Os principais monumentos das escolas dravídicas são: os *Vimanas* de Tanjore construidos cêrca do ano 1000 pela dinastia dos Cholas e os de Vellore (século XVI) e de Maduré (século XVIII), os de Halebid (Mysore) do século XII a XIII, e os de Vijaianagar, como o de Vithobá (século XVI).

Os templos da escola de Maharaxtra encerram admiráveis esculturas.

"Le culte qui a inspiré la plupart de ces oeuvres est naturellement le culte de Çiva, divinité farouche symbolisant la force cosmique, la Nature éternellement créatrice et destructrice. Aussi les figures sévères, les images menaçantes abondent-elles à Ellora. Pourtant le classicisme gupta est partout présent. C'est lui qui ordonne les formidables éléphantomachies dont la frise semble soutenir la base du temple. C'est lui que inspire les images de Çiva. Le Çiva de Kailâsa d'Ellora, comme celui d'Éléphanta, est encore une figure gupta ayant remplacé l'auréole des Buddha par la tiare royale et qui, au lieu d'exprimer la pitié et le renoncement, symbolise avec une tumultueuse grandeur la Vie tout entière. Les sentiments sont différents, l'esthétique reste la même.

Même en Bhairava (dieu de terreur), même dans la danse formidable du Natarâja, le corps de Çiva présente les lignes simples et pures, le nu lisse, chaste et doux de Mathurâ et de Sârnâth (Bhairava

([217]) R. Grousset—*Les Civilisations de l'Orient*—t. II, pag. 204.

d'Éléphanta et Natarâja de la grotte de Ràvana-kâ-Khai à Ellora). D'ailleurs, lorsque Çiva est appelé à représenter non plus la force destructrice, mais l'instinct d'amour qui crée perpétuellement la vie, quel charme souverain, quel rayonnement de tendresse se dégagent de tout son être ! Citons seulement à cet égard les bas-reliefs de noces de Çiva et de Pârvati à Eléphanta et la scène du baiser des mêmes personnages au Kailâsa d'Ellora. Le Natarâja, et le Bhairava tout à l'heure, exprimaient l'adhésion lyrique de l'âme à la violence universelle. Les noces de Çiva nous montrent maintenant l'autre aspect du même symbole. Le jeune roi, conduisant par la main, avec un geste d'une inexprimable fierté, cette vierge pudique comme une vierge athénienne, c'est toujours la force cosmique, hier déchaînement impitoyable et joie destructrice, aujourd'hui chant d'amour d'une douceur infinie. Quant au relief du baiser qui dépasse de beaucoup dans son symbolisme çivaïte l'idylle divine qu'il représente c'est à notre avis une des oeuvres les plus puissantes de l'art universel, — une sorte de Rodin oriental. Ajoutons que le Kailâsa nous offre, comme Mâvalipuram, de véritables tableaux : par exemple le relief du Kailâsa représentant Râvana ébranlant la montagne sur laquelle trônent Çiva et Pârvati: la violence souterraine du Titan, la sérénité du dieu qui l'écrase d'un geste, l'émoi tout féminin de la déesse qui se jette, éperdue, contre son époux, tous ces morceaux constituent un ensemble d'une admirable largeur.

Remarquons à quel point ces figures çivaïtes d'Ellora et d'Éléphanta, quand elles représentent la divinité sous son aspect souriant, se rapprochent de l'art boudhiqne des siècles antérieurs. Le Çiva des noces de Çiva et de Pârvati à Éléphanta, le Çiva écrasant Râvana à Ellora rappelent immédiatement les beaux princes bodhisattvas d'Ajantâ. Même élégance souveraine, même noblesse allongée des corps, même mélange de force et de grâce, parfois même costume (haute tiare royale, etc.). De leur côté les figures féminines, comme les Pàrvati, sont les soeurs des très botticelliennes princesses qui à Ajantâ étaient les compagnes ou les tentatrices du bodhisattva. Il y a d'ailleurs lieu de s'arrêter devant certaines de ces figures, notamment devant deux des trois reliefs en demi ronde-bosse qui, entre les colonnes du portique d'entrée du Kailâsa, représentent les trois divinités fluviales, Gangâ, Yamunâ et Sarasvâtî. Avec de telles oeuvres, d'une noblesse et d'une eurythmie

Elora—Kailasa

Elora—Dança de Xivá

Elora—

Xivá,

Parvati

e

Ravana

Elefante—Templo xivaita

Elefanta—Xivá tricéfalo

dignes d'Athènes ou de Florence, la sculpture indienne atteint peut-être son apogée. En tous cas, entre les yakshinî de Bhârhut et de Sâñcî, si lourdement sensuelles et capiteuses, et les Lakshimi du XVIIe siècle, définitivement fixées dans les règles d'un canon tourné au poncif, les deux déesses fluviales d'Ellora nous présentent un idéal de beauté féminine que nous retrouverons à Bôrôbudur et qui — sans aucune influence grecque — en arrive presque, par ses seules qualités propes, à retrouver notre idéal classique.

Le chef-d'oeuvre de cette sculpture est peu-être l'image géante de Çiva en Mahêçamûrti, à Éléphanta, c'est-à-dire le buste tricéphale représentant les trois faces du dieu. On a beaucoup discuté sur la signification iconographique de cette statue: Pour plusieurs archéologues, la tête du milieu " d'exprssion calme et magestueuse" représente soit Çiva en tant que créateur (Brahmâ), soit Çiva en tant que dieu conservateur (Vishnu); la tête de gauche, — " sourcils menaçants, lèvres entr'ouvertes, croc canin au coin de la bouche"— figurerait Çiva en tant que destructeur, en dieu de terreur (Bhairava); enfin la troisième tête, à droite, plus douce et plus souriante, représenterait Pârvati, la çakti de Çiva. Mais ces interprétations, qui faisaient de la figure tricéphale d'Éléphanta une sorte de Trimûrti, sont aujourd'hui généralement abandonnées et il semble bien, conformément à l'opinion de Coomaraswamy, que ce soit à une Mahêçamûrti que nous ayons affaire. Quoi qu'il en soit, les trois visages de l'être unique s'harmonisent ici sans effort : l'art universel a réalisé peu de matérialisations du Divin non seulement aussi puissantes, mais aussi équilibrées. Bien mieux, c'est sans doute là la plus grandiose représentation du dieu panthéiste qui soit sortie de la main des hommes. En un poème magnifique, Rodin a chanté " cette bouche gonflée, saillante, abondante dans ses expressions sensuelles, ces lèvres comme un lac de plaisir que bordent les narines palpitantes, si nobles", de fait, jamais la sève débordante de la vie, le tumulte de la joie universelle s'ordonnant en harmonie, l'orgueil d'une force supérieure à tout, l'ivresse secrète du dieu intérieur aux choses, n'ont été aussi sereinement exprimés. Par sa majesté olympienne, la Mahêçamûrti d'Éléphanta est digne d'être comparée au Zeus de Mylasa ou à l'Asclépios de Milo.

L'école çivaïte d'Ellora et d'Éléphanta est à l'origine de la sculpture dravidienne on pierre ou en bronze, en général également çivaïte, qui fleurit dans le Sud, surtout au Carnate, depuis l'apogée de l'empire tamoul de Çola de Tanjore (XIe et XIIe siècles), jusque et sourtout à l'époque de l'empire de Vijayanagar (XIVe, XVe et XVIe siècles)...

Dans ces corps harmonieux et purs, dans la svelte élégance de ces torses, qui gardent de toute mièvrerie la largeur des épaules et la mâle puissance de la charpente, dans la douceur caressante de ces lignes, dans les poses si souples de ces membres heureux, c'est toute la tradition d'Ajantâ, d'Ellora et d'Éléphanta qui se perpétue. Statues de Çiva, de Brahmâ et des Mères semblent détachées des plus beaux reliefs râshtrakuta, depuis les noces de Çiva et de Pârvati jusqu'aux déesses fluviales du Kailâsa.

Rien encore des exagérations et des poncifs du "baroque hindou" dans lequel, à partir du XVIIe siècle, sombrera l'art du Sud. L'art, ici, reste toujours véritablement classique dans tous sens du mot: parce qu'il reste fidèle au "grand goût" du classicisme indigène gupta, et aussi parce qu'à ce degré de perfection il prend place, — même pour le publique non spécialisé—sur les sommets de l'esthétique universelle. Nous ne serions pas éloigné de voir dans ces sculptures en ronde-bosse du Sud, de l'époque de Vijayanagar, les plus nobles spécimens de l'art indien. Elles présentent en tout cas une même élégance, un équilibre plastique supérieurs à tout ce qu'on avait vu jusque-là...

D'un tout autre caractère sont trois bronzes récemment entrées dans les collections René Philipon, C. T. Loo et au Musée Guimet, que nous reproduisons également avec une pièce semblable du Musée de Madras. Ce sont aussi des oeuvres dravidiennes des XIVe et XVe siècles et elles figurent encore Çiva: non plus toutefois l'éphèbe apollinien que nous admirons tout à l'heure, mais, dans une harmonie plus puissante, — dionysienne celle-là —, le formidable danseur de la danse cosmique, le Natarâja, symbole d'un lyrisme surhumain par lequel, on l'a vu, l'Inde a exprimé son adhésion héroique et en quelque sorte nietzchéenne à la Joie, à la Douleur et à la Force universelles. Encadré ou non par l'auréole en flammes du tiruvâsi (prabhâ mandala), — le cercle du monde qu'il remplit et dépasse, — le Roi de la danse n'est que rythme et exaltation. A ce rythme le tambour que fait retentir une de ses mains droites associe toutes ses créatures qui dansent avec lui. L'èploiement de la chevelure stylisée et l'envol des écharpes disent la vitesse de ce mouvement universel qui tour à tour cristallise et pulvérise la matière. Une des mains gauches tient le feu qui, dans cette giration cosmique, anime et dévore les mondes. Un des pieds du dieu écrase un titan, car "cette danse sur des cadavres", et pourtant une des mains droites fait le geste qui rassure (abhaya mudrâ), tant il est vrai que, d'un point de vue cosmique, sous l'angle de l'éternel, la cruauté même du déterminisme universel est bonne en tant que génératrice de l'avenir. De fait sur plusieurs de nos bronzes, le roi de la danse sourit largement. Il sourit à la mort comme à la vie, à la douleur comme à la joie, ou plutôt, si l'on nous permet cette image, il sourit également la douleur et la joie, il sourit la vie et la mort, et ce sourire nietzchéen sur la Douleur universelle nous semble bien près d'avoir en esthétique la même valeur de beauté que le "misereor super turbas" des chrétiens et des bouddhistes. De ce point de vue supérieur en effet tout s'ordonne, s'explique et se nécessite. L'art traduit fidèlement ici le concept philosophique. L'eurythmie plastique n'est que l'expression du Rythme idéal. Il n'est pas jusqu'à la multiplicité des bras qui, déconcertant au premier abord, ne s'ordonne à son tour sous l'action d'une loi interne — chaque paire de bras restant en soi un modèle d'élégance, — si bien que la Natarâja tout entier vibre, dans sa joie formidable, d'une magnifique harmonie. Et pour affirmer que, chez le divin acteur, cette danse est bien un jeu (lilâ) — le jeu de la vie et de la mort, le jeu des créations et des destructions sans but et sans fin, — la première des mains gauches pend, le bras abandonné, dans le geste insouciant du "gaja hasta". Regardez enfin la statue de dos: la stabilité de ces épaules qui soutiennent le monde et la majesté de ce torse jovien, n'est-ce pas là comme un symbole de la fixité, de l'immutabilité de la Substance, tandis que la giration des jambes — un vertige de vitesse — symboliserait le tourbillon des phénomènes ?

Ainsi l'Inde qui, naguère, nous offrait avec l'art bouddhique les plus suaves enseignements de douceur, de franciscanisme et de tendresse, nous propose maintenant, avec l'art çivaïte, les plus exaltantes leçons de dureté, de sérénité et d'ascetisme surhumain. Bénie soit à jamais la terre sacrée à laquelle l'humanité est redevable de tels enrichissements !

Il y a quelque refraichissement, après nous être élevés sur ces âpres sommets, à redescendre à mi-côte où un autre bronze du Sud, de la collection Loo, nous montrera une danse plus humaine, celle de Krishna enfant, le divin bouvier dont le culte cher aux bergères mêle le quiétisme de l'âme aux plus tendres idylles charnelles. Charmante figure qui nous fait voir l'art hindou trionfant dans un thème un peu analogue à celui des Eros grecs, pour ne pas parler de notre sacro bambino, toujours moins folâtre. Plus agréables encore sont les bronzes de Krishna enfant dansant la danse du serpent (Kâliya-Krishna)." (218)

As origens da pintura *rajput* ascendem ao longínquo passado indiano:

" Par l'humble école gujerâtî du XVe siècle et les miniatures de manuscrits jaina, elle est l'héritière du grand art d'Ajantâ et de Bâgh. Toutefois il est incontestable que la peinture râjpute, pour indigène d'inspiration et de technique qu'elle soit restée, n'en fut pas moin stimulée et même largement influencée par l'art mogol. Tout en ayant conservé une originalité profonde, elle ne s'explique entièrement que par l'émulation de la peinture mogole.

La peinture râjpute, aujourd'hui bien connue par les savants travaux d'Ananda Coomaraswami, de Nânâlâl Chamanlâl Mehta et Percy Brown, se divise en deux groupes: le groupe râjasthâní et le groupe pahârî. Le groupe râjasthânî et bundêla, comme son nom l'indique, correspond aux provinces de Râjputâna et de Bundelkhand. C'est dans la première de ces régions, dans les cours râjputes de Jeypur, Bikânir et Udaypur que se développa, au XVIIe siècle et surtout au XVIIIe et au début du XIXe, le style appelé style (littéralement: pinceau) de Jeypur (Jeypur qalam). La seconde école appelée pahârî, c'est-à-dire école des montagnes (Pahârî qalam), se développa à la même époque dans les États himâlayens du haut Penjâb, autour de Jammû, de Chamba, de Tehri Garhwâl et surtout de Kângrâ, d'où l'école tire son autre nom (Kângrâ qalam): De cette école pahârî dérive, toujours au Penjâb, l'école sikh du début du XIXe siècle sous Ranjit Singh (1803-1839), avec, pour principal peintre, Kapur Singh.

L'art râjput, malgré de nombreuses affinités et de nombreux emprunts réciproques, se distingue à première vue de la peinture mogole. L'art mogol, on l'a vu, est en principe un art de portraits

(218) R. Grousset — *Les Civilisations de l'Orient,* II, pag. 212.

officiels, de scènes de Cour et de représentations historiques. Dans sa technique, il reste toujours plus ou moin voisins de la miniature originelle, de l'enluminure de manuscrits, et fidèle à la précision linéaire, à la minutie de la calligraphie persane. L'art râjput, au contraire, bien qu'inspiré par les petits Cours indigènes du Râjputana et du Penjab, se présente comme un art infiniment plus populaire. Sa technique, selon l'observation de Percy Brown dérive non de la miniature, mais de la fresque murale dont elle a la largeur, la rapidité et aussi des " facilités ". Cet art s'adresse à nous sur une note plus intime et aussi plus poétique que l'art mogol. Il se réfère en effet aux thèmes éternels de la poésie nationale, aux épopées, aux poèmes krishnaïtes et çivaïtes, aux érotiques indiens. De ce chef il reste en étroite liaison avec la vie religieuse hindouiste des temps nouveaux, avec la mystique profondément humaine et le quiétisme passioné dont Râmânanda et Kabîr s'étaient faits les apôtres. C'est un art de dévotion fervente, inspiré par une religiosité ou, comme le disent les Indiens, par une bhakti toute de tendresse dont l'expression matérielle ne s'est d'ailleurs jamais séparée d'un érotisme à la fois savant et innocent. Le *Krishna* que célèbrent ces écoles se présente à nous comme l'ami du coeur, le consolateur divin dont l'existence humaine, on se le rappelle, s'était déroulée, dans les occupations et les jeux de la vie de village, parmi le décor d'une joyeuse et tendre pastorale. Cette bucolique resta une des sources principales de l'inspiration râjpute. Dans cette *Imitation* du divin bouvier,—aussi mystique aussi tendre que notre *Imitation* médievale, mais avec l'érotisme en plus,—l'école râjpute puisa sa fraîcheur naive, sa sincérité et son émotion. De ces séries entières furent ainsi consacrées au thème de l'amant et de la bien aimée, qui, pour les esprits religieux, évoquait immédiatement les mystiques entretiens de *Krishna* et de l'âme fidèle, mais que n'en est pas moins traité ici dans un curieux sentiment romanesque, avec une liberté de détails et une sensualité singulièrement éloignées de notre religiosité occidentale.—Notons aussi, dans la même veine une inspiration çivaïte humanisée par la grande tendresse krishnaïte ambiante, comme dans la peinture de la danse de Çiva (sandhava gayatri) reproduite par Percy Brown.

Dans le même esprit de tendresse humaine, la peinture râjpute se complait aux scenes de la vie populaire, intimités féminines, maternités, travaux des métiers, scènes de bazar, halte méridienne des voyageurs, vie, si curieuse, des grands routes de l'Inde. C'est encore dans ce meme esprit que le art râjput a abordé les animaux. Au lieu du puissant réalisme des Mogols, nous avons affaire ici, selon la remarque de Percy Brown, à un art animalier plein de tendresse et de douceur dans lequel l'animal, comme jadis à Sâñci et à Mâvalipuram, est traité avec une sympathie fraternelle et apparaît comme empreint d'humanité: c'est le cas des peintures râjputes reproduites par MM. Coomaraswamy, Mehta ou Percy Brown et qui dessinent avec amour les bons singes du Râmâyana, les charmantes vaches de Krishna, les gazelles et les antilopes aux regards humains qui, dans des parcs de féerie, suivent des princesses de légende, ou les paons fiers de leur beauté, qui viennent boire dans la main des belles, voyez, à titre d'exemple, dans le remarquable album de M. Mehta, la peinture de l'école de Kângrâ, où une belle, du haut de sa terrasse, dans un paysage d'eaux et des montagnes, caresse le mufle d'un taureau sacré.

Les écoles Pahâri, notamment celle de Kângrâ, nous ont laissé à la fin du XVIIIe siècle et au début du XIXe des oeuvres tout impregnées de cet esprit, entre autres de belles illustrations de la légende krishnaïte (Krishna lêlâ) qui, tout en tenant compte des perfectionnements techniques dus à l'art mogol, restent des merveilles de poésie indienne. Citons entre autres, parmi la série de chefs-d'oeuvre de la collection Coomaraswamy, un épisode du *Gîta Govinda* qui est une pure idylle, et une représentation du Kâliya Damana avec de curieuses nâgi où le thème classique de la sirène se revêt d'un charme étrange du fait du costume indien qui, sur le corps des femmes aquatiques, contraste avec leur queue de poisson. De même, au Musée de Boston, un delicieux et malicieux Krishna enfant admiré et déjà convoité par les bergères, et un Krishna adolescent en bouvier conduisant son bétail au pâturage, oeuvre d'une telle valeur d'évocation qu'on croit entendre, "l'écoulement du troupeau" à travers les portes du village. Le puissant naturalisme animalier l'histoire depuis Sâñci s'agrémente ici d'un sentiment idylique, caressant, tendre et léger où passe en un souffle frais toute la poésie krisnaïte...

Une place à part dans l'art pahâri est faite par M. Mehta a l'école de Tehri Garhwal, petit Etat himalayen qui a produit deux grands artistes, Chaitu et Mânaku. M. Mehta, dans son bel ouvrage, reproduit plusieurs peintures de cette école, inspiré par les Purâna ou le Râmâyana, notamment le rapt des femmes yâdava, oeuvre d'une grande pureté de lignes, pleine de simplicité, de noblesse et d'intérêt dramatique, une scène de Dâna-lîlâ et un délicieux colin-maillard de bouviers krisnaïtes, dans les bois, au clair de lune, au milieu des troupeaux.

Remarquons sur ces peintures l'ampleur et le réalisme du paysage qui attestent combien l'école pahârî s'est inspirée des modèles mogols. On trouve jusqu' à des romantiques effets nocturnes par exemple dans des chasses à l'antilope où la nuit est éclairée à la fois par la lune et par la torche des chasseurs. Une de ces scènes, reproduite par M. Mehta, représente Krishna et Radhâ en conversation amoureuse au bord d'un fleuve, à l'orée d'un bois, dans la campagne solitaire et nocturne qu'éclaire seule la luminosité de leurs corps et de leurs vêtements : le grand silence du paysage, la délicatesse passionée des gestes des deux amants, cet effet de nuit bleu-sombre contrastant avec l'irradiation qui se dégage du couple divin évoquent un peu la science d'un Burne Jones ou d'un Rosseti. De fait cet art est à Ajanta ce que le préraphaélisme anglais est à Botticelli. Mais il y a dans le néo-ajantisme râjput ce qui manque au cénacle de Rosseti : l'inspiration populaire, la fraîcheur, la spontanéité. Même dans des œuvres modernes, toutes pénétrées d'influences mogoles et européennes, comme la scène de flirt (entre Krishna et Radhâ) (que, grâce à l'extreme obligeance de M. Mehta, nous reproduisons ici), le charme krisnaïte reste intact : de son association à la technique occidentale nâit même un classicisme d'une remarquable pureté.

On trouve dans l'école de Jeypur des scènes krisnaïtes souvent moins influencées par l'art mogol que les œuvres pahârî et traités, de ce fait, sur un monde à la fois plus naïf et plus large. Signalons encore une fois les œuvres reproduites par M. Mehta dans son bel ouvrage (*Studies in Indian painting*), notamment un Govardhana-dharana et un Râsa-mandala. " vision béatifique " traduite dans la langue du *Cantique des Cantiques* et où le groupement des personnages, bergères amoureuses, danseuses enamourées, petites vaches ivres d'amour divin, évoque, malgré toute la distance des mentalités, les paradis de Fra Angelico.

Selon la remarque de M. Coomarasmy l'art râjput dans de telles oeuvres a crée un nouveau type de beauté féminine, ou plutôt a su

25

retrouver après des siècles d'oubli le canon féminin d'Ajantâ. Avec ces goupi à la fois pudiques et passionées, tour à tour empressées et craintives, avec ces créatures toutes de tendresse et de grâce, nous nous éloignons des brutales sensualités du baroque tamoul. L'idéal féminin retrouve des sources plus fraiches, les sources mêmes de la grande poésie sanskrite, depuis Sîtâ et Damayantî jusqu'aux héroînes de Kâlidâsa.

La peinture râjpute est parfois qualifiée de "peinture musicale".

De fait les peintures pahârî servent souvent à illustrer les compositions musicales connues sous le nom de *Râgamâlâ.* Pour les connaisseurs indigènes, leur intérêt résidait précisément dans cette adaptation de la peinture à la musique, l'oeuvre peinte devant s'harmoniser au thème musical, l'évoquer, le suggérer, le transposer en valeurs visuelles. C'est ainsi qu'on rencontre dans l'école de Kangra des series conjuguées de mélodies et de peintures, où "la mélodie est composée sur un thème pictural et la peinture d'après l'état d'âme de la mélodie". De très nombreuses peintures râjputes qui, pour l'Européen, ne valent que par elles-mêmes, évoquent immediatement pour l'Indien les mélodies de Râgamâla, les *Rasarajâ* du poète Matirâm, les oeuvres de Keshvada et de Bihari. Il y a là une association de la peinture, de la poésie et de la musique dont l'Europe jusqu'ici n'a pas l'équivalent.

L'art râjput dépendait trop, comme nous l'avons dit, des petites Cours indigènes du Râjputana, du Bundelkhand et du Penjâb pour n'avoir pas, lui aussi, obéi à la demande du portrait. Ces portraits râjputes,—bustes de râjas ou portraits équestres,—sont plus ou moins influencés par les modèles musulmans, ceux de Kângrâ assez appuyés et richement coloriés à la manière mogole, ceux de Jeypur remarquables par leur coloris "simple jusqu'à la timidité" Tous les personnages sont exclusivement représentés de profil, malgré leur absence de relief, une certaine naïveté de technique et dans le dessin des lignes, une absence de nervosité qui contraste avec le dessin calligraphique des Mogols, ces portraits râjputes, nous laissent souvent une remarquable impression de grandeur et de fierté : caractères qui tiennent en partie aux modèles eux-mêmes—ces seigneurs râjputes qui formaient la plus chevaleresque aristocratie de l'Orient ; et aussi à la sincérité de la technique, à cette absence de calligraphie à cette "chasteté de la ligne" (selon l'heureuse formule de Percy Brown), qui est un charme de plus." (219)

Iconografia — As imagens *(mûrti, vigraha, bera)* são fixas, ordinàriamente de pedra *(dhruva* ou *yogabera, mûla vigraha)* ou portáteis, de metal, que se levam em procissão *(bhoga mûrti, utsava vigraha)*.

As estatuetas *(dhyâna bera)* são imagens dos santuários domésticos.

As divindades representam-se de pé *(sthâra nakamurti)*, sentadas *(âsana mûrti)* ou jacentes *(çayana mûrti)*.

As imagens em pé, segundo a posição, classificam-se em: *samabhanga, âbhanga* ou *tribangha*. O eixo da cabeça, tronco e pernas forma uma linha quebrada, mas no primeiro caso a cabeça fica direita; no segundo direita ou inclinada; e na terceira sempre inclinada.

Por *atibhanga* são conhecidas as estátuas jacentes de Budha e de Vixnú.

> "The images of no gods other than Vishnu should be represented as reclining." (220)

As estátuas dos deuses estão sentadas ou de pé sôbre os tronos *(asana)* ou sôbre pedestais *(pitha)*. O *padmapitha* tem a forma da flôr de lótus.

O trono de leões *(simhasana)* é sustentado por leões, o *kurmasana* pela tartaruga, o *makarasana* pelo *makara*, animal aquático de cabeça de dragão e corpo de golfinho ou de ave. O *bhadrapitha* é rectangular ou circular.

A estátua sentada ou de pé é munida duma auréola circular atrás da cabeça *(ciraschacra)* ou dum nimbo anular, redondo ou oval que enquadra o corpo, orlado de línguas de fôgo.

Para exprimir a personalidade múltipla, as actividades

---

(219) R. Grousset — *Les Civilisations de l'Orient* — I, pag. 358.

(220) T. A. Gopinatha Rao — *Elements of Hindu Iconography*, I, part. I, pag. 19.

diversas de qualquer divindade, recorre-se a uma espécie de síntese iconográfica. Uma imagem de quatro braços por exemplo poderá exprimir pelos dois braços inferiores a protecção que o deus concede a seus fiéis, ao passo que os superiores seguram as armas ou atributos característicos.

As formas ferozes com inúmeros braços, brandindo armas contra os demónios, denominam-se *tâmasika.*

Os gestos *(hastas e mudras)* têm a sua significação.

Eis os mais importantes:

Varada : caridade.
Abhaya : não tenho medo.
Kataka ou Simhakarna : para segurar uma flôr.
Suchi : indicação ou ameaça.
Katiavalambita : comodidade.
Gaja : gesto que imita a flexibilidade da tromba do elefante.
Anjali : mãos postas, adoração.
Vismaia : espanto.
Chin : explicação.
Yoga : meditação.

Os emblemas segurados na mão servem para identificar os ídolos.

Os principais são os seguintes:

Chanca (concha). *Chacra* (roda ou disco). *Gada* (maça). *Khadga* (espada). *Khetaca* (escudo). *Dhanus* (arco). *Bana* (seta).	na mão de Vixnú.
Parachu (machado). *Khatvanga* (maça). *Sula* (tridente). *Agni* (facho).	na mão de Xivá.

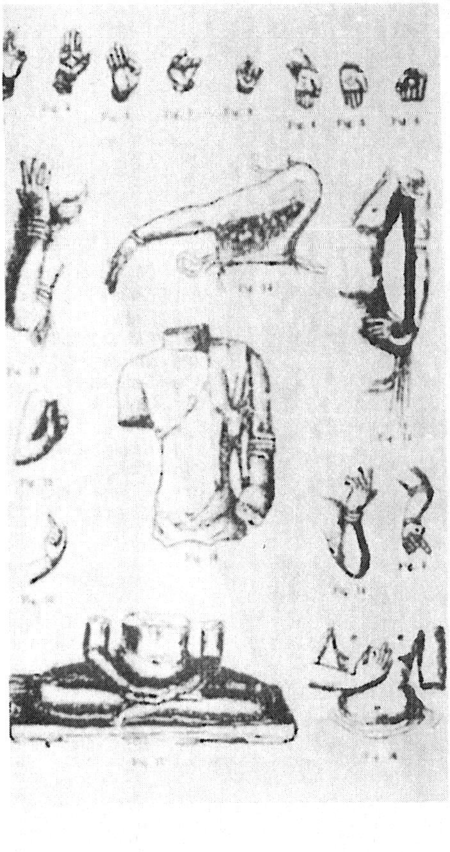

1 – *Varada*
2 – *Varada*
3 – *Varada*
4 – *Abhaya*
5 – *Abhaya*
6 – *Abhaya*
7 – *Kataka* ou *Simha*
8 – *Kataka*
9 – *Suchi*
10 – *Tarjani*
11 – *Katiavalambita*
12 – *Gaja*
13 – *Vismaia*
14 – *Vismaia*
15 – *Chin, Viakhiana, Sandarsana.*
16 – *Jnana*
17 – *Iôga*

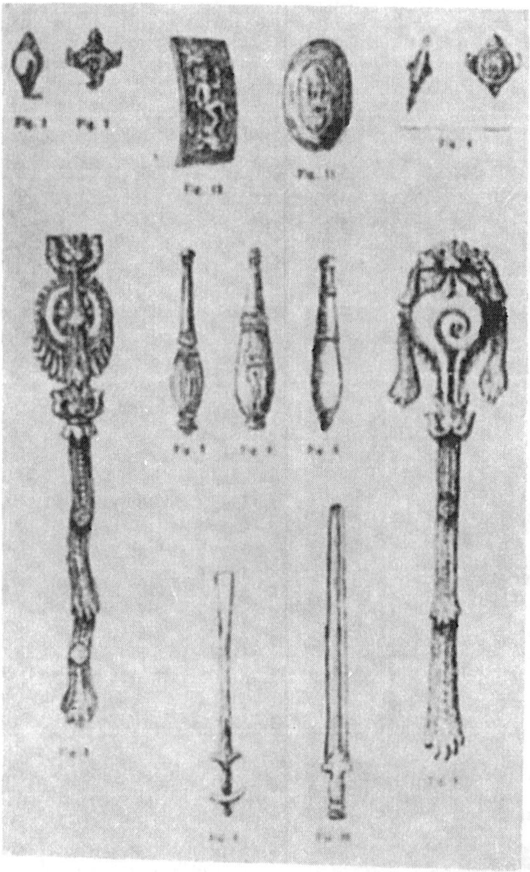

1 - *Chanca* (concha)
2 — *Chanca*
3 - *Chanca*
4 — *Chacra* (roda)
5 - *Chacra*
6 - *Gada* (maça)
7 — *Gada*
8 - *Gada*
9 — *Khadga* (espada)
10 — *Khadga*
11 - *Khetaca* (escudo
12 — *Khetaca*

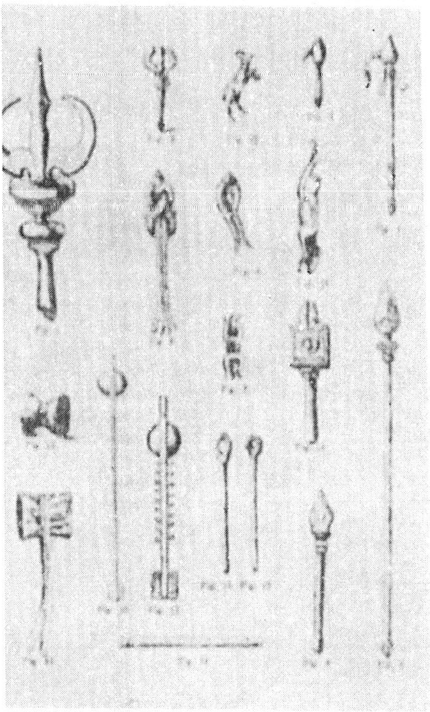

1—*Sula* (tridente)
2—*Sula*
3—*Ankuça* (aguilhão do elefante)
4—*Ankuça*
5—*Paça*
6—*Paça*
7—*Vajra* (raio)
8—*Sacti* (lança)
9—*Sacti*
10—*Vina* (instrumento de cordas)
11—*Vina*
12—*Damaru* (tamboril)
13—*Damaru*
14—*Murali* ou *Venu* (flauta)
15—*Mriga* (veado de Xivá)
16—*Mriga*
17—*Sruk* (colher)
18—*Sruk*
19—*Sruk*

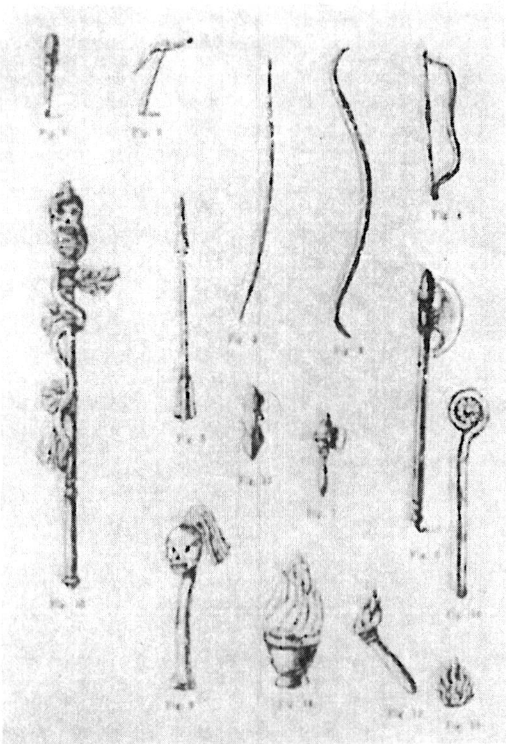

1 – *Musala* (vara)
2 – *Dhanus* (arco)
3 – *Dhanus*
4 – *Dhanus*
5 - *Bana* (seta)
6 – *Paraxu* (machado)
7 – *Paraxu*
8 – *Hala* (arcado)
9 – *Khatvanga* (maça)
10 – *Khatvanga*
11 – *Tanka* (escopro)
12 – *Agni* (facho)
13 - *Agni*
14 – *Agni*
15 — *Chacra*

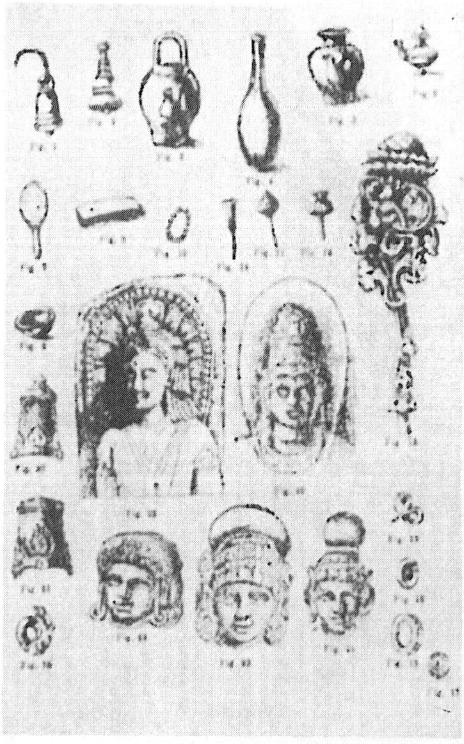

1—*Ghanta* (sino)
2—*Ganta*
3—*Kamandalu* (jarro)
4—*Kamandalu*
5—*Kamandalu*
6—*Kamandalu*
7—*Darpana* (espelho)
8—*Kapala* (craneo)
9—*Pustaka* (livro)
10—*Akshamala* (rosário)
11—*Padma* (lotus)
12—*Padma*
13—*Padma*
14—*Nilotpala* (lirio azul)
15—*Patrakundala* (brinco)
16—*Chancapatra* (brinco)
17—*Ratnakundala* (brinco)
18—*Makarakundala* (brinco)
19—*Sarpakundala* (brinco)
20—*Kirita-makuta* (trunfa)
21—*Kirita-mukuta*
22—*Kesabandha* də Sarasvati
23—*Kuntala* de Lacximi
24—*Kuntala*

1—Padmasana
2—Makarasana (Elora)
3—Kurmasana (Elora)
4—Kurmasana (Malabar)
5—Padmasana
6—Bhadrapita

1—*Jata-bhara*
2—*Jata-bhara*
3—*Jata-bhara*
4—*Siraschakra* (halo)
5—*Siraschakra*

1—Kirita-makuta do deus Naraina
2—Karanda-makuta de outros deuses

Aukuça (aguilhão do elefante). *Paça* (laço).	na mão de Ganeça.
Vajra (raio). *Sacti* (lança). *Tanka* (cinzel).	na mão de Subramania.
Musala (vara). *Hala* (arado). *Vina* (ataúde).	na mão de Balaram.

Dancaru (tamboril).
Murali ou *Venu* (flauta).
Ghanta (sino).
Kamandalu (jarro).
Sruc e *sruvr* (colher) na mão de Anapurna.
Darpana (espelho).
Padma (flôr de lótus) na mão de Lacximi.
Kapala (crâneo) na mão de Xivá.
Pustaka (livro) na mão de Brahmá.
Akshamala (rosário) na mão de *Brahmá*, *Sarasvati* e *Xivá*.

O penteado *(mukuta)* reveste várias formas:

Jatamakuta de *Bramá* e *Rudra*.
Kirita-makuta do Naraina.
Karanda-makuta de outros deuses.
Kesabanda de Sarasvati.
Kuntala de Lacximi.

As proporções dos templos e a forma das estátuas são determinadas pelos preceitos hieráticos recolhidos nas *cilpaxastras*.

O texto que prescreve a forma duma estátua denomina-se *dyana mantram* ou *sadhana*.

A arte nestas condições é impessoal; atraz do artífice está a consciência unânime da raça. O Imaginador é escultor por vocação hereditária.

As estátuas de metal são de cobre ou latão e raras vezes de bronze. As de cobre são às vezes cinzeladas e engastadas de pedras e as de latão incrustadas de prata.

A vida material— Manu só permite aos sudras o uso de bebidas alcoólicas. Já o *Ramaiana* alude ao costume de a mulher comer depois do marido (II, 95-36). ([221])

O *Mahâbhârata* e o *Ramaiana* aludem a vestes de lã e algodão, lã vegetal como o denominam os escritores gregos. Até o século XV, era desconhecida na Europa a tecelagem de algodão, usado até então no fabrico de papel. ([222])

Aquelas epopeias e o historiador grego Herodoto fazem menção de trajes de ervas *(valcalas)* vestidos por anacoretas. ([223]) No período épico as classes ricas vestiam-se de sêda, e usavam-se sandálias de ervas, madeira e coiro.

Fa-Hian (século IV da era vulgar) diz que em Muttra ninguém tomava bebidas alcoólicas nem se alimentava de cebo-(as, nem de alho, salvo os *chandalas.* ([224]) Hiuen Thsang l século VII) acrescenta que os índios não comiam beringelas, nem carne de boi, burro, elefante, cavalo ou macaco. ([225])

Nas moedas e nas esculturas dos scitas e dos kuscitas aparecem camisas, calças e blusas e é provável que êsses nvasores das regiões frias tenham introduzido trajes mais confortáveis.

Já o *Ramaiana* menciona veículos transportados pelos homens.

O *xadrez* é invenção indiana que os árabes introduziram na Espanha, donde se irradiou para tôda a Europa. O nome sânscrito de xadrez é *chaturanga* (4 armas do exército indiano) donde derivou o persa *shatranj.*

No *Ramaiana* encontramos os brâmanes a cultivar os campos e alusões às seguintes profissões: actores, dentistas,

([221]) Miss P. C. Dharma — *Women during the Ramayana Period* no *Journal of Indian History* —Abril de 1938, pag. 14.

([222]) Costa Lobo — *História da Sociedade em Portugal no século XV*, pag. 402.

([223]) Mac Crindle — *Ancient India*, pag. 2.

([224]) Fa-Hian — cap. XVI.

([225]) Waters — *Yang-Chwang*, I, pag. 178.

fabricantes de vinho, de tapetes e de cobertores de lã, perfumistas, químicos. ([226])

No *Mahâbhârata* já o sistema das castas adquire a sua rigidez: é defesa a profissão agrícola aos brâmanes que devem viver de esmolas, o kchátria deve abraçar a carreira das armas, ao vaixia incumbe criar a riqueza e ao sudra servir as outras classes. ([227])

Todavia, nota o historiador brâmane Vaidya, no século IX, os brâmanes casavam com as rajputs e os rajputs com as vaixias. Assim o brâmane Raja-Shekhara, autor do drama *Kapura-Manjari*, casou com uma rajput. ([228])

No *Apastanba Dharma Xastra* aparece a proïbição de um ária tomar alimentos preparados por um sudra (I, 5, 16, 22, I, 17, 1).

A vida social — O costume tem sanção religiosa. A religião é a base da vida social.

São religiosamente observados os ritos que fixaram as formas da vida, as normas que regulam a alimentação, o vestuário, o banho, a higiene, o casamento, a gravidez, o nascimento, a puberdade e as cerimónias fúnebres. A religião santifica o costume.

Duarte Barbosa chama-lhe "*ley de gentio*" revelando a agudeza do seu espírito de observador. "Há afora estas gentes acima honze leis de outras mais baixas guardando-se de misturar uma casta com outra casta." (Livro, pag. 334).

É que a lei da casta é lei especial que prevalece sôbre a geral. A lei da casta não é apenas regra de direito, é também preceito da moral. A moral é independente da religião. E' certo que na literatura sagrada, nas epopeias, nas canções de Tucarama há passos de grande elevação moral, mas a moral prática é tradição da família e da casta. Fazer o que faziam os antepassados é dever sagrado, é *dharma*. Os sacerdotes limitam-se a presidir aos ritos domésticos ou públicos.

([226]) *Ayodhia*, 33 a 70.

([227]) *Sabha*, XII, 91; Udyoga 132, 30.

([228]) *Mediæval Hindu India*, II, 219.

A educação moral está a cargo da família que transmite não só os costumes e o *savoir vivre* legados pela tradição, mas ainda os preconceitos e as superstições, exaltando a memória dos avoengos.

> "Where ancestorship makes its appearance, where as in some measure in descent from the idea of reincarnation or as the result of other factors, it is obviously an element of prepotency in the determination of social values in the direction of tradition. Thus there are ideas still active in shaping the institutions of the lower culture which derive their strength from, as they lend their support to, social forces of the traditional order and structure.
>
> The great vehicle of tradition is society. Tradition is society and society is tradition. The human units which compose society change constantly, even rapidly. The changes which society undergoes are slower—and less perceptible – and therefore society appears to be immobile – changeless — but there are limits to social memory, there are variations. The dominance of tradition is the dominance of society over the individual...
>
> Of the Nagas in Manipur years ago I found that " What gives validity to these unwritten laws is the vague fear that something may happen if they are broken. Something this terrible death of a tribesman has happened. Why did it happen ? What more logical than the answer that it happened because a sin has been commited ? " (229)

A sociedade indiana é, como a chinesa, de formação comunitária. A colectividade intromete-se nos actos mais importantes da vida do indivíduo, aconselhando ou criticando. É grande o respeito da opinião pública.

O costume e a imitação são as duas fôrças que determinam a evolução social.

O costume é um legado dos antepassados que se deve respeitar. É garantido pela opinião pública, infrigí-lo importa cair no desagrado dela. A expulsão para fóra da tribu, a excomunhão é uma das sanções do costume. Por êle velam,

(229) T. C. Hodson —*The Primitive Culture of India*, pag. 7.

na concepção indiana, as potências sobrenaturais que punem o transgressor com a desgraça, com a doença, com a morte.

A influência do costume é contrabalançada pelo espírito de imitação. As classes inferiores tendem a imitar as superiores. Dêste modo se infiltraram lentamente na massa da população indígena os costumes dos povos dominantes. Assim, em a nossa India os ritos religiosos domésticos das diversas castas têm sido unificados pelos *bottos* que presidem às cerimónias religiosas.

É êrro supor que as normas do direito hindu foram impostas pelos árias ou pelos brâmanes aos aborígenes. Após a invasão da India pelos árias houve um intercâmbio de ideas e costumes. Entre os brâmanes *nambudiris*, por exemplo, o filho mais velho casa-se segundo o rito bramânico, e casam-se os mais novos com as mulheres *naires* segundo o rito *sambadham* (forma matriarcal) do Malabar.

Quanto maior fôsse o progresso dos aborígenes mais atrazados, tanto maior era a assimilação dos costumes áricos, que correspondiam à fase superior da evolução. Assim, as classes inferiores recorrem aos brâmanes para regular situações novas, para resolver os casos omissos, de modo que o direito bramânico desempenha a função de *direito subsidiário*, como o direito estrangeiro no antigo direito português.

Os brâmanes registaram nas *dharma-xastras* os costumes que observavam e formularam os princípios gerais de moral e de direito, deduzindo-os da tradição e dos *Vêdas*, da mesma forma como os moralistas cristãos os deduziram da *Biblia* e das tradições da Igreja, e deram-lhes sanção religiosa. Todavia os brâmanes respeitaram os costumes não codificados, que, segundo a teoria deles, constituiam excepções às regras por êles declaradas e se justificavam pela diversidade das condições das tribus que as seguiam. É que o senso das realidades os levava a adoptar o princípio da especialidade da legislação, reconhecido pelo moderno direito colonial. Assim, *Manú* (VII, 203) e *Yajnavalkya* (I, 342) mandaram respeitar os costumes dos vencidos.

A *Dharma-xastra* de Manú, por exemplo, não foi elaborada por um corpo legislativo, mas é uma compilação da classe sacerdotal, atribuida a uma entidade mítica, ao Adão indiano que a recebeu de seu pai Brahmá, qual Moisés a quem Jeová confiou as tábuas da Lei.

Dharma significa "lei natural" e *xastra* "doutrina". As *dharma-xastras* são pois tratados de direito natural. A sua fôrça obrigatória provinha do ascendente moral duma tradição sagrada que se impunha aos monarcas bramanizados, como o direito canónico e os praxistas na Europa. Nelas se baseavam os decretos régios, *xaçanas*, que constituiam a lei própriamente dita, como nô-lo demonstram as inscrições, os éditos de *Axoca* e a *Arthaxastra*. Manú recomenda a obediência às *xaçanas* (VII, 13).

As *xastras* não contêm todo o direito, pois que encerram princípios de moral, regras de etiqueta e preceitos de higiene, e Manú diz: "O rei que conhece a lei sagrada (*dharma*) deve inquirir sôbre os costumes das classes, corporações, famílias e localidades" (VII, 41).

O rei, no exercício do poder judicial, não se limitava a ouvir os canonistas brâmanes, os *mimansacas* e o conselho dos *xichtas*, de que fala Manú (XII, 108-112); mas investigava e aplicava o direito consuetudinário local que se formara fóra da influência bramânica.

As *Dharmaxastras* registam 8 formas de casamento notadas entre vários povos e tribus da India: *brahma*, *daiva*, *archa*, *prajapatia*, *assura*, *gandharva*, *racchasa* e *paisacha*.

A entrega da filha pelo pai a um brâmane instruído e bem comportado (*brahma*); a entrega da filha pelo pai ao brâmane que presida ao sacrifício e dentro do recinto sagrado (*daiva*); a entrega da filha pelo pai mediante a dádiva de dois ou quatro bois ou vacas feita pelo noivo (*arxa*); a entrega da filha adornada de jóias pelo pai com a fórmula: "É a tua mulher, cumpri ambos os deveres impostos pela lei" (*prajapatia*); a compra da noiva ao pai (*asura*); o casamento de amor (*gandharva*); o rapto da noiva (*racchasa*); a sedução fraudulenta da noiva a dormir ou hipnotizada (*paisacha*)

— eis as variantes do casamento hindú, classificadas pelas *xastras*. (230)

Aos brâmanes só eram permitidas as 4 primeiras formas, aos cxátrias e as outras castas permitiam-se também a *gandharva*.

Ainda hoje os *todas* de Nilguiri adoptam a forma *arxa*, os *kallares* e *maravares* de Tinnevely, os *khonds* da India Central, e os *Yenadis* de Nelore a forma *racchasa*, e os *naiadis* de Malabar a *gandharva* (231). Isto mostra que as *xastras* não impuseram, mas registaram as 8 formas de casamento observadas entre as várias tribus.

A forma *gandharva* que os *cxátrias* adoptaram talvez à imitação da tribu não-árica dos *gandharvas* da região dos Himalaias, é conhecida na literatura hindu por *svayanvara* que tinha duas variantes: ora a noiva escolhia o noivo dentre os pretendentes, ora dava a mão ao candidato que saísse vencedor no torneio, onde afirmava o seu valor militar, batendo-se pela sua dama, como os cavaleiros medievais.

O *Atharvavêda* refere-se ao *dote* das princesas. (232) Daí o desenvolvimento desta instituição na sociedade feudal de Rajputana, tendo-se introduzido mais tarde nas outras castas. (233)

Vimos que a poligamia era permitida no período vêdico (234) e era vulgar nas classes nobres e ricas.

As *xastras* neo-bramânicas só (235) a admitem em casos excepcionais. Assim, a *Apastamba Dharma Sutra* proïbe as 2.as núpcias, se a 1.a mulher já teve um filho (236) *Manu*

(230) *Manu*, III, 21-34; *Yajnavalkia*, I, 58 51; *Gautama*, IV, 6-15; *Apastamba*, II, 11, 17-21.

(231) S. V. Viswanatha—*Racial Synthesis in Hindu Culture*, pag. 133.

(232) *Atharvavêda* V, 17, 12.

(233) A. S. Altekar—*The position of women in Hindu civilisation*, pag. 85.

(234) *Rig-Vêda* I, 105, 8.

(235) *Taittiriya Samhitá* VI, 6, 4, 3.

(236) *Apastamba Dharmasutra* II, 5, 11, 12.

consente o 2.º casamento na falta de prole e com consentimento da 1.ª mulher (237).

Esta restrição é adoptada pelo Código vigente dos usos e costumes de Gôa.

Todavia os príncipes tinham o seu harém (238). O *Mahâbâhrata* e *Manu* aludem aos eunucos.

No *Ramaiana* há vestígios do casamento das raparigas púberes (1-32-12, VII-5-3), da escolha do noivo pela família da noiva (VII-9-7, I-68-12, VII-2-24, 1-33-19), do casamento de raparigas kchátrias com brâmanes (1-10-30, VII-2-24) ou da escolha do noivo na classe superior (II-63-50), da poligamia entre os brâmanes (VII-3-3, VII-9-11, III-14-11), da reclusão das mulheres entre os *kchatrias* (VII-35-56), do *sati* (III-64-58, VII-17-14, II-66-12), proposta de casamento pelo pai da noiva (1-68-13), da aceitação da proposta pelo pai do noivo após a consulta dos sacerdotes e dos parentes (1-68-20), a fixação da data do enlace (1-69-13), a entrega da noiva pelo pai (1-3-26, II-29-18), de a mulher caminhar atraz do marido (VII-49-17), de "*Pativratia*" isto é, fidelidade e assistência moral ao marido.

A reclusão das mulheres é pois anterior às invasões maometanas e talvez de origem scítica. Há também referência a êsse costume no *Magananda* e no *Ratnavali*, peças de teatro do Imperador Harcha.

O *Mahâbhârata* revela-nos o costume do casamento obrigatório para as raparigas (239) que se estabeleceu provávelmente como reacção contra a tendência monacal despertada pelo budismo e pelo jainismo (240).

Emquanto as *xastras*, do século V antes de Cristo a I da era vulgar, aconselham o casamento logo após a puberda-

(237) *Manu* IX, 88.

(238) *Priydarshika*, drama do imperador Harcha, trad. ingl. de Nariman etc. —New York—1923.

(239) I, 114, 36.

(240) *Mahâbhârata*, XII, 325, 103.

de ([241]) Yajnavalquia (século II da nossa era) recomenda o casamento das raparigas impúberes ([242]) e a *Brahma Purana* chega ao extrémo de permitir o casamento das raparigas depois de completarem 4 anos de idade!

O costume do casamento infantil coïncide com a época em que se tornou obrigatório o casamento e talvez visa ao mesmo fim: reacção contra o misticismo jaina-budista.

Infere-se da *Dharmaxastra* de Manu que o casamento das raparigas púberes, se não era aconselhado, não era proïbido. "É dever dos pais e tutores o casamento das raparigas impúberes, mas o casamento das púberes não é nulo". ([243]) "Pode a rapariga púbere ficar em casa dos pais se não encontrar um noivo" em condições necessárias. ([244])

Se os pais não arranjarem noivo pode a rapariga, decorridos três anos, após a puberdade escolher marido. ([245]) E' admirável o espírito prático do legislador ou antes do costume que se formou.

No *Rig-vêda* há referências ao costume de as noivas escolherem os noivos. ([246]) Êste costume desapareceu em consequência da interdição de casamento das raparigas adultas Emquanto é tolerado pelo *Agnipurana* ([247]) é proïbido pelo *Bramapurana*. ([248]) No *Ramaiana* há alusões como vimos ao pedido da mão de noiva feito ao pai desta. ([249]) Era uma formalidade que sancionava a escolha livre dos noivos, sobretudo nas classes superiores, ao passo que nas classes populares, como se depreende dos *jatacas* (contos budistas) a

---

([241]) *Vasista Dharma Sutra* XVII, 59; *Baudhayana Dharma Sutra* IV, 1,14; *Gautama Dharma Sutra* XVIII, 20.

([242]) I, 13.

([243]) Manu IX, 91.

([244]) Idem IX, 89.

([245]) Idem IX, 90.

([246]) *Rig-vêda*, X, 27,12.

([247]) *Agnipurana*, 226, 41.

([248]) *Brahmapurana*, cap. 219.

([249]) *Ramayana*, XII, 224, 38.

escolha era feita pelos pais com consentimento da noiva. Em consequência do casamento infantil, a escolha do noivo passou a ser a grande preocupação do chefe de família. Acentua-se agora a tendência no sentido de o casamento dos adultos ser da livre escolha. E' o resultado da elevação do nível intelectual da mulher e da circunstância de frequentar ainda as escolas superiores, embora o consentimento dos pais seja necessário, como medida de prudência.

Manú proïbe o casamento entre parentes até o 7.º grau, quer do lado paterno, quer do materno [250]; Yajnavalkia até o 7.º do lado paterno e até o 5.º de materno [251]; Bhaudaiana alude ao costume, da India meridional, do casamento com a filha da tia paterna e do tio materno. [252]

O costume de casar com a filha do tio materno é registado como costume da India do Sul pela *Dharmasutra* de Bhaudhyana (século VII antes de Cristo). Encontramos vestigios dêste costume no *Rig-vêda* e no *Mahâbhârata*, mas é condenado por Manú e por Yajnavalkia que compilaram os costumes da India do Norte. [253]

O casamento das viúvas era, como vimos, permitido no período vêdico. [254] Vasixta permitia as 2.as núpcias ainda no caso da ausência do marido por mais de 5 anos. [255] Nos últimos séculos antes de Cristo, estabeleceu-se o costume de as viúvas não contraírem 2.as núpcias [256] e as *Xastras* passaram a proibí-las a princípio às adultas [257] e afinal a todos. [258]

---

(250) Manu, III, 5.

(251) Yajnavalkia I, 53.

(252) Baudhaiana I, 1, 2, 3.

(253) V. R. R. Dikshitar — *South Indian Customs in the Smrtis* na *Indian Culture*, Julho de 1938, pg. 1 e seg.

(254) *Atharvavêda* IX, 5, 29—8; *Rig-vêda* IX, 5, 27.

(255) *Vasixta Dharma Sutra*, XVII, 67.

(256) *Anguttara Nikaya* III, 295.

(257) *Vasixta Dharma Sutra* XVII, 66; *Baudhaiana Dharmasutra*, II, 2, 4, 7.

(258) *Manú*, I, 157.

Se Manú proïbe o casamento das viúvas, ([259]) Narada consente-o ([260]) e segundo Yajnavalkia não é nulo. ([261])

Parasara permite as 2.as núpcias à mulher nos seguintes casos: ausência sem notícias do marido, o abandôno do mundo pelo marido, impotência do marido e a circunstância de o marido ser expulso da casta. ([262])

Manú impõe ao marido o dever da fidelidade conjugal; quem o não cumpre comete um grande pecado. ([263])

O *Mahâbhârata* e o *Ramayana* resumem o ideal da mulher na felicidade do marido. ([264])

Na literatura budista encontramos referências ao divórcio da mulher que os costumes já condenavam. ([265]) A *Artaxastra* (século IV antes de Cristo) permite o divórcio. ([266]) Manú só o consente, não tendo sido consumado o casamento e no caso de impotência, loucura, doença incurável ou contagiosa. ([267]) mas nas classes inferiores nunca foi proïbido, embora os tribunais ingleses o não tenham reconhecido.

Manú permite o repúdio da mulher nos seguintes casos: embriaguês, adultério, desobediência, prodigalidade, génio conflituoso.

A mulher estéril pode ser repudiada no 8.º ano após o casamento, e bem assim aquela cujos filhos morrem no 10.º e a que só tem filhas no 11.º. ([268])

Na literatura budista há vestígios de conflitos entre os sogros e a nora. ([269])

([259]) Manú, III, 155.

([260]) Narada, XII, 97.

([261]) Yajnavalkia, I,67.

([262]) *Parasara*, IV, 30.

([263]) IX, 101.

([264]) *Mahâbhârata*, XII, 144, 20; *Ramayana* II, 37, 30.

([265]) Dhammapada, II, 82; *Therigatha*, 72; *Kanhadipaina Jataka* n.º 444.

([266]) *Artaxastra*, III, 4.

([267]) *Manú*, IX, 46; IX, 79; IX, 175.

([268]) *Manú*, IX, 80-83.

([269]) *Dhammapada* (15, 324); *Therigatha* XLV; *Jataka* n.º 432.

A autoridade dos sogros e do marido cresceu em virtude do casamento infantil. (270)

Já no período indo-irânico preferia-se o nascimento dum rapaz. (271) O *Atharvavêda* contem ritos e processos de magia para se obter o nascimento dum filho (272); mas na literatura posterior a filha não é desejável. No *Aitareya Brahmana* o filho é a esperança da família, ao passo que a filha dá cuidados. (273)

No *Ramaiana* há alusão à satisfação da mãi pelo nascimento dum filho e à tristeza que a oprimia quando dava à luz uma filha, justificando êsse costume pela necessidade dum filho para a cerimónia do *xrada*, indispensável para a salvação dos pais e pela preocupação do futuro das filhas (VII-12-10, II-107-13).

> " L'événement capital de la vie conjugale japonaise est la naissance du descendant mâle. Aussi longtemps que la femme n'a pas mis au monde un fils (les filles comptent à peine) elle n'a pas atteint le but du mariage, voire celui de sa vie, et peut même être répudiée comme " inapte au service conjugal "... Souvent, on remédie au manque de descendant mâle par l'adoption, afin que le nom de la famille ne s'éteigne pas...
>
> La grande importance du problème de la descendance masculine au Japon devient compréhensible lorsqu'on songe au rôle que joue dans la religion nationale du pays le shintoïsme, le culte des ancêtres. Pour le shintoïste les aïeux mâles sont les modèles qu'il lui faut imiter en tout et à l'image desquels il est fait. Ce sont même des divinités auxquelles il adresse des prières." (274)

O *sati* era desconhecido não só no período vêdico mas ainda no budista.

---

(270) *Rig-vêda* I, 124, 4; Manú, VIII, 299, 300.

(271) Geiger—*Civilization of the Eastern Iranians*, pag. 11.

(272) III, 23: VI, 53.

(273) VII, 13.

(274) M. Hirschfeld—*Le Tour du Monde d'un sexologue* (traduit de l'allemand), pag. 143.

No *Ramaiana* e nos *Puranas* aparecem referências a êsse costume ([275]) que prevaleceu entre os rajputs nos primeiros séculos da nossa era, como se lê nos dramas de Bhasa, Calidassa e Sudraca e, foi imitado pelas famílias reais maratas. Assim, uma das mulheres de Sivagi lançou-se na pira fúnebre e há exemplos nos anais dos reis de Satará, Nagpur, Gwalior, Indore e Barodá. ([276])

A tonsura das viúvas foi uma consequência da proïbição, das 2.as núpcias e uma protecção contra o impulso sexual. As viúvas passaram a imitar as monjas budistas. Cêrca do século X da nossa era foi imposto êste costume. ([277])

BIBLIOGRAFIA

AIYANGAR (C.) — *Tamil Studies* – Madras — 1914.

AIYANGAR (S. K.) — *Some Contributions to Tamil literature.*

AIYANGAR (S. K.) – *Early History of Vaishnavism in South India.*

AIYANGAR (S. K.) — *Beginnings of South Indian History.*

AIYANGAR (S. K.) — *Some Contributions of South India to Indian Culture* — 1923.

AIYAR (C. N. K.) — *Sri Sancaracharia.*

ALTEKAR (A. S.) — *Education in Ancient India* — 1934.

ALTEKAR (A. S.) — *The Rashtracutas and their times.*

BARNETT (L. D.) — *The Heart of Hinduism* — 1913.

BARNETT (L. D.) — *Antiquities of India* – 1914.

BARNETT (L. D.) — *Heart of India* — 1924.

BARTH — *Les Religions de l'Inde* – Paris — 1914.

BHANDARKAR (R. G.) — *Vaisnavism, Saivism and Minor Religious Systems* — 1913.

BHANDARKAR (R. G.) — *Early History of the Deccan* — 1928.

([275]) *Ramaiana*, (III— 64-58, VII — 17-14); *Uttarakanda*, cap. 279.

([276]) A. S. Altekar — *The position of women in hindu civilization*, pag. 555.

([277]) *Vedavyasa* I, 53.

27

BHANDARKAR (R. G.) – *A Peep in the Early History of India* — 1930.

BHATTACHARYA (J.) — *Hindu Castes and Sects* — Calcutta – 1896.

CARPENTER — *Theism in Mediæval India* — 1921.

CHAR (C. M.) — *The Life and Teachings of Sri Madhvacharia.*

CHAUDURY (H. R.) – *Early History of Vaishnava Sect.*

CHAUDURY (H.) — *Political History of India.*

COOMARASWAMI — *A History of Indian and Indonesian Art* — 1927.

COURTILLIER — *Les Anciennes Civilisations de l'Inde* — Paris – 1930.

DUTT (U. C.) — *Materia Medica of the Hindus.*

FARQUHAR (J. N.) — *An Outline of the Religious Literature of India* — London — 1920.

FERGUSSON — *The History of Indian and Eastern Architecture* — 1910.

FRAZER — *A Literary History of India* — 1898.

GOWEN (H. H.) — *History of Indian Literature* – 1931.

GOPALAN (R.) — *History of the Pallavas of Kanchi* — Madras — 1929.

GROUSSET (R.) — *Les Civilisations de l'Orient* — *t. II* — Paris — 1930.

GUENON — *Introduction générale à l'étude des doctrines hindoues.* — 1921.

HARICHAND — *Kalidasa et l'art poetique du l'Inde* — Paris — 1917.

HAVELL — *Ancient and Mediæval Architecture* — 1915.

HAVELL — *Indian Sculpture and Painting.*

HOPKINS (E. W.) — *The Religions of India* — New York — 1895.

JOUVEAU DUBREUIL — *Histoire Ancienne du Deccan* — Pondichery — 1920.

KEITH — *A History of Sanskrit Literature* — 1928.

KETKAR (S. V.) — *Hindu Law* — 1914.

KRAMRISCH — *Indian Sculpture* — 1933.

LA VALLÉE POUSSIN — *L'Inde aux temps des Mauryas* — Paris — 1930.

LA VALLÉE POUSSIN – *Dynasties et Histoire de l'Inde depuis Kanishka* – Paris — 1935.

LÉVI (Sylvain) — *Le Théatre Indien* — Paris — 1890.

LÉVI (Sylvain) — *L'Inde et le Monde* — Paris — 1928.

MACDONELL (A. A.) — *A History of Sanskrit Literature* — 1899.

MASSON OURSEL, GRABOWSKA ET STERN — *L'Inde antique et la civilisation indienne* — 1933.

MILLOUÉ — *Histoire des religions de l'Inde* — 1890.

MOORE — *Hindu Pantheon.*

MOOKERJI (R.) — *Harsha* — 1926.

MOOKERJI (R.) — *Hindu Civilization* — 1936.

MÜLLER (Max) — *India, what can it teach us?*

O' MALLEY — *Popular Hinduism* — 1930.

PAI (D. A.) — *Monograph on the Religious Sects in India* — 1928.

PILLAI — *Some Milestones in the History of Tamil Literature* — 1895.

PILLAI — *Tamil 1800 years ago* — 1914.

RADHAKRISNAN (S.) — *The Vedanta according to Sankara and Ramanuja.*

RADHAKRISNAN (S.) — *The Hindu View of Life* — 1931.

RAPSON — *Ancient India* — 1914.

RATHENSTEIN — *Ajanta Frescoes* — 1915.

RAO (G.) — *Elements of Hindu Iconography* — 1914-16.

RAWLINSON (G.) — *India* — 1937.

RAYCHAUDURY — *Early History of Vaichnava Sect.*

RAY (P. E.) — *History of Hindu Chemistry* — 1913.

SARKAR (B. K.) — *Hindu Achievements in Exact Science* — 1918.

SASTRI (N.) — *Studies in Çola History and Administration* — 1932.

SASTRI (N.) — *The Pandyan Kingdoms* — 1929.

SASTRI (V.) — *The Çolas* — 1935.

SMITH (V.) — *The Early History of India* — 1924.

SMITH (V.) — *A History of Fine Art in India and Ceylon* — 1930.

TOD (J.) — *Annals and Antiquities of Rajasthan* — 1920.

VAIDYA — *History of Mediæval Hindu India* — 3 vols.

VENKATESWARA (S. V.) — *Indian Culture through the Ages* — 1928.

VISWANATHA (S. V.) — *Racial Synthesis in Hindu Culture.*

WATTERS — *On Yuan Chuang's Travels in India* — 1904.

WILKINS (W. J.) — *Hindu Mythology.*

WINTERNITZ — *History of Indian Literature* — trad. de Mrs. Ketkar.

IV

A civilização maometana

Existem na India quási 80 milhões de maometanos.

Os invasores maometanos cruzaram-se com os nativos e muitos dêstes se converteram ao maometismo.

Vejamos como e quando é que os maometanos penetraram na Índia.

Maomet morreu em 632. Em poucos anos os árabes vitoriosos subjugaram a Síria, o Egipto e a Pérsia.

Em 714 Hajaj era Vice-rei da Pérsia e do Iraq. Sob as suas ordens, o seu sobrinho Maomet invadiu a India, conquistou o baixo Sindh e avançou até ao Himalaia, mas cêrca de 1001, uma dinastia indiana, apoderou-se do Sindh. A dominação dos árabes na India foi efémera.

Estava, porém, reservada a outro povo a difusão do maometismo na India.

Com a queda da dinastia Omaiad, a capital do império árabe foi transferida de Damasco para Bagdad, sob a dinastia Abassida. Isto avigorou a influência persa: governadores persas declararam a sua independência. Para contraminar a influência persa os kalifas rodearam-se de mercenários turcos.

A guarda pretoriana turca tornou-se a árbitra do império árabe, resultando daí a afluência de novas correntes turcas que passaram a dominar desde o Egipto até Samarcand.

O turco Sabactagin fundou um reino maometano, tendo por capital Ghazni, entre Cabul e Kandaar. Sabactagin derrotou e fez tributário o rajá de Punjab, iniciando o movimento invasor da India. Sucedeu-lhe o seu filho Maomet que reinou desde 998 até 1131.

Desde o ano mil a 1126 fez Maomet 16 campanhas na India, atravessando-a do Indo ao Ganges. Graças ao fanatismo muçulmano e à falta de união entre os príncipes hindús, Maomet venceu tôdas as resistências, saqueou templos e palácios, e voltou para Ghazni com os riquíssimos despojos dos vencidos. Ao furor iconoclasta de Maomet não escaparam os famosos templos hindus de Nagarcot, no Himalaia, de Thaneswar e Mutra, no Jamna, e de Somnat, no Guzerate.

O culto fervoroso que Maomet prestou à Ciência e à Arte clareia o quadro sombrio das suas incursões: o astrónomo Biruni, o filósofo Farabi, o historiador Utbi, os poetas Unsuri, Farruqui, Asjudi e o célebre Firdausi, autor do *Shah Nama*, o maior poeta de Pérsia e um dos maiores do mundo, eram as mais preciosas gemas que brilhavam na côrte de Ghazni.

Ao passo que Napoleão se apossou em tôda a parte das obras d'arte e as remeteu para Paris, Maomet arrebatou de todos os países que conquistou quantos sábios e poetas pôde e mandou-os para Ghazni que êle transformou numa estância d'arte, num fóco do saber: fundou aí uma Universidade, uma Biblioteca, um Museu, instituiu pensões para os estudantes e homens de letras, construiu aquedutos, fontes, cisternas e mesquitas.

Nem a Maomet nem aos seus sucessores interessou a ocupação do território conquistado de maneira que só Punjab se ressentiu da influência maometana.

À dinastia de Ghazni sucedeu a de Ghor (o moderno Hazaras, entre Kandaar e Herat).

Maomet de Ghor (1184-1200) depois de ter subjugado todos os principes maometanos do Noroeste da India (Sindh e Punjab) empreendeu a conquista do Hindostão que estava sob o domínio dos *rajputs*.

Para resistir aos ataques dos maometanos formou-se a liga dos *rajputs*, tendo à frente Pritvirajá de Ajmer e Delhi, não tendo aderido à liga Jaichandra por questões pessoais. Pritvirajá e Jaichandra foram sucessivamente derrotados por Maomet de Ghor.

Kutb-ud-din, vice-rei da India maometana, estabeleceu-se em Delhi, onde destruiu os templos hindus e com os materiais construiu a mesquita de *Jama Masjid* e *Kutb Minar*, o maior minarete do mundo, mandou invadir e conquistar o

Guzerate por seu irmão general Ulugh Khan, saqueou Katiawar, tomou Somnath e destruiu o seu templo, reconstruido por Kumarapala.

Mais tarde o general Bactiar conquistou Behar e Bengala. Após a morte de Maomet em 1206, Kutb-ud-din declarou a sua independência e proclamou-se sultão de Delhi.

Shams-ud-din Iltumich, sultão de Delhi em 1225, obteve Sindh que fôra conquistado aos *rajputs* por um dos generais de Maomet e quási todo o Hindostão caiu sob o domínio dos maometanos que reconheciam a autoridade espiritual do Kalifa de Bhagdad, então o Sumo Pontífice da religião islamita, que tinha o seu representante na côrte de Delhi, que era a séde do império indo-turco.

Os turcos foram tolerantes. Respeitaram a religião e os costumes dos hindus. O maometismo infiltrou-se lenta e gradualmente, passando os maometanos a constituir uma casta homogénea e dominante.

O sistema das castas, diz Lane Poole, habituou os índios às fortes barreiras que separam as classes, e os reis muçulmanos, embora não ocupassem pela sua nobreza um alto lugar na hierarquia hindu, organizaram uma casta, a casta muçulmana unida e forte. Esta unidade foi a fôrça do islamismo na Índia. O índio que se convertia ao maometismo passava a fazer parte de uma sociedade homogénea, em que todos eram iguais perante Deus, em que todos podiam elevar-se pelo seu mérito e ingressar, pelo casamento, nas classes superiores.

A solidariedade e o fanatismo religioso aliados à energia e à plasticidade de ânimo asseguravam aos maometanos superioridade sôbre os hindus iguais em coragem, mas inferiores em coesão, unidade, entusiasmo e pertinácia. ([278])

Á dinastia de Kutb-ud-din sucedeu em 1290 a dos Khiljis. O talentoso Ala-ud-din-Khilji invadiu o Decão, em 1294, compeliu o rajá Yadava de Devagiri a ceder Elichpur e em 1297 conquistou o Guzerate.

([278]) Lane Poole — *Medieval India*, pag. 62.

Ala-ud-din, analfabeto, autócrata, feroz, tinha superiores qualidades de organizador e de homem de Estado. A austeridade do seu viver foi uma alta lição de disciplina moral. Reprimiu o alcoolismo e o jôgo. Repeliu os mongois assegurando a tranquilidade do país. Mas a intolerância religiosa, a perseguição dos hindus, a espionagem interna, a delação oficial e a polícia da vida privada foram as maiores manchas do seu reinado glorioso.

Em 1309 Malik Kafur general de Ala-ud-din fez tributário o rajá Yadava de Devagiri. Numa das últimas incursões Malik Kafur saqueou Goa e outros territórios de Maharaxtra, recolheu preciosos despojos e confiou o govêrno da ilha de Goa a Malik Tubliga. ([279])

Em 1318 o sultão Mubarik conquistou o reino dos Yadavas que abrangia o nosso território de Goa.

No século 14, o império indo-turco dilatou-se por quási tôda a India.

Os turcos vencedores fundiram-se com os indios vencidos. Os indígenas maometanos passaram a ocupar os melhores lugares no ramo civil e militar, constituindo a *élite* do país.

Da fusão resultou a formação do hindustani que é hoje a *língua franca* da India do norte. O hindustani é uma língua derivada do *hindi* que se falava na região de Delhi, no vale do Ganges e do Jamna; no vocabulário hindustani entraram palavras hindís, persas e turcas, e o alfabeto é árabe. O hindustani é, no fundo, uma língua sanscritoide, ariana.

Portanto, os turcos, povos da Asia Central, como os scitas, os hunos e os partos, converteram-se ao maometismo, religião semita, adoptaram o alfabeto árabe e uma língua ariana.

Estes factos projectam jorros de luz sôbre o problema da *arianização* da India e vem abalar as conclusões a que se tinha chegado pelo emprêgo do método linguistico nas investigações etnológicas.

([279]) Briggs — *Ferishta*, I, 391.

Religiões e línguas podem ser adoptadas pelos povos de outra raça. Logo, da religião, da língua, das instituições de um povo não se pode inferir a sua origem étnica.

E mais de uma ilusão se desfaz.

A excessiva bondade e a nula energia do imperador Firoz Shah, as incursões dos mongois pelo Noroeste, a submissão incompleta dos rajás hindús, a ambição, a indisciplina e a insubordinação dos vice-reis e governadores muçulmanos, tudo contribuiu para a queda do império indo-turco que se desmembrou.

Cêrca de 1347, Deuguiri (Daulatabad) a antiga capital dos Yadavas, soltou o grito de revolta. Jafar Kan, um oficial turco, foi proclamado rei. Jafar Kan, tomou o nome de Hussein Gangu Bahmani, em homenagem ao brâmane Gangu, seu protector.

Nos seus trabalhos de lavoura, achara Jafar um tesouro, e em vez de o guardar para si, entregou-o ao seu amigo Gangu, astrólogo da côrte, que, admirado da conduta do servo, contou o facto ao rei. Folgou êste muito com a prova de honradez que Jafar acabava de lhe dar e fê-lo comandante de cem cavaleiros do seu exército. Gangu tirou o horóscopo a Jafar e profetizou-lhe que seria rei; e fez-lhe dois pedidos se o viesse a ser: 1.º que êle tomaria o seu nome; 2.º que o faria seu ministro de fazenda.

Hussein assim fez. Em 1352 Hussein Gangu ocupou Goa.

Em 1359, o imperador de Delhi reconheceu o reino *bahmani*, que se alargou consideràvelmente, compreendendo todo o Decão ocidental. Kulbarga (em Haiderabad) era a capital do reino.

Ao Sudoeste do reino *bahmani* tinha-se constituido o reino de Vijaianagar, cuja capital era Hampi, no actual distrito britânico de Bellary. Cêrca de 1335, Hariara I, príncipe de Anegundi, fundou o reino de Vijaianagar, que com o rodar dos anos se transformou num colossal império que abrangia o actual Estado nativo de Mysore e a Presidência de Madrasta.

Os dois impérios vizinhos, o *bahmani* e o de *Vijaianagar*, êste hindú e aquele muçulmano andaram envolvidos em contínuas guerras. Assim se explica que o nosso território de Goa tomado aos maometanos em 1366 por Hariara II, de Vijaianagar, fôsse conquistado em 1470 por Mahomet Gawan, ministro do rei *bahmani*. (280)

Em 1479 Melique Hussein, de Onor, fugindo à perseguição do imperador de Vijaianagar, ocupou Goa, sob o protectorado do rei *bahmani*, e fundou a cidade de Velha Goa. (281)

Tendo-se fragmentado o império *bahmani* em 1489, formaram-se cinco reinos indo-turcos: *Berar*, *Ahmednagar*, *Bidar*, *Golconda* e *Bijapur*. Adil Khan, o Idalcão, o Sabaio dos cronistas portugueses que era governador de Bijapur, proclamou-se rei e Goa passou a fazer parte dos seus domínios.

Do desmembramento do império indo-turco resultou, como vimos, a formação de vários reinos indo-turcos.

Na partilha couberam Damão e Diu ao reino de Guzerate, cuja capital era Ahmedabad.

Remontam ao século XII as incursões dos mongois, sob o comando de Gengis Khan, um dos ascendentes de Tamerlão; chegaram a apossar-se de Lahore em 1241. Cruzaram-se com os turcos e aperfeiçoaram-se física e intelectualmente.

Tamerlão, que unificara as hordas mongois e conquistara a Pérsia e o Afeganistão, invadiu a India em 1398. Maomet, imperador indo-turco, fugiu. Tamerlão apoderou-se de Delhi e proclamou-se imperador da India, atravessou o Ganges e saiu da India pelo caminho por onde entrara, deixando atrás de si ruinas e fome.

Tamerlão de origem mongolo-turca, foi educado em Samarcand (Turquestão), que passou a ser a capital do seu império. Foi um valente cabo de guerra, *doublé* de homem de letras.

Em 1504, Babar, descendente de Tamerlão, apoderou-se do Afeganistão. Convidado por Ala-ud-din descontente com seu sobrinho Ibrahim, imperador indo-turco, Babar invadiu a

(280) Briggs — *Ferishta*, II, 485.

(281) João de Barros — Dec. II, Liv. V, cap. I.

India e ocupou Lahore em 1524, derrotou a 18 de Abril de 1526, na batalha de Panipat, o imperador Ibrahim Lodi, tomou Delhi e Agra e em 1527, na batalha de Sicri, perto de Agra venceu os reis rajputs de Marwar, Amber, Gwalior, e Ajmer, tendo à frente Rana Sanga, de Chitor, o velho heroi que apresentava o corpo rasgado de oitenta cicatrizes, que em guerras perdera um braço e um ôlho. A família rial de Gwalior, feita prisioneira, ofereceu a Humayun, filho de Babar, o célebre diamante *Koh-i-nur*, que faz parte dos bens da Coroa de Grã-Bretanha.

Babar conquistou quási todo o Hindostão e iniciou a famosa dinastia de *Grão Mogol.* O nome *Mogol* que a princípio designava o exército invasor de Babar, passou a ser aplicado aos invasores brancos de Turquestão e Afeganistão sectários de Maomet: turcos, afganes, patanes e mongois, e, por último, aos descendentes dos invasores fundidos com os nativos. Os descendentes de Babar casaram com princesas *rajputs.*

O valor militar de Babar associava-se a superior cultura literária. Versadissmo nas letras persas, compôs odes e canções. Revelou-se orador eloquente nas proclamações que dirigiu ao exército. Nas suas *Memorias,* como nos *Comentários* de Júlio Cesar, admira-se um prosador elegante e másculo, fino observador, espírito sagaz e ponderado, conhecedor dos homens e das coisas, seduzido pelos encantos da Arte e da Poesia.

A Babar sucedeu Humaium e a êste Akbar que consolidou o império mogol e penetrou no Decão. Subiu ao trono em 1556. Em 1562 tomou Burhampur e fez tributários os reis de Kandês e Berar.

Em 1599 conquistou o reino de Ahmednagar, brilhantemente defendido pela princesa turca Chand Bibi.

Para assegurar a submissão dos príncipes muçulmanos apoiou-se nos *rajás* hindus. Casou com as princesas *rajputs* de Jaipur e Bikanir, para fortalecer os laços que o prendiam aos rajás indígenas.

Discípulo dos poetas e filósofos Faizi e Abul-Fazl, o

seu espírito largo comprazia-se nas controvérsias religiosas entre teólogos de várias crenças: o sanscritista Faizi e o livre pensador Mubarac que cruzavam os ferros nos salões do palácio imperial, sendo o catolicismo representado pelos jesuitas Rodolfo de Aquaviva, um dos mártires de Cuncolim, António de Monserrate e Francisco Henriques que entraram na côrte imperial de *Fatehpur Sikri* a 28 de Fevereiro de 1580.

Ajudado pelo grande financeiro *rajput* Todar Mal, iniciou uma política liberal e uma administração honesta, atraindo a simpatia do povo. Foi como que precursor da política e administração inglesa — enérgica, eficaz e tolerante, aliando-se a consciência das responsabilidades ao mais alto sentimento da Justiça.

Vinculou o seu nome a algumas reformas sociais: proïbiu o casamento infantil e permitiu o casamento das viuvas.

A agricultura mereceu-lhe particulares desvelos. O Estado adiantava sementes e dinheiro aos cultivadores. Os impostos eram suaves e pagos em 4 prestações e o contribuinte rodeado de garantias contra os desmandos e extorsões dos cobradores.

O império de Akbar dividia-se em 18 províncias (subahs): Cabul (Afeganistão), Lahore (Punjab), Cachemir, Sind, Multan, Delhi, Agra, Oudh, Allahabad, Ajmer, Guzerate, Malwa, Behar, Bengala, Orissa, Kandêsh, Berar e Ahmednagar.

As províncias eram governadas por *subhedars* (vice-reis) e subdivididas em distritos, administrados por *nababos*. Em Outubro de 1605 morreu Akbar, "o mais nobre dos reis, que dominaram na India", no dizer do historiador Lane Poole.

A Akbar sucedeu o seu filho Salim, que assumiu o título de Jahangir. Salim dividiu o império em 12 províncias, governadas por *Nizams*, assistidos de *Divans* (ministro das Finanças). Sucedeu-lhe o seu filho Shah Jahan, o Pericles mogol.

No reinado de Shah Jahan, em Delhi e em Agra, ergueram-se belos monumentos, palácios, mesquitas e o famoso *Taj Mahal*, túmulo da imperatriz *Mumtaz-i-Mahal*, construido sob a direcção do arquitecto italiano Veroneo e do artista francês Austin de Bordeaux que embutiu pedras preciosas nas paredes dos túmulos e dos palácios. De *Taj Mahal*, a encantadora e deliciosa obra d'arte disse alguém: É um sonho de mármore, desenhado por Titans e realizado por joalheiros". O trôno de Shah Jahan era de marfim em forma de pavão, com a cauda cravejada de rubis, esmeraldas, pérolas e diamantes; foi avaliado por Tavernier, viajante e joalheiro francês, em 6 milhões de libras.

A Shah Jahan sucedeu Aurangzeb, que conquistou Bijapur, em 1686, e Golconda em 1687. Ficaram assim incorporados no império mogol os 5 reinos em que se fragmentara o império *bahmani*, Berar, Ahmednagar, Bidar, Bijapur e Golconda, pois Berar fôra anexado em 1572 a Ahmednagar e Ahmednagar foi conquistado por Akbar, ao passo que Bidar fôra agregado em 1529 a Bijapur.

Soldado valente, vontade de ferro, energia de mando, austero na vida privada, de grande rectidão na vida pública, Aurangzeb foi a última figura de relêvo da dinastia *Grão-Mogol*.

Não teve, porém, a largueza de vistas que caracteriza um homem d'Estado. Impelido pelo fanatismo religioso, perseguiu os hindus, destruiu-lhes os templos de Benares e Matura, provocando o descontentamento popular.

Em vez de se apoiar, como Akbar, nos príncipes *rajputs* quis escorar-se no exército, comandado pela aristocracia maometana, desmoralizada e degenerada. Os descendentes dos heróicos companheiros de Babar e Akbar apodreciam na crápula e no vício. As extorsões a que Akbar pusera côbro, renasceram, saciando a voracidade da nobreza maometana. A política hábil e tolerante de Akbar não teve continuadores. A estrêla mogol caminhava para o ocaso.

Aurangzeb morreu a 4 de Março de 1707.

Enfraquecido pela indisciplina e pelos golpes vibrados pelos maratas e pelos ingleses, o império mogol desapareceu. Em 1723 o Nizam (governador) de Haiderabad declarou a sua independência e em 1747 um chefe turco Ahmad Shah proclamou-se rei de Afeganistão.

O Nizam de Haiderabad é hoje o maior potentado maometano da India.

Os turcos e os mongois invadiram a India pelo Noroeste, pelo mesmo caminho por que entraram os gregos, os scitas, os cuscitas, os hunos, os gurjaras e os parthos, mas ao passo que estes abraçaram as religiões indianas, como o budismo e o hinduismo, aqueles introduziram na India uma nova religião, o maometismo, e continuaram a alterar o fundo étnico da India cruzando-se com os indígenas. Nem sempre as conversões foram forçadas, nem sempre imperou o conhecido *crê* ou *morres* que o tempo atenuou.

Aqui e acolá encontramos túmulos dos santos maometanos (*pirs*) que pela vida austera e digna conquistavam muitas almas para o seu credo, recrutando os prosélitos sôbretudo nas classes desprezadas pelos hindus, tolerando-lhes os usos, costumes e superstições. A protecção e o favor aos que pertencessem à classe dominante, a ambição de subir na escala social e de ocupar elevados postos no exército e na administração pública atraiam ao islamismo ainda as classes superiores, os príncipes e os ricos homens.

A classe maometana assim formada tinha a consciência da sua superioridade, impunha-se. Era a aristocracia político-social, cujo luxo era alimentado pelas mercês de terras concedidas pelo dominante e pela distribuição dos despojos dos vencidos.

Passado o impeto da guerra e da conquista, estabeleciam-se relações pacíficas entre os vencidos e os vencedores. Os *rajás* passavam a ser vassalos dos imperadores turcos e mongois; princesas rajputs e maratas figuravam entre as favoritas dos sultões muçulmanos, os hindus exerciam altos cargos públicos, rajputs e maratas obtinham as mais elevadas patentes no exército.

A côrte dos imperadores mongois evocava o esplendor e a cultura literária da côrte de Versailles: Babar, Jahangir, Gulbedan, tia de Akbar, compuseram as suas *Memórias*, a imperatriz Salima, espôsa de Akbar, a imperatriz Mumtaz

Mahal, espôsa de Shah Jahan, a princesa Jahanara, irmã de Aurangzeb, foram poetisas de elevada inspiração; na côrte de Akbar brilharam o poeta Faizi que traduziu o Bhagavad-guitá em versos persas, e o historiador Abul Fazl, autor do *Akbar Nama.* Mais do que nas letras, os maometanos exerceram grande influência nas artes decorativas, na arquitectura, na pintura e na música.

" Dès ces premières oeuvres on saisit sur le vif l'adaptation de la commande musulmane aux éléments d'éxécution indigène. La mosquée s'Ajmir, selon la remarque de Fergusson, s'inspire directement, dans son plan comme dans sa décoration, du temple jaina du Vimala Shà, au mont Abû, également situé dans la Râjputâna. Le Qutb al-Islâm, à Delhi, fut construit sur l'emplacement même et avec les matériaux de temples jainas; là comme à Ajmir, on a seulement plaquée, devant le plan jaina avec coupoles sur disposition octogonale et forêt de colonnes, une sorte d'écran formé de onze arcs à ogive; quant au Qutb Minâr, tour en forme de cône tronqué de 73 mètres, ornée de cannelures et divisée en cinq étages par quatre balcons circulaires, si le thème—un minaret décroissant—est de commande musulmane, le traitement en est bien l'oeuvre d'architectes hindous qui souviennent à la fois des colonnes gupta et du çikhara médiéval. Surtout la décoration de ces divers édifices,—dentelle de pierre infiniment compliquée et délicate, évoque directement l'ornementation nord-hindoue, tour particulièrement le décor jaina pour lequel les conquérants turco-afghans semblent avoir eu une particulière prédilection. De fait en supprimant dans le décor jaina toute représentation humaine ou animale, les architectes indo-musulmans retrouvaient dans ses fleurettes, ses guirlandes et ses corbeilles l'équivalent de leurs rinceaux et de leurs arabesques. En y joignant la magie du koufique, ils atteignirent à des éblouissements que l'art syro-égyptian lui même n'avait pas connus. Toute une étude serait à faire pour isoler dans la décoration indo-musulmane les motifs qui relèvent ainsi des thèmes hindous et jainas, ceux qui proviennent des thèmes égyptiens et persans. L'œil exercé, en tous cas, reconnaitra vite dans cette passementarie de grès ou de marble le double apport de l'exubérance indienne — végétation subtropicale, surabondance de la jungle – et de la floraison, plus fine, plus

Bijapur – Mesquita de Ibrahim

sévère et plus mièvre, des roses de l'Iran.

L'architecture indo-musulmane ne tarda pas à se deviser en plusieurs branches, comme le premier empire indo-musulman lui-même. On distingue notamment un style de Jaunpûr qui se rattache à l'éphémère dynastie fondée dans cette ville de 1394 à 1476, avec, pour principaux monuments, les mosquées Atala (entre 1401 et 1440), Lâl Darwâza (vers 1440-1459) et Jâmi Masjid (entre 1438 et 1478). Ce qui caractérise ce style de Jaunpûr, ce sont "les hautes platesformes sur lesquelles sont construits les monuments, — les cloîtres à deux étages de colonnes qui bordent la grande cour centrale, et les hautes portes, en forme de propylées, élevées du côté de l'Est, en avant d'un porche voûté, et ornées de panneaux et de corniches" (H. C. Fanshawe). Il existe de même un style du Bengale, correspondant au royaume musulman autonome qui prospéra dans ce pays de 1338 à 1537; ce style du Bengale (monuments de Gaur) est caractérisé par des toitures courbes en forme de segment de tore coupé par quatre plans verticaux. Aussi un style du Gûjarât, pays qui forma un royaume musulman indépendant de 1396 à 1572; les monuments de cette région restent plus directement que partout ailleurs fidèles aux types hindou et jaina, en y ajoutant seulement les éléments musulmans indispensables, dômes et arcs en ogive; les principaux monuments de cette école sont groupés autour d'Ahmedâbâd, comme la mosquée de Mahâfiz Khân, à la fin du XVe siècle, et la tombe d'Abû Turâb, construite un siècle plus tard. Enfin les royaumes musulmans du Dekhan, comme Bijâpur (1489-1686) et Golconde (1512-1687) ont aussi leur architecture. Les monuments de Bijâpur, le Rawda d'Ibrâhim Adil Shâh († 1626) et le Gûl Gumbaz ou tombe de Muhammed 'Adil Shâh († 1673) sont caractérisés par un aspect assez "occidental" c'est-à-dire par une franchise et une vigueur qui décèlent des influences nettement persanes et ottomanes, ce qui n'a rien d'étonnant si l'on songe aux origines de la dynastie. Quant au style de Golconde, il est caractérisé par ses hautes fenêtres, ses décorations de stuc sur les minarets et ses dômes à base étroite et à forme bulbeuse et renflée, rappelant un peu les églises russes...

Aux débuts de la domination musulmane, la sumptuosité de l'architecture et de la décoration indiennes s'était imposée presque impérativement aux conquérants du Nord. Devant l'éblouissement de tant de richesses ils avaient cédé. Ils n'avaient commencé à réagir qu'au XIVe siècle : la porte d'Ala' al-Dîn à Delhi est déjà plus iranienne que les monuments antérieurs; puis, avec la dynastie des Taghlaq la surcharge hindoue s'ordonne ; sans renier ses profondes affinités indigènes, l'architecture indo-musulmane devient plus sobre et plus sévère. Cette simplification aboutira enfin sous les Mogols à la fusion harmonieuse de l'art jaina et de l'art persan et à la naissance d'un art nouveau véritablement original et classique.

La domination mogole à l'origine est marquée par une nouvelle vague de pur iranisme et aussi par l'arrivée d'une influence ottomane. Non que Bâbur ait eu le temps de beaucoup construire : on ne lui doit guère que la mosquée de Pânîpat, élevée sur le lieu de sa principale victoire, et la Jâmi' Masjid de Sambhal. Mais il fit venir de Constantinople des élèves du célèbre architecte ottoman Sinân. Yûsuf, l'élève préféré de Sinân, devait, d'après une tradition, construire sous le règne d'Akbar, les palais de Dehli, d'Agra et de Lahore. Toutefois c'est naturellement l'influence persane qui l'emporte. Comme on l'a remarqué, la Perse, au XVIe siècle, joue vis-à-vis de l'art indo-musulman, le même rôle que l'Italie de la Renaissance vis-à-vis de la France. Mais — première cause de différenciation, — le sol de l'Inde offrait aux architectes des matériaux plus riches que le sol iranien. Ce qui distingue dès l'abord des monuments analogues de l'Iran les mosquées et les palais mogols, c'est le remplacement de la faïence par le marble et la pierre dure. Les monuments mogols acquièrent de ce fait un caractère singulièrement plus imposant et de tout autres garanties de durée : tandis que les mosquées d'Isfahân tombent en ruines, le Tâj dresse pour l'éternité la splendeur de son marble blanc sous le dôme du ciel bleu.

Les premiers monuments de l'époque d'Akbar montrent toute l'élégance sobre et fort de l'Iran. Tel est le cas de la tombe de Humâyûn près de Delhi, édifice qui rappelle à la fois Isfahân et certaines mosquées de Constantinople de l'époque de Soliman le Magnifique, et qui, en fait, dut être construit par quelque élève de Sinân ; mais ici déjà l'emploi du marble blanc et l'absence de toute décoration polychrome distinguent l'art mogol des écoles turco-iraniennes. Par la suite, cependant, le règne d'Akbar réalisa dans le domaine de l'art comme dans celui de la pensée la fusion des traditions indigène et iranienne. Cette double influence s'accuse dans les monuments de Fathpûr-Sîkr', ville construite par Akbar entre 1570 et 1574, à 37 kilomètress d'Agra. Le plan du sanctuaire de la Grande Mosquée de Fathpûr est imité de celui de la Juma' d'Isfahân. La porte triomphale, ou Baland Darwâza' (1601–1602) est aussi d'une pureté classique proprement persane, aux matériaux près : grès rose et marble blanc : toutefois les coupoles qui la surmontent décèlent une influence jaina. Les traditions. indiennes et turco-iraniennes se fondent également dans un autre monument de Fathpûr, le Palais de la Turkî Sultâna, avec le Pânc Mahall " pavillon à cinc étages dont chacun est plus petit que celui qu'il surmonte ", et le Diwân-i Khâss, salle d'audience formée d'une seule pièce " au milieu de laquelle s'élève une colonne octogone surmontée d'un gigantesque chapiteau rond du sommet duquel cinq couloirs étroits rayonnent vers l'angle de l'édifice ". Cette fantaisie, ces morceaux de bravoure qui échappent au classicisme persan, dérivent directement de l'art hindou et jaina. Même combinaison d'éléments dans la Grande Mosquée d'Agra. " L'édifice, charmant par la gamme du grès rouge, de la pierre rose et du marble blanc, est surmonté de coupoles jainas qui rappelent curieusement le mont Abû."

Le règne de Jahângir est marqué par le mausolée de son père Akbar, à Sikandra, à 8 kilomètres d'Agra, achevé en 1612 ; monument si curieux, avec ses cinq terrasses superposées, ses matériaux polychromes, pierre rouge et marble blanc, ses balustrades, ses kiosques, sa pyramide d'édifices, qu'on a voulu le rapprocher de certains vihâra bouddhiques ou des ratha de Mâvalipuram. Du même règne le tombeau d'I'timâd-al-Dawla, près d'Agra, terminé vers 1628 : c'est un magnifique édifice de marble blanc, décoré de pierres de couleur, moitié mosquée, moitié kiosque, où le style turco-persan se combine avec des élements proprement indo-mogols comme les deux pavillons latéraux à jour, et le toit " en chapeau " coiffant la construction centrale.

Avec Shâh Jahân, l'architecture mogole atteint son apogée. Le style de ce règne est caractérisé par une nouvelle inspiration persane, étant toujours entendu que les monuments qu'il a produit se distinguent de ceux d'Isfahân et de Constantinople par l'emploi du marble blanc rehaussé d'une décoration en pierres dures de couleur, agates, onyx, jaspes, cornalines, etc. En même temps, le goût tend vers une noble simplicité et " une élégance toute féminine". Les principaux monuments de cette époque sont, à Delhi, la grande mosquée de la ville et le palais des empereurs mogols, en marble blanc, en grès rose et en brique, commencé en 1638. Nous donnons ici quelques photographies de ces merveilles, le Dîwân-i 'Amm et le Diwân i-Khass (salle d'audiences générales et salle d'audiences particulières), galeries de marble blanc dont les piliers, les arcs et les cordons de voûte étaient tout incrustés de délicats motifs persans en jaspe, en onyx ou en cornaline; au milieu se dressait le célèbre Trône des Paons, ainsi appelé parce que le dossier figurait une roue de paons constellée de rubis, de perles et de diamants. D'une élégance aussi pure est la délicieuse mosquée de la Perle, ou Môti Masjid, construite par Shâh Jahân entre 1646 et 1653, et qui est également toute en marble blanc décoré de précieuses incrustations à thème floral persan. Mais le chef-d'oeuvre de l'art dê Shâh Jahân reste encore le Tâj Mahall d'Agra, commencé par ce prince en 1646 pour servir de tombe à son épouse bienaimée Mumtâz Mahall, et terminé vers 1653. En mourant dans la fleur de sa beauté, Mumtâz avait fait jurer à Shâh Jahân d'attacher son souvenir à la construction d'un monument immortel. Le monarque tint sa promesse et éleva cette merveille de grâce et de gout, ce triomphe du classicisme indo persan, " mausolée de marble d'une blancheur éblouissante à l'extérieur, merveilleusement sculpté, ciselé à jour et incrusté à l'intérieur de mosaïques de porphyre, d'agate, de cornaline et de lapis-lazuli d'un fini prodigieux". Le cadre adjoute à la beauté de l'oeuvre: " le dôme gracieux du Tâj, ses minarets élancés, ses treillages de marble fins comme une dentelle s'élèvent au milieu d'un vaste jardin où d'innombrables jets d'eau jaillissent dans des avenues de cyprès et sous des massifs d'orangers": C'est dans ce paysage de rêve que dort son dernier sommeil la jeune impératrice musulmane arrachée à vingt ans à l'amour du maître du monde.

Le Tâj est d'une telle pureté de lignes qu'on l'attribuerait volontiers au génie d'un seul maître. Il fut au contraire l'oeuvre de toute une équipe, et son inimitable harmonie est due à la fusion des influences les plus diverses. On a beaucoup discuté sur cette question. M. Victor Goloubew pense que le principal architecte du Tàj fut bien, comme on le croyait, le turc Içá effendi, mais que ce maître fut aidé, notamment pour de dôme, par des architects hindous et aussi, touts au moins pour le décor ornemental, par des

Agra—Taj Mahal

artistes européens, entre autres par le vénitien Jérome Veroneo.

Autant que dans le domaine de l'architecture, le mécénat des empereurs mogols s'exerça dans le domaine de la peinture. Les Mogols, on se le rapelle, étaient les descendants directs des glorieux Timurides à la cour desquels au XVe siècle, dans les provinces de l'Iran oriental, Khorassan et Transoxiane, la peinture iranienne avait pris son essor. On a vu, au tome précédent, l'action du sultan timuride Husain Bâiqarâ sur le développement de l'école de Hérat, et son amitié pour le plus illustre des maîtres de cette école, le grand Bihzâd. Son cousin Bâbur partageait les mêmes sentiments : dans ses *Mémoires* il nous fait part, lui aussi, de son admiration pour Bihzâd, : ce sont ces gouts qu'il apportera sur le trône de l'Inde et nous ne nous étennerons pas de voir les derniers élèves de Bihzad comme Khwâjà Abd-al-Samad de Shîrâz, remplir sous Akbar les fonctions de peintres officiels.

A l'origine, selon la remarque de Percy Brown, la peinture indo-persane n'est donc qu'une province de la peinture iranienne : même traitement un peu conventionnel des figures et du paysage, même mosaïque de couleurs vives. Les maitres mogols, on va le voir, se dégageront par la suite de ces habitudes qui étaient plutôt de la miniature que de la peinture véritable. Ce qu'ils conserveront seulement — à leur honneur d'ailleurs, — ce en quoi ils resteront jusqu'au bout les élèves de Bihzâd, ce sera la science de la ligne la virtuosité du dessin au trait, qualités héritées des calligraphes de Hérat et d'Isfahân. Cette maîtrise iranienne du dessin conférera au profils mogols quelque chose de la fierté des médailles italiennes de la Renaissance, de la finesse aiguë des esquisses des Clouet, de la force et de la pureté des crayons d'Ingres.

Comme le fait encore remarquer Percy Brown, si la peinture mogole, par toutes ses origines, décèle l'Iran, elle ne tarda pas, comme la dynastie elle-même, à se naturaliser. La tradition de la peinture indienne, la grande tradition d'Ajanta et de Bâgh, n'était pas éteinte. Elle survivait, comme nous le verrons plus loin, dans la miniature râjpute. L'heureuse combinaison des traditions iraniennes et des influences râjputes donnera naissance, dès le règne de Jahângîr, à l'art proprement mogol. Art véritablement nouveau qui se distinguera à première vue des deux écoles que nous venons de nommer: de l'art iranien par le goût du réalisme, de l'art râjpute par le caractère calligraphique du dessin.

Ce goût spécifiquement indien du réalisme constitue l'apport de l'école mogole dans la peinture musulmane. Il se traduit partout, dans le portrait comme dans le paysage : dans le portrait où les figures toujours un peu trop grèles et trop élégantes de l'art iranien acquièrent tout à coup une intensité psychologique, une autorité et une puissance qui les rapprochent brusquement des Titien et des Holbein, ou, plus simplement des fresque d'Ajantâ et des reliefs d'Ellora, — dans le paysage où les fonds fleuris de Hérât et d'Isfahân s'élargissent jusqu'à évoquer dans la splendeur des midis ou la pourpre des soirs toute la terre et tout le ciel : c'est ainsi en un mot, que la *miniature* persane deviendra la grande *peinture* mogole. Que ce réalisme, d'ailleurs, ait profité de leçons extérieurs, c'est ce qu'on ne saurait contester. Le modèle relatif des figures, les effets de clair-obscur du paysage, le progrès de la perspective, la sensation de l'atmosphère, autant de points qui attestent les leçons de l'art italien. On doit remarquer, d'autre part, avec Percy Brown, les limites de cette inspiration : celles même du milieu social. L'art mogol est un art de Cour, l'art d'une société aristocratique qui ne s'intéresse aux scènes de la vie quotidienne qu'autant qu'il s'agit de cette société ; il ne reproduira donc que les faits et gestes des souverains et des nababs, leurs réceptions, leurs chasses, leurs amours, et laissera de côté la vie populaire hindoue qui faisait les délices de l'art râjput. Mais sous ces réserves et dans ces limites nous avons désormais affaire à une inspiration directe, à un art d'observation à une spontanéité de naturalisme qui, par delà le canon iranien, rattachent l'art mogol à l'Inde éternelle.

Ce réalisme se traduit d'abord dans le portrait.

Le portrait est, à bien des égards, la principale raison d'être de la peinture mogole. Les Mogols étaient une poignée de seigneurs de vielle race, tous plus ou moins descendants de nobles maisons gengiskhanides ou transoxianaises, grouppés autour de la glorieuse famille Timuride et qui, par leur valeur individuelle, la supériorité de leurs talents, de leur armement et aussi de leur humanisme, avaient réussi avec elle à s'imposer à l'Inde immense et surpeuplée. Ces grands seigneurs de la Renaissance gouvernèrent l'empire des Indes comme l'aristocratie vénitienne avait jadis gouverné l'empire de la Méditerranée, comme plus tard la grande bourgeoisie hollandaise, puis, l'aristocratie britannique gouvernèrent l'empire des mers. Or à Venise, comme à Amsterdam, comme en Angleterre, l'art du por-

Amritsar—Templo dos *sikhs*

trait naquit des conditions aristocratiques du régime. Titien, Rembrandt et Lawrence sont les produits d'une société fermée. Il n'en fut pas autrement à Agra et à Delhi. Les princes mogols, leurs courtisans et leurs généraux aimaient à se faire immortaliser dans l'art du temps." ([282])

Descobre-se a influência islâmica na língua franca, que é compreendida em tôda a India, "o urdu" que é o *hindi*, dialecto sanscritoide, enriquecido de vocábulos árabes e persas e escrito em caracteres árabes e ainda na religião, pois a religião dos *sikhs* que domina no Punjab e foi fundada por Nanac (1469-1538) é um mixto do hinduismo e do maometismo. Govind Sing (1675-1708) o décimo sucessor de Nanac deu aos *sikhs* uma organização militar, o apelido "singh" (leão) e aboliu o regime das castas. Os *sikhs* são os melhores soldados do exército indo-inglês. O santuário principal dos *sikhs* é o templo d'oiro de Amritsar, onde se guarda o livro sagrado "Granth-Sâhib".

BIBLIOGRAFIA

ABUL FAZL — *Ain-i-Akbari*, trad. ingl. de Blochmann e Jarret — Calcutta — 1873-91-94.

ABUL FAZL — *Akbarnama*, trad. ingl. de Beveridge — Calcutta — 1897.

BRIGG'S — *Ferishta.*

COURTEILLE (P. de) — *Baber, Mémoires* — Paris — 1871.

EDWARDES AND GARRETT — *Mughal Rule in India* — 1930.

ELLIOT (H. M.) — *The History of India.*

LANE POOLE (S.) — *Mediaeval India* — London — 1903.

LANE POOLE (S.) — *Aurangzeb and the Decay of the Mughal Empire* — Oxford — 1901.

MAC LAGAN — *The Jesuits and the Great Mogol* — London — 1932.

MACANLIFFE (M. A.) — *The Sikh Religion* — Oxford — 1909.

([282]) R. Grousset — *Les Civilisations de l'Orient* — II, pag. 316.

MALLESON (G. B.) — *Akbar and the Rise of the Mughal Empire* — 1919.
OWEN (S.) — *The Fall of the Mogul Empire* — 1912.
PAYNE (C. H.) — *Akbar and the Jesuits* — 1926.
PRASAD (C. H.) — *History of Jehangir* — 1930.
PRASAD (I.) — *L'Inde du VII au XVI siècle.*
RAMAKRISHNA — *Les Sikhs* — Paris — 1932.
SARKAR (J.) — *History of Aurangzib.*
SARKAR (J.) — *The Fall of the Moghul Empire* — 1933.
SMITH (V.) — *Akbar, the Great Mogul* — 1919.
TITUS (M. T.) — *Indian Islam* — 1930.

V

A civilização ocidental

O pensamento indiano modificou-se, evolucionou de contacto com o cristianismo e com a filosofia ocidental, sob a influência das escolas e universidades inglesas.

Dentre os modernos pensadores e reformadores sociais avultam as figuras de Ram Mohan Roi (1772-1833), Keshab Chandra Sen e Dayanand Sarasvati (1824-1853).

Ram Mohan Roi publicou em 1820 um livro sôbre Jesus "The Precepts of Jesus" em que procurou demonstrar as analogias entre a doutrina cristã e as *Upanichadas*, que êle considera como a suprema revelação de Deus que é amor — *Deus charitas est* — e do amor de Deus que se manifesta no amor do próximo.

Para propagar o novo credo êle fundou em 1828 o *Brahma-Samaj*. Ram Mohan Roi não se limitou a prègar uma nova religião, procurou realizar reformas sociais, combatendo a poligamia e o regime das castas e pugnando pelo casamento das viuvas. O govêrno inglês aproveitou-se da sua propaganda contra o *sati* para proïbi-lo em 1829, à imitação de Afonso de Albuquerque.

Foi o primeiro político e jornalista indiano, no dizer do professor Glasenapp.

O *Brahma Samaj* é professado sôbretudo em Bengala. Morreu em *Bristol* (Inglaterra) a 27 de Setembro de 1833. Keshab Chandra Sen tenta fundar uma religião ecléctica baseado em textos hindus, budistas, cristãos, maometanos e chineses. Na sua profissão de fé chama a Deus Pai de todos os homens — *Pater noster.*

Daianand Sarasvati institui em 1873 o *Aria Samaj* que se funda em Vêdas. São árias todos quantos estão animados do nobre ideal da confraternização humana. Advoga o casamento fóra da casta e condena o casamento infantil. O fim principal do Aria-Samaj é fazer bem ao mundo inteiro, melhorando a condição física, espiritual e social da humanidade. Recruta os seus adeptos sobretudo no Noroeste da Índia.

Dir-se-ia que o pensamento europeu e cristão penetrou na mentalidade hindu menos pela acção missionária que pela influência das escolas inglesas e do espírito de imitação. As conversões não foram forçadas nem formais, mas íntimas e conscientes, embora se mantenha o ritualismo tradicional como sobrevivência.

Se o budismo e o hinduismo realizaram a unidade espiritual e modelaram a estrutura social da India pelo regime das castas, a dominação ocidental pela difusão da língua e cultura inglesa, pela facilidade das comunicações e pela grande indústria substituiu a economia e a política local das comunidades da aldeia pela economia capitalista e despertou o sentimento nacional, base das reivindicações políticas.

BIBLIOGRAFIA

AIYER (P. S. S.) — *Indian Constitutional Problems* — Bombay — 1928.

ANDREWS (C. F.) — *The Renaissance in India* — 1912.

ATHALIE (D. V.) — *The Life of Mahatma Gandhi* — 1923.

BAKHALÉ (R. R.) — *Directory of Trade Unions* — Bombay — 1925.

BANERJEA (S.) — *A Nation in the Making* — 1927.

BESANT (Mrs.) — *How India Wrought for Freedom* — 1915.

BLUNT — *India under Ripon* — 1909.

BROCKWAY — *The Indian Crisis* — London — 1930.

CARR (H.) — *Political India* — London — 1932.

COTTON (H. J. S.) — *New India* — London — 1885.

CHIROL (V.) — *Indian Unrest* — 1911.

CHIROL (V.) — *India Old and New* — London — 1921.

DUTT (R. C.) — *Economic History of British India.*

FARQUHAR (J. N.) — *Modern Religious Movements in India* — London — 1923.

FRASER (L.) — *India under Curzon and after* — London — 1913.

GANDHI — *My experiments with truth* — 1927.

GANDHI — *Ma Vie.*

GANDHI — *Indian Home Rule* — 1922.

GANDHI — *La Jeune India.*

GOKHALE (G. K.) — *Speeches* — Madras — 1920.

GUNTHER (J.) — *Inside Asia* — 1939.

HOUGHTON (B.) *Bureaucratic Government* — London — 1913.

INDIAN NATIONAL CONGRESS — Madras — 1911.

INDIAN ROUND TABLE CONFERENCE.

JINARADASA — *The Meeting of the East and the West* — Madras — 1921.

KARVE (D. K.) — *My Twenty Years in the Cause of Indian Women* — Poona — 1915.

LATHE (A. B.) — *Problems of Indian States* — Poona — 1930.

LOVETT (H.) — *History of the Indian Nationalist Movement* — 1920.

MACNICAL — *The Making of Modern India* — Oxford — 1924.

MANKAR (G. A.) — *Mahadev Govind Ranade* — Bombay — 1902.

MARKWITCH (M. I.) — *Tolstoi et Gandhi* — Paris — 1928.

MONTAGU (E. S.) — *An Indian Diary* — London — 1930.

NEHRU — *Report.*

NEVINSON (H. W.) — *The New Spirit in India* — London — 1908.

O'DONNELL — *Why India is rebellious* — 1930.

O'DONNELL — *The Causes of present discontent in India* — 1908.

PAL (B. C.) — *The New Spirit* — Calcutta — 1907.

PAL (B. C.) — *Mrs. Besant* — Madras — 1917.

PAREKH (M. C.) — *The Brahmo Samaj* — Rajkot — 1929.

PAUL (K. T.) — *The British Connection with India* — 1927.

PHILLIP (A.) — *L'Inde Moderne* — Paris — 1930.
POLAK (Mrs.) — *Mr. Gandhi* — London — 1931.
PRADHAN (R. G.) — *India's Struggle for Swaraj* — Madras — 1930.
RAI (L.) — *The Arya Samaj* — London — 1915.
RAO (L.) — *Young India* — Lahore — 1927.
RANADE (M. G.) — *Miscellaneous Writings* — Bombay — 1915.
RATCLIFFE (S. K.) — *Sir William Wedderburn and the Indian Reform Movement.*
Report of the Commission on Christian Higher Education in India — Oxford — 1931.
ROLLAND (R.) — *Mahatma Gandhi.*
SIMON — *Report.*
THOMAS (F. W.) — *History and Prospect of British Education in India* — London — 1891.
WEDDERBURN (W.) — *Allan Octav Hume — Father of the Indian National Congress* — London — 1913.
WINSLOW AND ELWIN — *The Dawn of Indian Freedom* — London — 1931.
ZACHARIAS (H. C. E.) — *Renascent India* — 1933

CAPÍTULO V

As línguas

SEGUNDO Weber e as recentes investigações do professor Bühler, o alfabeto *brami* que é o mais antigo, é de origem semítica ou fenícia e foi, como vimos, importado da Mesopotâmia para a India pelos mercadores dravídicos da India meridional, cêrca de 8 séculos antes de Cristo. Os mais antigos documentos escritos da India são budistas. E não admira que assim tivesse sido, não sendo o bramanismo uma religião proselitista como o budismo, mas esotérica, um exclusivo dos brâmanes.

Nas inscrições do século III (antes de Cristo) deparam-se-nos dois tipos do alfabeto *brami*; o do Norte e o do Sul. Daqueles descendem todos os alfabetos do Norte, o mais importante dos quais é o *nagari* ou *devanagari*, em que foram escritos os manuscritos sânscritos e são impressos os livros sânscritos e maratas e que é caracterizado pela linha horizontal que corre acima das letras. A mais antiga inscrição em caracteres *devanagari* é do século 8.º Ao *brami* do Sul pertencem os alfabetos dos dialectos *canarês* e *telugu* (línguas não-áricas).

O alfabeto *nagari* é também conhecido por *nandinagari*, *balbodha*, *sanscrit lipi*, *xastri lipi*, *brahmani* e *mahajani*.

O alfabeto *modi* apareceu ao tempo de Sivagi. Balagi Avagi modificou o alfabeto *nagari* para se escrever com maior rapidez. (1)

Além do *brami*, foi introduzido pelos persas na India do Norte em *Gandara* (Afeganistão) e Punjab no 4.º ou 2.º século, antes de Cristo, o alfabeto *caroste*, de origem semítica ou aramaica.

---

(1) H. R. Kapadia — *A detailed exposition of the nagari, gujarati and modi scripts* nos *Annals of the Bhandarkar Oriental Research Institute*, vol. XIX, parte IV, pag. 386.

Os maometanos introduziram na India o alfabeto árabe.

Sabido é que a escrita fixa uma língua e a transmissão oral a deforma e a corrompe, sôbretudo quando se propaga entre povos de raças diferentes que, tendo a sua língua, a substituem por outra, como sucedeu nos países latinos que perderam a língua própria e adoptaram e adulteraram o latim vulgar, formando-se as línguas novi-latinas, sendo o *vasconço* ou o *basco* uma língua preromana que se conservou até hoje e se fala nas *Vascongadas* (província espanhola) e no território francês confinante. Diz o grego Estrabão na sua *Geografia*: "Os turdetanos mormente os ribeirinhos de Betis adoptaram de todos os costumes romanos *e até já se não lembram da própria língua*".

> "E na língua na qual quando imagina
> Com pouca corrupção crê que é a latina."
>
> (Camões—Lusíadas, I, Est. 35, V 7 e 8).

Da identidade da língua não se pode inferir a identidade da raça dos povos que a falam. E a arianização da India muito se parece com a romanização dos países latinos, tendo-se difundido mais a civilização árica que o sangue dos árias. A língua dos árias evolucionou, diferenciou-se, dando origem à infinidade de línguas neo-áricas.

O professor Rhys Davids traçou o seguinte esbôço da evolução linguística da India:

1.º Dialectos falados pelos invasores arianos e pelos aborígenes.

2.º Língua literária dos hinos vêdicos.

3.º Dialectos dos árias fundidos com os aborígenes.

4.º Língua literária dos *Brahmanas* e das *Upanichadas*.

5.º Os vernáculos do Norte da India desde Gandara (Kandaar) até Behar, quando rebentou o budismo.

6.º A língua oficial do reino de Kosala (Oudh).

7.º *Pali*, a língua literária baseada no n.º 6.º, em que foram escritas as inscrições de Axôca.

8.º O dialecto de Axôca, baseado no n.º 6.º e que se aproxima dos n.os 7.º e 11.º.

9.º O *ardha-magadi*, dialecto de Anga.

10.º O *lena*, dialecto das inscrições subterrâneas do século II, (antes de Cristo) baseado no n.º 8.º, mas que se aproxima do n.º 11.º.

11.º O *sânscrito* com vocábulos dos n.ºs 5.º a 7.º, por muito tempo a língua literária da classe sacerdotal. Lá pelo século 4.º ou 5.º, da nossa era, tornou-se a língua literária de tôda a India, como o latim erudito no mundo científico europeu, na idade média.

12.º Os vernáculos da India do século V, da era vulgar em diante, forma moderna dos dialectos afins do n.º 6.º.

13.º *Pracrits*, formas literárias dos vernáculos do n.º 12.º.

A mais antiga literatura budista, que ascende ao 4.º ou 5.º século (antes do Cristo) foi composta no vernáculo de Magadha (Behar).

O *pali* que é a língua sagrada do budismo do Sul foi introduzido em Ceilão no 3.º século (antes do Cristo) e dêle deriva o *singalês*, língua que hoje aí se fala.

Os documentos budistas posteriores a Axôca (3 séculos antes do Cristo) foram primeiro escritos nos dialectos do n.º 13.º, depois num dialecto aproximado do *sânscrito* e afinal em *sânscrito* que ao tempo da invasão maometana era a única língua literária da India.

O *sânscrito* foi fixado pelo gramático *Panini* (4 séculos antes de Cristo). A língua dos *Brahmanas* transformou-se no sânscrito.

A língua épica (Ramaiana e Mahâbhârata) é popular, não é erudita como a dos *Brahmanas*.

Ao passo que o *sânscrito* se fixou, assumindo forma definitiva, como o latim erudito, os dialectos populares evolucionaram, como o latim vulgar.

O dr. Grierson classifica em dois grupos os prâcrits (vernáculos).

a) O *sauraseni*.

b) O *magadhi*, o *ardha-magadhi*, o *maharaxtri*, o *marathi* e o *concani*.

Raja-Shakhara (século IX) no *Kapuramanjari* emprega termos *marathis*, o que demonstra a formação dêste vernáculo de Maharaxtra, cultivado pelos hindus de Goa.

As línguas *não-áricas* como o *telugu* (de Haiderabad), o *canarês* (de Canará), *malaiala* (de Cochim e Travancor) e *tamul* (da Presidência de Madrasta), apropriaram-se de vocábulos sânscritos e as respectivas literaturas são vasadas nos moldes sânscritos.

Os estudos da gramática atingiram na India elevado grau de perfeição. A gramática de Panini é a mais antiga gramática científica do mundo.

> "Among the scientific achievements of the Hindus their work on grammar occupies a high place. In the systematic analysis of language they reached a much higher point than any other people of antiquity. The date of Panini is uncertain, but it cannot be later than the fourth century B. C. His grammar is the earliest scientific grammar in the world, the earliest extant grammar of any language and one of the greatest ever written...
>
> The study of language in India was much more objective and scientific than in Greece or Rome. The interest was in empirical investigation of language rather than in philosophical theories about it. Greek grammar tended to be logical, philosophical, and syntactical, Indian study of language was as objective as the dissection of a body by an anatomist." [2]

BIBLIOGRAFIA

CENSUS OF INDIA.

DOLCI (L. Nitti) — *Les grammairiens prakrits* — Paris — 1932.

LINGUISTIC SURVEY OF INDIA.

MACDONELL — *A History of Sanskrit Literature.*

RHYS DAVIDS — *Buddhist India.*

VAIDYA (C. V.) — *Epic India.*

VAIDYA (C. V.) — *History of Medieval Hindu India.*

---

(2) W. E. Clarck — *Science* no *Legacy of India*, pag. 339.

CAPÍTULO VI

O Comércio

O regime das correntes e o regime dos ventos periódicos—nota *Sylvain Lévi*—concorreram para o sistema de intercâmbio, partilhado pelo litoral africano, Arábia, Golfo Pérsico, India, Indo-China, Insulíndia e China. Neste sistema a India ocupa lugar privilegiado, pela sua situação central e longa extensão das costas; é o ponto da convergência de várias linhas de navegação e de comércio terrestre. [1]

Desde tempos imemoriais manteve a India relações mercantis, por um lado, com a Arábia, Palestina, Fenícia, Assíria, Babilónia, Egipto, Africa Oriental, Grécia e Roma e, por outro lado, com o Extremo Oriente.

Do Ocidente importava estanho, chumbo, aço, ambar, vidro, incenso e vinho, e para o Ocidente exportava lã, sêda, musselinas, tapetes, perfumes, marfim, jaspe, pérolas, rubis, diamantes, ametistas, onix, calcedónia, lápis-lazuli, pimenta e especiarias.

A palavra "*arroz*" e o latim "*oriza*" derivam do árabe '*aruz*" que vem do tamul "*arisi*". Isto demonstra as relações da Arábia com a India Meridional.

O *Liber regum* (X, 22) alude à importação do marfim e pavões e os *Provérbios de Salomão* (VII, 17) ao aloés. Eis os vestígios da importação dos produtos indianos na Palestina.

No tempo de Heródoto (5.º século antes de Cristo) o comércio das especiarias da Arábia estava nas mãos dos fenícios e dos egípcios. Os fenícios apoderaram-se do pôrto de *El-Arish* no Mediterrâneo. As mercadorias iam da India pelo Mar Vermelho sendo transportadas através do istmo de Suez até *El-Arish* e daí por mar até o pôrto de Tiro, donde eram distribuidas pela Europa. Segundo Wilkinson e Lassen,

---

(1) *Pour l'histoire du Ramayana* no *Journal Asiatique* — 1918.

encontraram-se produtos indianos nos túmulos dos egípcios que envolviam as múmias nas musselinas indianas. Nos primeiros tempos, parece que nem os egípcios nem os fenícios ultrapassaram Aden, onde recebiam as mercadorias das mãos dos navegantes árabes ou índios.

Já no século VI antes de Cristo mercadores árabes mantinham o comércio entre a India e o Ocidente.

No comêço da nossa era colónias árabes e judaicas estabeleceram-se na India Meridional e em Ceilão. Marinheiros árabes tripulavam navios gregos e romanos. Mercadores árabes passaram ainda além da costa de Coromandel, navegaram até a China, e em Cantão se encontram vestígios da colonização árabe pre-mussulmana. (²)

Moca era, antes de Mahomet, um dos principais portos de Yemen (*Arábia Felix* de Ptolomeu) o moderno Aden, a antiga Sabá, donde partiam os barcos que alcançavam os portos, não só da India mas ainda do Extremo Oriente. O *Livro* de Job considera os árabes como hábeis comerciantes e navegadores.

São lendárias as relações entre Salomão e a raínha de Sabá. Heródoto alude ao incenso e à mirra de Arábia que os Reis Magos ofereceram ao Menino Jesus. Estabeleceram-se colónias árabes na Africa Oriental.

A concorrência dos persas e dos egipcios e as conquistas dos romanos abateram a supremacia comercial dos árabes. (³)

São de origem árabe os vocábulos:

laranja (do árabe *naranj*).
limão (do árabe *limun*).
açafrão (do árabe *saffra*).
tamarindo (do árabe *tamr-el-hind*).

(²) Kennedy — *The Early Commerce of Babylon with India* — Journal of Royal Asiatic Society — 1898; Cordier — *Melange H. Derenburg — Notes sur les Mussulmans de Chine*; Edkins — *Ancient Navigation in the Indian Ocean*, J. R. A. S., 1886.

(³) A. M. A. Shustery — *Outlines of Islamic Culture*, I, 195.

Em 975, antes de Cristo, Hiram, rei de Tiro (Fenícia) enviou barcos de Ezion Geber, no Mar Vermelho, para Ofir afim de importar marfim e pavões para ornamentar o templo e os palácios de Salomão.

O eminente assiriólogo dr. Sayce inferiu do facto de se ter descoberto a teca indiana nas ruinas de Ur que três mil anos antes de Cristo havia trato comercial entre a India e a Babilónia. Kennedy, chegou à conclusão de o comércio entre a Babilónia e a India pelo Gôlfo Pérsico remontar, pelo menos, ao século 7.º (antes de Cristo).

Os *Puranas* referem-se a *Vitória Nianza* (Africa Oriental).

Em 510, antes de Cristo, Dário, rei dos persas, tendo invadido a India, incumbiu o grêgo Scylax de explorar o Indo descendo até a foz e de voltar pelo Mar Vermelho. Scylax, após 2 anos e meio de viagem voltou para Arsinoe, o moderno Suez. O seu relatório foi provávelmente aprovado por Hecaten de Milita (549-486 antes de Cristo) e escritor grego que alude a várias localidades do Indo e por Heródoto (século V antes de Cristo) que se refere aos crocodilos do Indo e ao algodão da India.

A obra de Hipócrates, anterior à expedição de Alexandre Magno, faz menção de produtos indianos, como a pimenta, cardamomo e gengibre.

Alexandre Magno, no século IV (antes de Cristo), tomando Sidon e destruindo Tiro, vibrou golpe mortal no comércio fenício e, apoderando-se do Egipto, fundou Alexandria, pôrto no Mediterrâneo que no tempo dos Ptolomeus era o principal mercado do mundo. O Egipto pela supremacia da sua fôrça naval quási monopolizou o comércio da India.

Seleuco Nicator, um dos generais de Alexandre e rei da Síria, fundou Seleuccia, na Babilónia, nas vizinhanças do rio Tigre. Seleuceia era o maior centro do comércio asiático no período helenistico. Aí convergiam as vias comerciais de Barygaza (Broach) no Gôlfo de Ormuz; de Pataliputra *(Patur)* a Bactriana, através de Mathura (Muttra), Sagala (Sialkot), Taxila (junto a Rawal Pindi), Alexandria-Kapisa (Hindu Kush) e de Bactiana a Seleuceia através de Hekamtompylos,

Ecbatana e Artemita, e da India ao Golfo de Ormuz através do Seistão. ([1])

A Síria manteve relações com a India não só ao tempo de Chandragupta mas ainda no tempo de Bindusaro, filho daquele, o qual recebeu o embaixador Daimochos enviado por Antioco I.

Plínio refere a Dionisius enviado para a côrte dos Máurias por Ptolomeu Philadelpho, rei do Egipto (285-247 antes de Cristo), Axôca enviou missionários budistas para o Egipto.

S. Clemente de Alexandria (150-218 da nossa era) é o primeiro escritor grego que alude a Budha e à colónia budista de Alexandria. Por outro lado a *Milinde-panha* menciona Alexandria entre os portos frequentados por negociantes índios.

Os fenícios fundaram Cartago e, quando Tiro decaiu, Cartago estava no seu apogeu. Barcos cartagineses transportavam produtos indianos de Alexandria para os portos do Mediterrâneo e para a costa ocidental da Península Ibérica até a guerra púnica, em que os cartagineses empregaram elefantes da India, a qual marca o têrmo do poderio mercantil de Cartago.

Muziris (Cranganor) era o grande pôrto do Malabar visitado por mercadores gregos, árabes e egípcios. O poema tamul *Erucador* descreve Muziris como cidade florescente visitada por barcos gregos que traziam ouro e levavam pimenta. O poeta tamul Nakirar, dirigindo-se ao príncipe *pandia* Nan-Maran, exclama: "Bebe em taças de oiro o fresco e fragrante vinho que os marinheiros gregos trazem em seus barcos!". E o poema tamul *Mulaipadu* alude aos soldados gregos que formavam a guarda real dos reis da India Meridional.

O principal caminho das mercadorias da China atravessava o vale de Tarim, transpunha o Indo-Kush, descia o Indo e entregava os seus tesouros aos barcos que velejavam em direcção ao pôrto do Mar Vermelho a que Ptolomeu Philadelpho pusera o nome de sua irmã Berenice (Benghazi). Daí

([1]) W. W. Tarn — *The Greeks in Bactria and India*, pag. 61 e 362.

recebia Roma as sêdas e o escolar romano era *doctus segittas tendere Sericas arcu paterno.* [5]

O geógrafo Ptolomeu (130 da era vulgar) refere-se aos produtos indianos: especiarias, musselinas, pedras preciosas e algodão e à *Masolia* (Masulipatão), *Paralia* (Travancor), *Kolchoi* (pôrto de Korcai) *Vindirs* (cordilheira das *Vindhyas), Koddura* (Gudur), *Kontakossyla Emporium* (Kanchikacharla), *Pounata* (Padinadu), *Palura* (Palur), *Hippokoura* (Kolhapur).

Chilapativaram, obra tamul, refere que, no reinado do *pandia* Chelian, soldados romanos guarneciam a fortaleza de Maduré.

Moedas romanas, descobertas em grandes quantidades em Coimbatore, Nelor, Salém e Maduré, testemunham as relações mercantís da India Meridional com o Império Romano, e as diferentes embaixadas que da India e Ceilão foram a Roma e Constantinopla, no tempo de Augusto, Cláudio, Trajano, Antonino Pio, Juliano, e Justiniano, confirmam essa intensa vida comercial. Tendo o Egipto e a Síria caído em poder dos romanos, Roma apoderou-se do comércio da India via Palmira-Eufrates-Gôlfo Pérsico. Na Síria do Norte Palmira foi até o século III o grande mercado aonde afluia todo o comércio que subia o Gôlfo Pérsico e os rios Tigre e Eufrates.

O *Periplo do mar Erytreu*, escrito no ano 80, da nossa era, por um oficial da marinha mercante de Alexandria, diz que raparigas gregas povoavam os serralhos dos rajás índios. É que o descobrimento das *monções* cêrca do ano 50 facilitou a navegação de Aden a Muziris, através do Oceano Indico, navegação que era feita por barcos costeiros. Plínio (ano 77 da era vulgar) diz na sua *História Natural* (VI, 24) que se viajava de Aden a Ceilão em 15 dias, aproveitando a *monção* e lamenta que os produtos da India drenem de Roma um milhão de libras. Havia na costa de Malabar um templo dedicado a Augusto, imperador romano.

Vergílio alude aos marinheiros índios que combateram na

[5] Professor H. Gowen — *Histoire de l'Asie*, pag. 50.

armada de Cleopatra na célebre batalha de Actium.

Os persas fundaram o pôrto de Obollah junto a Bassorá (Busrah). No meado do século III, da nossa era, a Pérsia começou a fazer concorrência terrível aos romanos e fez de Hira ao sudoeste de Babilónia a capital dum principado vassalo, onde, segundo os escritores árabes, se viam, nos séculos V e VI marinheiros índios e chineses.

A dinastia *sassanida* deu grande impulso à navegação e assenhoreou-se dos territórios banhados pelo Gôlfo Pérsico e, depois, da Arábia Meridional e parte da Ocidental. No século VI frotas e feitorias romanas no Oriente já não existiam, o comércio estava nas mãos dos persas e dos abexins.

O estabelecimento do Império do Oriente com a capital em Constantinopla fez derivar o comércio asiático para o Gôlfo Pérsico, ficando o do Mar Vermelho em decadência. Os bisantinos passam a ser senhores do tráfico oriental, porque dominam políticamente no Egito e na Síria. E' Constantinopla que fornece aos povos do Mediterrâneo mercadorias do Oriente e é também dali que seguem subindo o Danúbio, aquelas que se vendem nos mercados alemãis.

Maomet morreu em 632. Os maometanos na sua marcha vitoriosa apoderaram-se da Síria, do Egipto e da Pérsia Bagdad, Damasco e Alepo eram grandes empórios comerciais. Na costa da Arábia floresceram Sohar, Juda, Mascate e Aden; no Gôlfo Pérsico, Bassorá e Ormuz; no Mar Vermelho, no fundo do Gôlfo de Suez, Colzum. Na costa da Síria Berito e Antioquia davam vazante às cidades de Damasco e Alepo. As mercadorias do Oriente iam em caravanas de Egipto a Ceuta, através do Sudão. No Mar das Indias os muçulmanos senhoreiam todo o comércio. Era grande a importância dos seguintes portos: Calicut, Cranganor, Mangalor, Cochim e Coulão no Malabar; Dabul, Chaul e Goa no Concão. Malaca era o ponto de convergência dos produtos indianos e ocidentais que se dirigiam ao Extremo Oriente e ali vinham os mercadores chineses da Indo-China e do arquipélago malaio para as suas trocas.

Belas escravas da Espanha, Grécia, Geórgia e Rússia

eram vendidas nos mercados de Bagdad.

A colónia muçulmana da Sicília exportava para o Orientes vinho e azeitonas. Cordova era conhecida pelo coiro, tapetes e filigranas, Malaga pelos seus rubis, Toledo pelo aço e oiro, Granada, Múrcia, Sevilha pelos tecidos de lã e sêdas.

Descobriram-se moedas muçulmanas na Escandinávia. A colónia muçulmana de Khanfu (Cantão) exportava mercadorias para a Corea, Japão, Filipinas, arquipélago malaio e ilhas do Pacífico.

No meado do século XI o império árabe começou a declinar. Os turcos invadiram a Síria e a Palestina, o que provocou o movimento das Cruzadas do século XI ao XIII. Cristãos embriagados de zêlo religioso, fanáticos, heróicos, marchavam para a Terra Santa, no intuito sagrado de a libertar do jugo dos infiéis. Navios venezianos e genoveses transportavam os cruzados para a Terra Santa. Os venezianos obtiveram o privilégio de estabelecer feitorias nas terras conquistadas aos infiéis. As mercadorias eram transportadas pelos árabes da India para o Egipto, pelo Mar Vermelho e para a Síria pelo Gôlfo Pérsico; e a Alexandria e aos portos da Síria iam buscá-las barcos italianos. Assim floresceram Génova, Veneza, Florença, Amalfi e Pisa que do século XII ao XV monopolizaram o comércio do Oriente, enriqueceram os Medicis, e arrojaram ao espaço as cúpulas dos seus grandiosos monumentos: o Batistério de Florença, a tôrre inclinada de Pisa, o cemitério e o palácio dos Dorias de Génova, a basílica de S. Marcos e o palácio dos Doges de Veneza.

Os portos de Campânia, Apúlia, Calábria e Sicília mantinham relações comerciais com Constantinopla. Bari, Tarento, Amalfi, Messina, Palermo e Siracusa enviavam para Stambul os seus barcos carregados de trigo e de vinho e importavam produtos orientais. Em 1082 os venezianos obtiveram o privilégio de comprar e vender no Império bizantino sem pagar direitos e um bairro especial em Constantinopla.

Os pisanos e os genoveses começaram no século X a combater no Mar Tirreno os piratas muçulmanos.

Nos fins do século XV, a invasão de Constantinopla

pelos turcos provocou a queda do Império romano do Oriente e a decadência das repúblicas italianas. Em 1516 Selim anexou a Síria e o Egipto ao Império Otomano. As mercadorias do Oriente alcançavam o mercado de Constantinopla pelo rio Oxus e pelos mares Cáspio e Negro.

Constantinopla tornou-se o principal centro do comércio oriental, o *terminus* do sistema de caravanas pelo qual a Europa era posta em comunicação com a India e com a China, e o feérico Stambul eriçou-se de minaretes "súbtis e brancos como a prece de um bom crente" até que o descobrimento do novo caminho marítimo para a India por Vasco da Gama entregou a Portugal as chaves do comércio do Oriente. *E quem viá Goa escusava de ver Lisboa.*

BIBLIOGRAFIA

BANERJEE (G.) — *India as known to the ancient world.*

CAYAJI — *Characteristics of Ancient Indian Trade.*

DAS (S. K.) — *The Economic History of Ancient India* — 1925.

MOOKERJI (R.) — *A history of Indian Shipping and maritime activity* — 1912.

SARKAR (B. K.) — *Inland transport and communication in Medieval India* — 1925.

WARMINGTON (E. H.) — *The commerce between the Roman Empire and India* — 1928.

CAPÍTULO VII

A Cronologia

A *Cronologia hindu.*— O dia divide-se em 30 partes iguais que se chamam *ghátticá* ou *gháddi;* cada *gháddi* compreende 24 minutos nos dias de equinócio.

O dia divide-se também em 12 partes iguais, que nos equinócios correspondem exactamente às horas e que se chamam *tassa.*

O dia divide-se ainda em 4 partes iguais chamadas *para* ou *prahara.*

A noite tem as mesmas divisões.

Os dias da semana correspondem aos de calendário cristão e são:

Aitara (domingo) corrução de *aditeavara,* que significa dia de *Aditia* (Sol).

Somara (segunda-feira) corrução de *somavara,* dia da *Sôma* (Lua).

Mangllara (terça-feira) corrução de *mangalavara,* dia de *Mangalla* (Marte).

Budvara (quarta-feira) corrução de *budhavara,* dia de *Budha* (Mercúrio).

Brestara (quinta-feira) corrução de *brihaspativara,* dia de *Brihaspati* (Júpiter).

Suncrar (sexta-feira) corrução de *Chucravana,* dia de *Chucra* (Vénus).

Xenvar (sábado) corrução de *Xenivara* (dia de Saturno).

O mês é uma inteira lunação; tem 29 dias e meio e mais alguns minutos; na prática dão-lhe alternativamente 29 e 30 dias.

Eis os nomes dos dias do mês:

1.º *Pratipadá,* ou vulgarmente *Padvó.*
2.º *Dvityá* *Bi.*

3.º	*Tritiá*	ou vulgarmente	*Tâi.*
4.º	*Chaturti*	„	*Chaut.*
5.º	*Panchami*	„	*Panchâme.*
6.º	*Saxtti*	„	*Sâxti.*
7.º	*Saptami*	„	*Saptáme.*
8.º	*Astami*	„	*Astâmo.*
9.º	*Novami*	„	*Nâvome.*
10.º	*Dassami*	„	*Dassâme.*
11.º	*Ecadaxi*	„	*Ecadâss.*
12.º	*Duadaxi*	„	*Duadâss.*
13.º	*Treiôdaxi*	„	*Triodâss.*
14.º	*Chaturdaxi*	„	*Chaturdâss.*
15.º	*Purnimá*	„	*Punão*, isto é, plenilúnio.

Estes nomes, excepto o 15.º, se repetem na segunda quinzena do mês, de modo que o primeiro dia depois do plenilúnio se chama Padvó, o segundo Bi e assim sucessivamente; devendo notar-se que o último dia de cada mês se chama *Amavaxiá* ou *Umass.*

Os dias de semana tem o nome de *vara* e os de mês o de *tithi. Karana* equivale a meio *tithi.*

O mês divide-se em 2 partes *(pacxa).* A primeira quinzena chama-se *xucla* ou *xudha* e a 2.ª *bohulla, vadiya* ou *crisna.* O ano solar começa e finda no equinócio de primavera, isto é a 20 ou 21 de Março.

Divide-se a órbita solar em 12 constelações *(raxi)* cujos nomes e ordem correspondem aos nomes e ordem dos signos zodiacais:

1.º	*Mêxa* (carneiro)	corresponde a	*Aires.*
2.º	*Vrâxabha* (boi)	„	*Taurus.*
3.º	*Mithuna* (gémeos)	„	*Gemini.*
4.º	*Carca* (caranguejo)	„	*Cancer.*
5.º	*Sinvha* (leão)	„	*Leo.*
6.º	*Caneam* (virgem)	„	*Virgo.*
7.º	*Tulla* (balança)	„	*Libra.*
8.º	*Vrâschic* (escorpião)	„	*Scorpio.*
9.º	*Dhana* (arco de atirar frechas)	„	*Sagitárius.*

10.º *Macara* (crocodilo)	corresponde a	*Capricorneo.*
11.º *Cumba* (vaso de água)	„	*Aquário.*
12.º *Mina* (peixe)	„	*Piscis.*

Cada signo contém 30 graus *(ãocha).* O ãocha divide--se em 60 *calás* (minutos) e o *calá* em 60 *vicalás* (segundos).

Quando o Sol entra na primeira constelação, começa o ano solar e cada mês começa com a entrada de Sol num dos signos.

A divisão do ano solar em 12 partes serve de fundamento ao ano lunar.

O ano solar divide-se também em 27 partes, cada uma das quais tem o nome de uma estrêla *(nâcxâtra).* Cada uma das estrêlas descreve um círculo de 13 dias e meio.

Eis os nomes das divisões ou estrêlas:

1 *Asvini.*
2 *Bharani.*
3 *Criticá* ou *Catêjo.*
4 *Rohini.*
5 *Mragassirá* ou *Mirga.*
6 *Aradrá.*
7 *Punarvâssu.*
8 *Puxia.*
9 *Axlêchá.*
10 *Maghá* ou *Mogô.*
11 *Purvá.*
12 *Utará.*
13 *Purva-falguni* ou *Hasta.*
14 *Chitrá.*
15 *Svati.*
16 *Vixakhá.*
17 *Anuradhá.*
18 *Jesttá.*
19 *Mulla.*
20 *Purvaxadhá.*
21 *Utaraxadhá.*

22 *Xravân.*
23 *Dhanistá.*
24 *Xatataricá.*
25 *Purvabhadrapadá.*
26 *Utarábhadrapadá.*
27 *Rêvati.*

Os hindús só fazem uso do ano solar na agricultura, pesca e navegação.

O ano lunar consta de 12 lunações inteiras, cada uma das quais se chama *mâhina* (mês).

Eis os nomes dos meses com referência aos do calendário cristão:

Cheitra (deriva da estrêla *Chitra*) Março-Abril.
Vâixákha (da estrêla *Vixakhá)* Abril-Maio.
Jêsta (da estrêla *Jesta)* Maio-Junho.
Axádha (da estrêla *Purvaxadhá)* Junho-Julho.
Xravána (da estrêla *Xravân)* Julho-Agôsto.
Bhádrapada (da estrêla *Bhadrapadá)* Agôsto-Setembro.
Asvina (da estrêla *Asvini*) Setembro-Outubro.
Cartica (da estrêla *Carticá)* Outubro-Novembro.
Margaxirxa (dâ estrêla *Margassirá*) Novembro-Dezembro.
Poucha (da estrêla *Puxiá)* Dezembro-Janeiro.
Mághá (da estrêla *Maghá)* Janeiro-Fevereiro.
Falguna (da estrêla *Purva-falguni*) Fevereiro-Março.

O primeiro mês hindú deve começar entre o dia seguinte à entrada do Sol em *Piscis* e o dia da sua entrada em *Aries*, isto é, sendo equinócio a 21 de Março, deve principiar entre 21 de Fevereiro e 21 de Março.

A *Kalpa* é a maior divisão do tempo; compõe-se de mil *mahayugas*. A *mahayuga* divide-se em 4 *yugas: kritá, trêta, dvapara* e *kali*. A que presentemente corre, começada 3101 anos antes da era vulgar e 144 antes do dilúvio, se chama *kaliyuga* e abrange 432000 anos. Este número de anos se divide em 6 eras, cada uma das quais tem o nome dum rei.

A primeira era se chama *Iudhisthira* e compreende 3044 anos. A segunda, *Vicramaditia* tem só 35. A terceira, *Xali-*

vanxec, contém 18 mil anos. A quarta *Viaiabinanadana* abrange 10000 anos. A quinta *Nagárzuna* é 400000 anos e a última de 821 anos. Agora corre a terceira que começou em Março de 78 da nossa era.

Certos dias da semana, como terça-feira e sexta-feira são tidos como azíagos. Nestes dias os hindús não celebram contratos nem pagam as dívidas nem emprestam dinheiro. Na lua nova e na segunda-feira não se lavra a terra.

A Cronologia maometana—A era maometana de Egira começou a 15 de Julho de 622.

O ano novo principia no dia da lua nova do mês de *Muharram*. Os meses são lunares e teem alternadamente 29 e 30 dias, devendo o último mês ter 30 dias, 11 vezes no período de 30 anos. O ano tem 354 ou 355 dias e é dividido em 12 meses.

São os seguintes os nomes dos meses:

Muharram	—	30 dias.
Safar	—	29 „
Rabi-ul aual	—	30 „
Rabi-ul akhir	—	29 „
Jamadal aual	—	30 „
Jamadal akhir	—	29 „
Rajjab	—	30 „
Chaban	—	29 „
Ramazan	—	30 „
Chaual	—	29 „
Zil-cada	—	30 „
Zil-hija	—	29 ou 30 dias.

A semana tem sete dias, a saber:

Ituar ou *rabibar*	(domingo)
Pir ou *Somuar*	(segunda-feira).
Mangal	(têrça-feira).
Bud	(quarta-feira).
Jumatra	(quinta-feira).
Juma	(sexta-feira).
Sanichar	(sábado).

São as seguintes as eras históricas:

A era de Vicrama que começou no ano 58 (antes de Cristo).

A de Saka no ano 78 da nossa era.

A de Gupta em 319-320.

A Traikutaka, Kalachuri e Chedi em 248-9.

A Chaluquia e Vicrama em 1075-76.

A Ganga em 590.

A Kucha em 606-7.

A Virodhikrit em 1191-2.

A Sena em 1119 (Bengala).

A Siva-Simha em 1113 (Guzerate).

A Ananda Vicrama em 33.

A Newar em 878-9.

A San em 593-4 (Bengala).

A era budista em 544 (antes de Cristo).

A Jaina em 528 (antes de Cristo).

A Ilâhi a 14-2-1586, dia em que Akbar subiu ao trôno imperial.

A *Mahrata Raja Saca* em 1673-74, ano em que Sivagi foi coroado Imperador de Maharaxtra.

CAPÍTULO VIII

A música e a dança

O *Sôma-Vêda*, como vimos, contém hinos que se entoavam durante a oblação da *sôma*.

Os *rixis* vêdicos cantavam os hinos que compunham. A arte do canto é compendiada no *Sama-Sutra* que é o mais antigo tratado de música indiana. O *Pingala Sutra* remonta a mil anos antes de Cristo. No século VI Bharata compôs o *Natya Xastra*.

A mitologia, que é a poesia dos povos primitivos, atribui a *Narada*, filho de Brahmá a invenção do *vinom*. *Sarasvati*, a deusa da ciência e da arte, é representada tocando o *vinom*. No céu de *Indra* cantam os *gandharvas*, dançam as *apsarás*, ao som da música tocada pelos *kinnaras*.

Ao passo que a música ocidental é caracterizada pela harmonia, na música indiana domina a melodia. Não se atende ao volume nem ao timbre da voz, contentam-se com a execução correcta e mecânica.

Distinguem-se duas escolas: a do Norte e a do Sul.

A arte da música tem 7 partes: as notas *(surs)*, o ritmo *(tal)*, os tons *(raga)*, os instrumentos *(astadhyaya)*, a mímica *(nritia)*, o sentimento *(bhava)*, e a expressão *(artha)*. São 7 as notas: *kharaj, risabha, gandhara, madhyana, panchama*, *dhaivata* e *nichada*.

São os seguintes os instrumentos da música indiana:

De sôpro:

Xinga (chifre), *chanca* (buzio), *senai* (corneta), *sura* (corneta), *cornom* (trombeta), *nagsur* (para encantar as cobras), *bansari* (flauta).

De percussão:

Cansalem (pratos), *zanz* (pratos), *talé* (pratos), *dhôl* (bombo), *dhôlquem, tassó, damaru, nagaró, chonguddó, dof, xamela, pocvaz* (tamboris), *murdanga* (tamboril tangido com os dedos de ambos os lados), *toblem* (tamboril tangido com

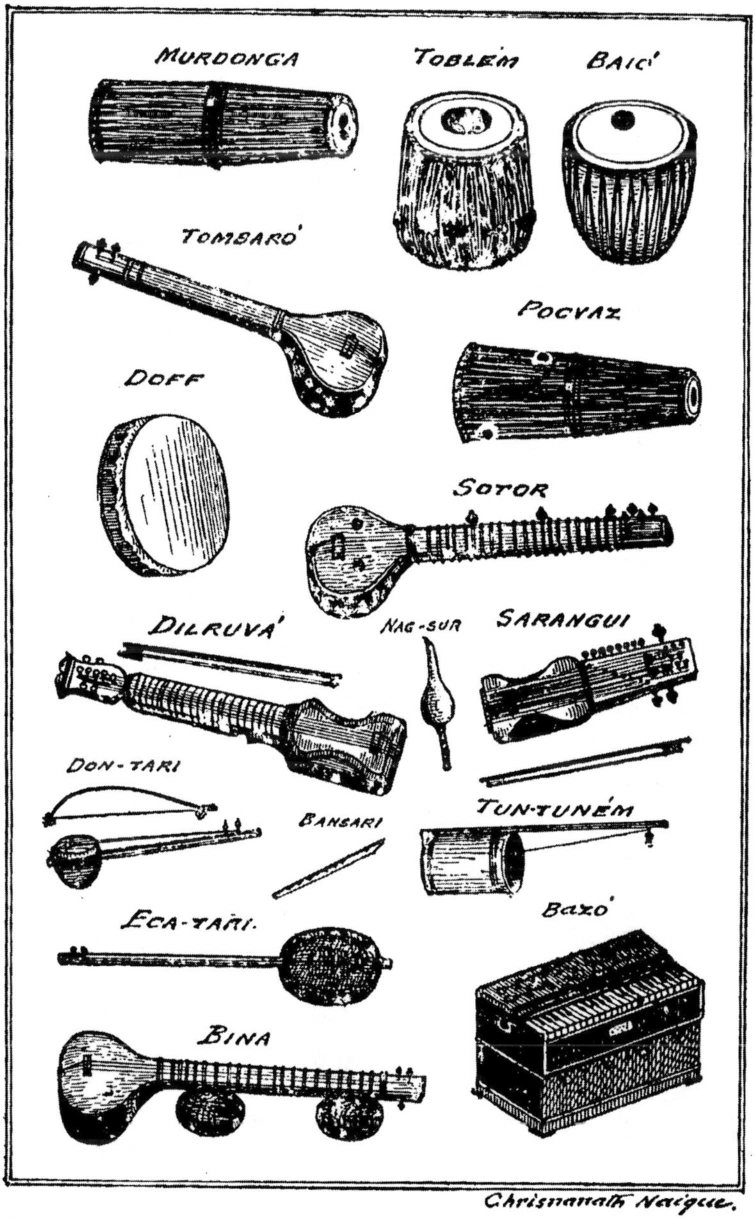

Chrisnanath Naique.

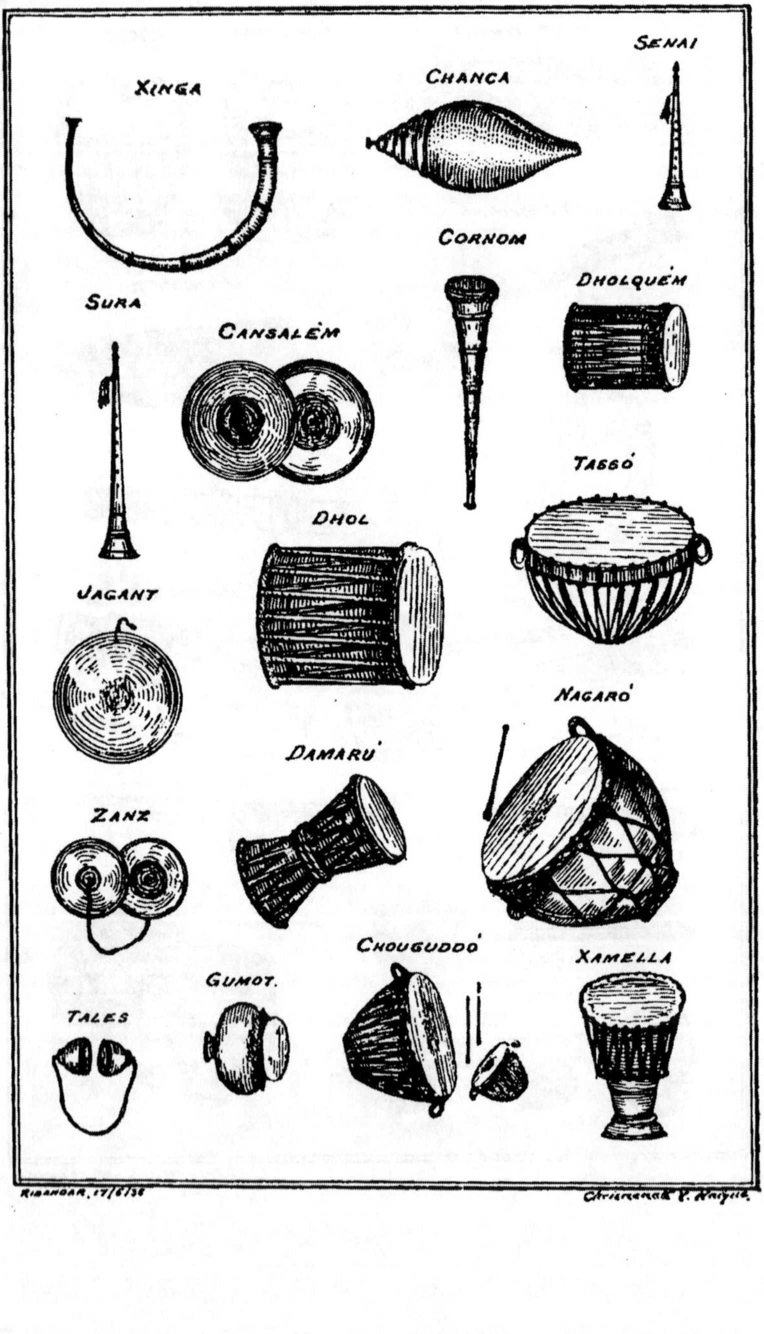
XINGA
CHANCA
SENAI
CORNOM
SURA
DHOLQUEM
CANSALEM
TASSO
DHOL
JAGANT
NAGARO
DAMARU
ZANZ
CHOUGUDDO
XAMELLA
GUMOT.
TALES
RIBANDAR, 17/6/38

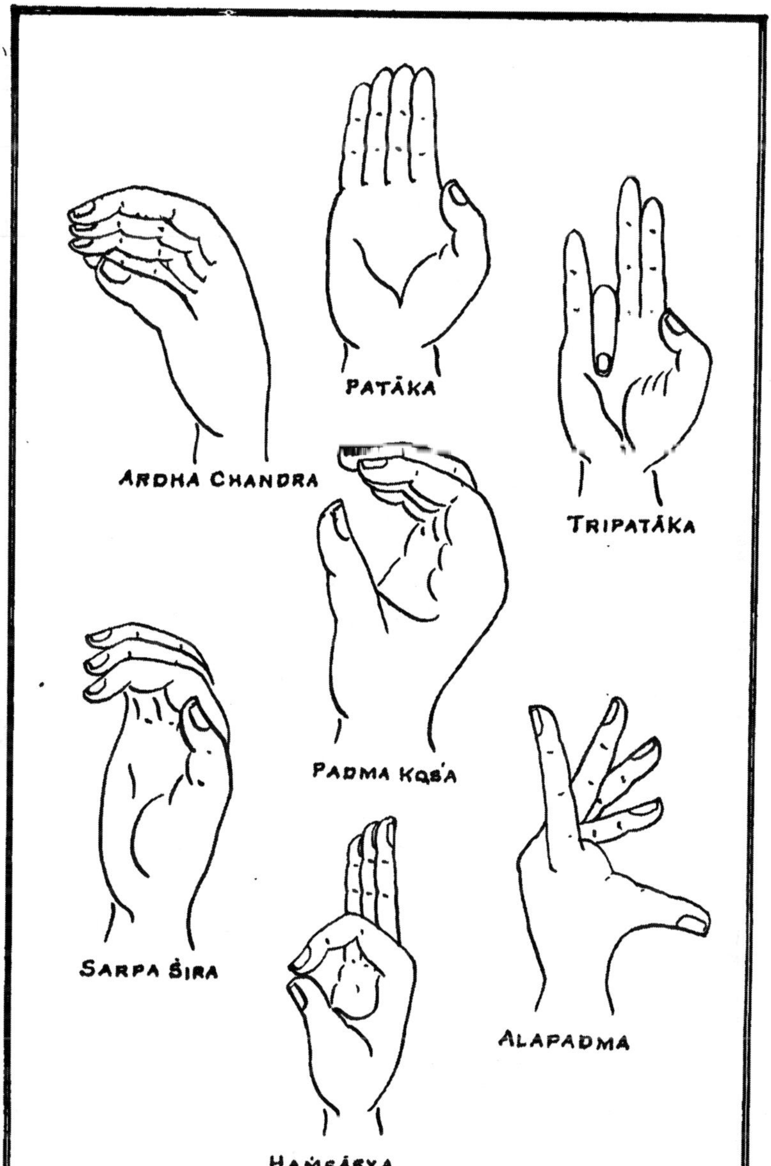

Ribandar, 28-11-38 Crisnanath Naique,

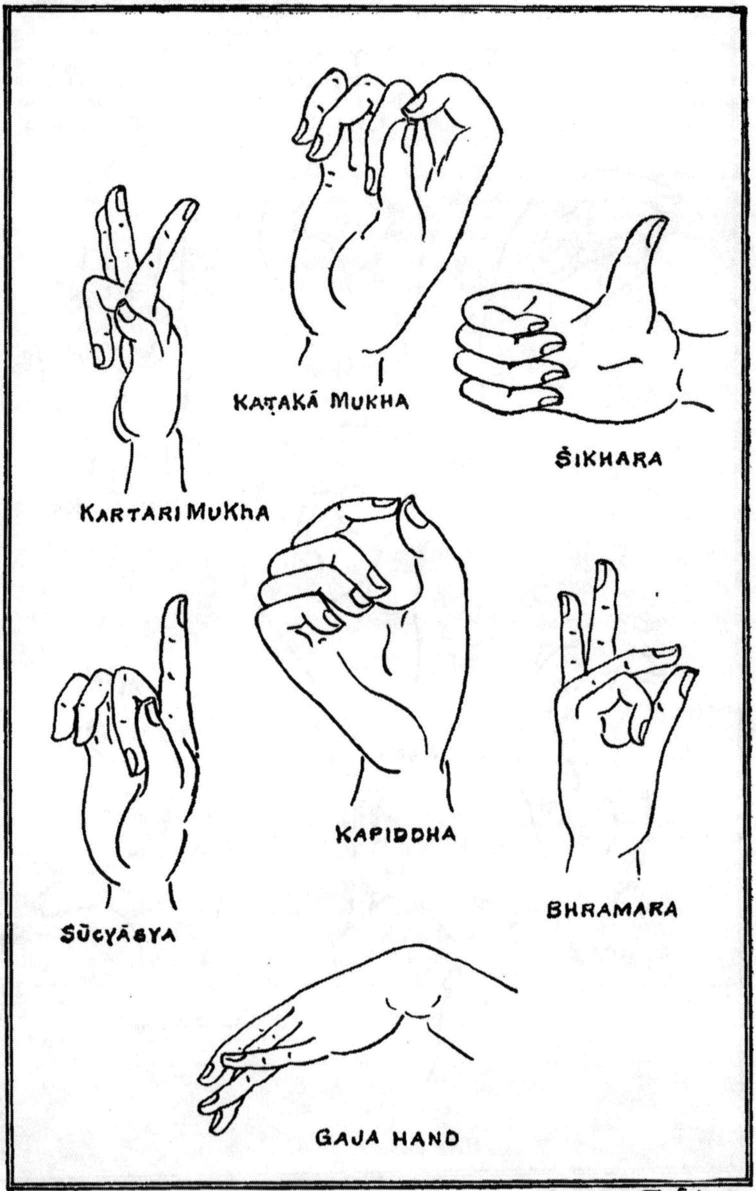

Ribandar, 28-11-38.

Chrisnanath Naique.-

os dedos da mão direita só de um lado), *baió* (tamboril tangido com os dedos da mão esquerda só de um lado), *gumot* (panela de barro aberta em ambos os extremos um largo e outro estreito, sendo aquele coberto de pele de talagoia *(lacerta iguana)*.

De cordas:

Sotor (de 7 cordas de metal que se toca com um dedo), *sarangui* (de 40 cordas que se toca com arco), *vinom* ou *bina* (de 4 cordas de metal que se tocam com as unhas) *don tarí, eca-tari tuntumem.*

Bazo (harmónio).

No período vêdico eram conhecidos o tambor, a flauta e o *vinon.* Nas esculturas de Amaravati (século III antes de Cristo) estão representadas mulheres tocando o *chanco.* O *Ramaiana* compara o trovão ao toque de *murdanga.*

Xivá é o deus criador da dança. A sua dança mística *(nataraj)* simboliza o movimento rítmico do Universo. Krisna, o divino flautista, dança *rasamandala* com Radha rodeada de pastoras de Mathura. Lacximi, dançava na côrte de Indra; foi mestra das *apsarás.*

No período vêdico dançavam tanto os homens como as mulheres. (1)

Segundo Al-beruni, viajante árabe do século X, a mulher *rajput* dançava. Hoje a mulher hindu não ocidentalizada das classes superiores não dança nem canta. Os hindus, não ocidentalizados, cantam, tocam, mas não dançam. É que Manú proïbiu a dança. (2) Esta proïbição remonta à época jaina-budista.

Há cantores e dançarinos profissionais.

São duas as escolas de dança: a do Norte e a do Sul

A dança do Norte é profana e subordinada ao canto

As dançarinas são em regra maometanas.

A dança do Sul é religiosa, independente do canto e as dançarinas são hindús, *deva-dassis*, *naiquinis* ou *colvontas* que

---

(1) *Rig-Vêda*, X, 76, 6.

(2) *Leis de Manú*, IV, 64.

os portugueses denominaram *bailadeiras*, têrmo que os franceses verteram para *bayadères*. As bailadeiras dançam e cantam ao som da música tocada pelos de sua classe, os chamados *murdangueiros*.

As *deva-dassis* dançam nos templos e nas festas de casamento as danças rituais. Calidasa no *Meghadata* alude às *deva-dassis* que dançavam diante dos ídolos de Xivá. Segundo Ibn-Asir 300 *deva-dassis* dançavam diante do célebre templo de Somnat, no Guzerate.

"There are two great methods of artistic dancing in India which correspond to the main geographical distinction of the continent and can be called the Peninsular and Northern. The Peninsular or Southern has its home and training ground in Madras, where the temple dancing girls, the " servants of God " as they are called in the vernacular, follow their fine tradition. The old Hindu city of Tanjore with its exuberant temple is the centre of the school, to which it has given its name. The other or Northern method is at its highest in the cities of Delhi and Lucknow, more secular in its purpose, yet more austere in its expression.

In the North where the girls, wearing an adaptation of the Mussulman dress are mostly of that faith and have no bond with any temple or religious institution, the dance or gesture-play is strictly subordinate to the song. The artist moves back and forward a few steps as she sings the feet of course always beating the time, while her hands are raised or lowered and her fingers grouped in a few conventional poses, gracefully artificial or simply decorative, but with no present actuality and little stimulus to emotion. The pleasure of the spectator is in the main intellectual, the effect of reminiscence and association, while he interprets the meaning of which the movements are suggestive but abstract symbols. At the end of the verse the dancer floats softly round the circle of spectators, with coquetry in her eyes, extorting applause by a quick virtuosity of steps and pirouettes, which have little relation to any living and real passion.

The Peninsular school, on the other hand, gives the dance in and by itself a far higher value and more extended field. It is far more than the mere visible decoration of a sung melody. It has a life of its own often wild and passionate ; and has its own instant appeal to independent emotions. Often the dance is in itself the pantomine of a whole story, the meeting and love of Krishna and Radha, for instance, at the river side. The melody of the instruments is a suitable accompaniment and the voice does little more than supply a pleasing refrain. Sometimes it is a mere rhythmic and decorative reconstruction of everyday actions, the mimicry, harmonious and graceful, of a boy flying a kite or of a fluttering butterfly. The dancers move lightly and quickly over the floor, their steps diversified, their gestures free and natural. Upon their features play the lines of hope and joy, of sorrow and disdain. Then as the story closes, in a final burst of melody, their voices, rise with the instruments that accompany in a last *forte* repetition of the refrain or motive.

Thus in the Peninsular or Tanjore school the art of dancing-though also, of course, dependent upon conventionalisms of gesture and movement, and significant of meanings which it suggests rather than imitates, has a more actual appeal to emotion and a less fettered freedom. It has a finer spontaneity, a freer flow of imagination. At its best it is a splendid school of dancing, the only method perhaps worthy to be put beside though below, the magnificent creations of the Russian ballet." (3)

São simbólicos os gestos da mão *(mudras):*

Ardha Chandra: meditação. Sendo as mãos *ardha chandra* cruzadas: Garuda, montada de Vixnú.

Pataka: segurança, graça; comêço ou fim do discurso. Mãos cruzadas em *pataka*: swastica. Juntas palma a palma *(anjali):* oração.

Tripataka: invocação, *avatar.*

Sarpa-sira: agitação de luzes *(arati).* Juntas as mãos: oferta ou recepção.

Padma-koso: oferta do sacrifício, beleza da forma.

Alapadmas: flôr de lotus em plena floração.

Hamsasya: saber, ciência do rito.

Kartari-mukha: separação, morte, relâmpago.

Kataca: colóquio.

---

(3) O. Rothfeld — *Women of India*, pag. 157.

Sikhara: abraço, amante, negação.
Sucyasya: surpresa.
Kapiddha: oferta de incenso, mugir vacas.
Brahmara: Garuda (águia) voto, união com Deus.
Gaja (tromba de elefante): dança das imagens do Xivá.
Também a dança grega era de origem ritual.

"Au son de la flûte, accompagnés quelquefois par les castagnettes, les Grecs dansaient, et leur *danse était d'origine rituel.* Elle était l'ornement des fêtes données en l'honneur d'un dieu. Si les femmes, pour se divertir, dansaient chez elles, jamais, comme nous le faisons, les Grecs n'ont dansés par couples. La grâce de la danse grecque est tout entière dans les représentations variées que nous en donnent les vases, qui, mieux que tout autre chose, revèlent les rapports harmonieux des gestes avec les draperies." (1)

BIBLIOGRAFIA

CLEMENTS (E.) — *Introduction to the study of Indian Music.*
COUSINS — *Music of Orient and Occident.*
DAY (C. R.) — *Music and Musical Instruments of the Deccan and Southern India.*
RAGINI — *Hindu Dancing.*
RANADE (G. H.) — *Hindustani Music.*
STRONGWAYS (A. H. F.) — *The Music of Hindustan.*

(1) Quennell — *La Vie des Grecs* — trad. francesa — Paris — 1937.

CAPITULO IX

As Castas

Definição — A casta não é agrupamento político; é agregado social *endogâmico*, isto é, os membros duma casta não podem casar fóra do seu grémio.

Distinções baseadas na hereditariedade existiram e existem em quási todos os povos; mas a casta caracteriza-se pela *sanção religiosa* que explica a sua rigidez, a sua expansão por tôda a Índia, a sua persistência através dos tempos. As classes ocidentais são abertas; as castas indianas são fechadas. Não há maneira de subir à casta superior nem passar duma a outra. Só a hereditariedade abre as portas duma casta.

Fortes barreiras separam o branco do negro na América do Norte: não comem nos mesmos restaurantes; não viajam nos mesmos compartimentos do caminho de ferro. As famílias reais da Europa estão encerradas num círculo de aço, em que o sangue azul estagna, sendo as doenças mentais, segundo os cálculos de Esquirol, sessenta vezes mais numerosas do que na massa geral da população. No Ocidente, é raro o casamento de aristocratas com plebeias, pôsto que as herdeiras de *Uncle Sam* vão de quando em vez à Europa para doirar os brazões dos fidalgos arruinados. Governou a Índia Garcia de Sá, "neto do famoso poeta João Rodrigues de Sá e Menezes, sobrinho do primeiro conde de Matozinhos, e Vedor da Fazenda do Pôrto, apaixonou-se, à volta de 30 anos, por uma rapariga de Miragaia, chamada Catarina, de alcunha a *Piró*. Parece que a *mulher ordinária*, como Damião de Goes a malsina na linguagem heráldica do seu *Nobiliário*, não se prestou à mancebia na sua terra, nem o pai de Garcia concederia que o filho se abandalhasse em amores tão reles. Tinha o fidalgo amoroso o grande recurso do império índico e o talisman dos seus apelidos. Foi à côrte, requereu uma capitania.

D. Manuel deu-lhe a de Malaca... No ano de 1578 saiu para o govêrno da sua fortaleza e levou consigo a flôr de Miragaia, a *Piró*... mas na hora extrema era legitimada espôsa do amante." [1]

Mas na América, branca que case com um negro não é excomungada; nem tão pouco a religião cristã proïbe que príncipes casem com pastoras.

Na Índia, é sabido em que penas religiosas incorrem os brâmanes (sacerdotes) quando comam com os sudras; a diversidade da casta é, entre os hindús, *impedimento matrimonial* que subsiste entre os cristãos pela fôrça do hábito, sendo uma *sobrevivência*, isto é, instituição caduca que se mantêm, a-pesar-de se terem modificado as condições que a determinaram.

Nos grupos políticos cabem indivíduos da mais variada categoria social, desde o mais fino gentil-homem até ao plebeu mais boçal. Ninguém confunde as *classes sociais* com as facções políticas. Como é que podemos confundir as castas com os partidos, que, tanto na Índia vizinha como em a nossa, se compõem de individuos pertencentes não só às castas diferentes, mas ainda às diversas religiões?

Gandhi, o grande chefe político e reformador social, não é brâmane.

É vulgar equiparar as castas às *classes sociais* do Ocidente; mas é êrro, porque dentro de cada casta há classes: um *brâmane* pode não exercer a sua profissão hereditária, o mistér sacerdotal, e ser cozinheiro dum sudra; um *cxátria* pode ser rajá ou soldado, como um militar pode ser marechal ou cabo de esquadra. Um *sudra* pode na vida mundana

---

(1) Camilo Castelo Branco — *História e Sentimentalismo*, pag. 87.

Na Igreja do Rosário, em Velha Goa, estão no rico mausoleu depositados os restos de Catarina, sob a inscrição:

AQUI IAZ DONA CATARINA MOLHER DE
GARCIA DE SA A QOAL PEDE AQUEM ISTO LER
QUE PEÇA MISERICORDIA A DEUS PERA SUA ALMA

ocupar lugar superior ao dum *brâmane*: Sancaran Nair, que sobraçou a pasta de Ministro do Vice-rei da Índia, não era brâmane, e por isso o seu lugar no templo hindu era nferior ao dum serviçal brâmane. É que a graduação social do indivíduo se distingue da posição que a sua casta ocupa na ordem teocrática. Isto não é de estranhar, pois no templo cristão ao padre pertence o primeiro lugar, por mais humilde que seja a sua família e o lugar que lhe compete na jerarquia eclesiástica.

Usanças peculiares extremam as diversas castas. Tôdas elas reconhecem a supremacia da casta sacerdotal *(brâmane)*.

Isto não quer dizer que a casta brâmane represente a aristocracia, como os nobres europeus. A hegemonia bramânica é a glorificação do poder espiritual. E' o clero acima da nobreza.

> "On the one hand, as in all human societies — unhappily imperfect — lies the great universal distinction which one calls rank, distinction of power, that is, an official authority, with distinction of wealth as accompaniment or even as sole qualification, On the other side lie the less natural — shall they be called unnatural? — distinctions of a hierarchic classification, peculiar to the continent and the Hindu faith. In this hierarchy the classification is not by power as tested and exercised in the world, open and plain to all men, but by a claim to power over supernatural forces. acquired by religious merit not necessarily in the individual life but perhaps in lives assumed to have occurred in past transmigrations. But as the saint spends in study and prayer the hours during which conquerors are active with sword or sceptre, so religious merit does not necessarily bring wealth or authority — with which indeed it should be incompatible. Moreover, religious austerities and abnegations spring from or produce a character, to which the vices and virtues of a feudal aristocracy are alike opposed. *So though the Brahman is in the hierarchy of caste by universal recognition infinitely the highest, so much indeed above all others as to be by mystic ordinance "twice-born" though he is ceremonially pure as a purity itself, though his life is sacred and his blessing a reward, his curse a menace and a doom, yet in no actual sense can his caste be*

said to form an aristocracy. A few there are among the caste who have risen to royal state and rule lands as princes; but even in them the qualities of human leadership are overwhelmed by the traditions of a scholar race and a consecrated people.

Actually, therefore, it may be said — if words are used in the usual sense — that the aristocracy of India is composed of the Mussulman nobility and of the second or Ksattriya class of Hindus, the ruling and fighting houses of the land. And of these at once the most interesting and the most important are the tribes known collectively under the name of Rajputs...

Bikanir, Jodhpur, Ratlam, Jamnagar, Baria, and how many other names there are that in the Great War have made dear the Rajput clans! They have borne the flag as fighting gentlemen to France and Flanders, to East Africa, and the plains of the Tigris and Euphrates...

Among the Hindu aristocracy not yet fully recognized as Rajput, perhaps the most notable are the Mahrattas. Cultivators of the arid Deccan highlands, their swift-raiding horsemen carved out many a principality in the last three centuries. *Several regiments of the Indian army are recruited from these stern and hardy tribes, and the Mahratta has fought steadily and well on the Euphrates and the Yser. Among the ruling chiefs, the generosity, loyalty, and gallantry of H. H. the Maharaja Scindia of Gwalior,* (2) *in particular, have now become famous throughout the world.*" (3)

Nem todos os rajputs, nem todos os maratas são aristocratas, mas a nobreza hindu, como a europeia, é de origem militar, descende dos companheiros de armas dos reis e príncipes que eram, em regra, da casta militar.

Cada casta constitue uma unidade social animada do espírito de hierarquia e de mútuo isolamento.

É o particularismo da tribu.

" It is generally recognized that each caste has an innate right to lay down its own canons of conduct provided that they are in

---

(2) Era casado com a filha de Sotrogi Ranes, de Sanquelim.

(3) O. Rothfeld — *Women of India*, pag. 63.

conformity with the basic principles of Hinduism and do not affect the rights or infringe the prerogative of other castes. If these conditions are observed, no other caste has any business to interfere. *Each maintains its own customs and respects those of others* ..

Despite all this diversity, the main mould of caste is the same. *Throughout India caste remains the basis of social order, with its numerous divisions, each of which has a social value in relation only to other divisions, its theocratic doctrine of the sanctity of the Brahman and its belief that a man's place in life is preordained*...

The inequalities of the caste system and the basic fact that a man's place in the social sphere is unalterably fixed by the accident of birth are justified to the Hindus by their belief in metempsychosis or the transmigration of souls combined with the doctrine of *Karma*, which asserts that each rebirth is the direct result of a man's actions in a previous existence .. A man's caste consequently depends on his actions in a previous life; worth in this life determines birth in another...

Caste is not merely a social institution but part of Hinduism, which on that account has been described as a socio-religious system for it is partly a religious belief or consequence of beliefs." ([4])

" Un des champions de l'orthodoxie brahmanique, Kumarila Bhatta, qui florissait plus de mil ans après le Nirvana, reproche encore au Bouddha d'avoir enfreint les devoirs de sa caste " Quel droit avait-il à prêcher la pitié? demande Kumarila; il était né kshatriya et le devoir de sa caste lui prescrivait de prendre les armes et de combattre". Voilà, nettement exprimée, la conception definitive qui commande la civilisation indienne; c'est aussi, la conception que le célèbre Bhagavad Gitâ exposa en vers magnifiques. On sait dans quel cadre se déroule le dialogue de la Bhagavad Gitâ. Le héros Arjuna est monté sur son char; le divin Krishna, son inséparable ami, est debout à côté de lui et dirige l'attelage. Au moment de frapper ses adversaires, qui sont ses cousins, le sensible Arjuna hésite et pleure; Krishna le réconforte et lui prêche la loi du salut: "Fais le devoir qui t'appartient; un kshatriya ne doit pas refuser la bataille. l'acte est pur s'il est accompli sans aucun

---

[4]) O' Malley — *Indian Caste Customs*, pag. 20, 18 e 19.

esprit d'interêt personnel". *"Le devoir propre"* (*sva-dharma*) *telle est la règle à suivre; l'ordre social n'est que la collection des devoirs propres qui s'imposent à chacun des groupes; prétendre exercer des vertus qui n'appartiennent pas au groupe, à la caste, c'est compromettre l'ordre social, et puis que l'ordre social est une fonction de l'ordre religieux c'est commettre un péché."* (Sylvain Lévi — *L'Inde et le Monde*, pag. 72 e seg.)

O regime das castas tem, pois, sanção religiosa.

Que a casta é sinónimo da raça teve, por largo tempo, fóros duma verdade assente. Dizia-se que as castas hierárquicamente dispostas representavam raças sôbrepostas, assentando as camadas vencedoras sôbre as vencidas. A casta brâmane — a casta suprema — era considerada raça ariana — a raça suprema, a raça triunfante.

Estas teses não correspondem, porém, à realidade dos factos. Em primeiro lugar indivíduos de castas diferentes pertencem à mesma raça e vice-versa. Assim, segundo a classificação de Risley, os brâmanes, os maratas e os vanis de Goa pertencem à raça scito-dravídica; mas os brâmanes de Goa, de Cachemir ou de Madrasta não são da mesma raça.

Em segundo lugar, organizaram-se as castas muito depois de os invasores brancos (*árias*) se terem fundido com os aborígenes escuros. Como é que as castas podem ser consideradas raças, se vários povos se misturaram, antes de haver castas, abrangendo a mesma casta indivíduos de diferentes raças?

A alvura da pele era tomada como um sinal da procedência árica; mas a Índia também teve a sua *invasão dos bárbaros*. Eram brancos os scitas que nos primeiros séculos da nossa era rolaram, impelidos pela fome, quais avalanches, da Asia Central para a Índia Ocidental. Assim como na Europa, os *bárbaros* se cristianizaram e assimilaram a cultura greco-romana, assim também na Índia o budismo poliu as arestas e domou a ferêza dos scitas que se mesclaram com os indígenas vencidos e, mais tarde, se integraram na sociedade neo-bramânica e formaram várias castas. Como os scitas se não espalharam pela costa oriental da Índia (Madrasta) resultou serem os povos da costa ocidental muito mais escuros do que os *scito-drávidas* da Presidência de Bombaim ou de Goa.

Dir-se-á que o físico dum hindu denuncia a casta a que pertence. Pelo aspecto exterior, fácil é saber se um índio é brâmane ou artífice. Isto não quere dizer que a casta seja o mesmo que raça. Na Europa, distinguem-se os aristocratas dos plebeus, os intelectuais dos campónios, embora pertençam à mesma raça. É que o espírito molda o corpo à sua imagem, de maneira que diferenças morais podem dar a ilusão de diferenças físicas.

Podemos, pois, definir a casta, como agregado social endogâmico, animado do espírito de hierarquia e de isolamento, regulado por normas consuetudinárias, consagradas pela religião hindu.

Tal é a casta no estado actual. Mas a casta tem a sua génese e o seu desenvolvimento, é formação histórica, é produto da evolução, cujas fases convém determinar.

A casta através da história—Na literatura índica não encontramos a palavra "casta", que foi introduzida pelos portugueses no vocabulário mundial.

Já Duarte Barbosa no seu *Livro* elaborado em 1516 empregava a palavra *casta*: "Se algũa de *casta* de Nayres erra em sua ley." (5)

Os hinos mais antigos do *Rig-Vêda* empregam a palavra "*varna*" no sentido de "povo". Assim contrapõem ao *ária varna* (povo branco), o *dassa varna* (povo escuro). No Atharvaveda ao *ária* se contrapõe o *sudra*. (6) No decurso do tempo nasceram e multiplicaram-se as relações benéficas entre as duas raças antagónicas. Houve intercâmbio de ideas e de costumes. Os *árias* chegaram a adorar a serpente, deu-

(5) *Colecção de Noticias para a História e Geografia das Nações Ultramarinas*, II, pag. 323.

(6) *Rig-vêda*. I, 100, 18; I, 130, 8; V, 29, 10; V, 45-6 ; *Atharvaveda*, IV, 20, 4; V-11.

sa dos drávidas, sob o nome de *Ariaca*.

O *Tandia Brahmana* alude, como vimos a pag. 68, aos sacrifícios que se celebravam ao serem admitidos na família bramânica *estranhos que falavam mal a língua árica*. Fundidos os árias com uma parte dos não-árias, os arianos de raça e os arianizados passaram a constituir sociedade diferente da dos não-arianizados. Êste fenómeno se assemelha ao que actualmente se observa em a nossa India: os cristãos e os hindus formam duas sociedades politicamente unidas, mas socialmente distintas, pois aqueles assimilaram os costumes ocidentais ao passo que êstes se mantêm socialmente divorciados do europeu. Ao *varna árico*, que abrangia os árias de sangue e os arianizados, contrapunha-se o *varna sudra*, sociedade diferente, onde cabiam os indígenas *não-assimilados* e os estrangeiros, que adoravam outros deuses e falavam outras línguas.

"A antítese entre *sudra* e *ária*, abrangendo a palavra "*aria*" as três castas superiores é consagrada nos *Brahmanas*. Há muitos indícios de que os dois termos traduzem não só simples desigualdade social, mas ainda luta profunda entre duas tradições religiosas, luta que os hinos védicos nos mostram em plena acção". ([7])

A palavra *sudra* corresponde, pois, aos termos "*plebeu*" e "*bárbaro*" da nomenclatura romana.

"Os plebeus... tinham capacidade para gozarem do direito da propriedade romana, *jus commertii*, mas não tinham direitos políticos pesando apenas sôbre êles obrigações, não tinham participação nos bens e domínios do Estado, e *entre êles e os antigos cidadãos não se reconhecia a epigamia ou seja connubium. Por último, embora a plebe venerasse particularmente as divindades romanas, não tinha participação na religião do Estado romano, nem podia tomar parte no culto nem fazer parte de qualquer colégio sacerdotal.* ([8])

([7]) Senart — *Les Castes dans l'Inde*, pag. 147.

([8]) Dr. Herzberg — *História da Grecia e Roma*, na *História Universal de Oncken*, vol. IV, pag. 612.

Pois é verdade.

"O sudra não pode ser investido na linha sagrada nem pode estudar os Vêdas nem acender o fôgo sagrado". [9]

"Para um brâmane, receber alimento das mãos do sudra é pecado". [10]

"Um brâmane que se case com uma sudra e resida doze anos numa aldeia, onde haja só um poço, torna-se sudra". [11]

Também os judeus não podiam receber água das mãos duma samaritana. A tríbu de Lévi era casta sacerdotal. No célebre diálogo entre Jesus e a Samaritana, que Edmond Rostand pôs em versos magníficos, deparam-se-nos vestígios de castas.

No *Rig-Vêda* encontra-se um hino, *Purucha-Sucta* (X, 90) segundo o qual os *brâmanes* são a bôca de Brahmá, os *kchatryas* os braços, os *vâicyas* as côxas, e os *sudras* os pés. O *Purucha-Sucta* é um dos hinos mais modernos da colecção rig-vêdica. A alegoria de *Purucha-Sucta* serviu de base à célebre classificação de Manú. A palavra *varna*, que a princípio significava "povo", passou a ser empregada no sentido de classe. Assim, as *Leis de Manú* enumeram quatro *varnas*: *brâmane* (sacerdotal), *kchatrya* (militar), *vâicya* (agrícola e mercantil) e *sudra* (proletariado).

Como no tempo de Manú, não havia apenas quatro castas, mas cincoenta unidades sociais (tríbus) que se não aparentavam entre si, estas foram denominadas *jatis*. Segundo o último *Census of India*, há actualmente mais de dois mil *jatis*, cada um dos quais julga pertencer a um dos quatro *varnas* da classificação de Manú. Assim, limitando-nos ao nosso território de Gôa os *jatis*: *chitpavana*, *caradé*, *scenevi* são considerados brâmanes, por serem tríbus sacerdotais; os *maratas* que seguem a carreira das armas intitulam-se *kchátrya* e são sudras os *bandaris*

(9) *Apastamba Dharma Sutra*, (trad. de Bühler no *Sacred Book of the East*), II, pag. 1.

(10) *Baudhyana Dharma Sutra*, (trad. de Bühler) XIV, pag. 224.

(11) *Baudhayana Dharma Sutra*, pag. 244.

lavradores de sura), os *kharvis* (pescadores), etc. de modo que *varna* é sinónimo de classe, e *jati* de casta.

"O têrmo *varna*—adverte Senart—usado a princípio para marcar uma oposição de côr entre populações rivais, fraccionado, por assim dizer, para ser aplicado não aos dois varnas primitivos mas a categorias mais numerosas, não perdeu os traços originais. Não designa a casta em geral e no sentido rigoroso, mas apenas as *quatro castas*. Aplica-se ùnicamente ao que o livro épico Harivança denomina "*as quatro castas legais*". Para designar as outras castas secundárias ou mixtas que correspondem, não às divisões teóricas, mas às verdadeiras castas, tais quais vemos viver e agir, os livros de leis têm outro têrmo: "*jati*" que corresponde precisamente à palavra "casta" porque significa: "nascimento, raça". É, creio, nesta acepção e não na de família que é preciso tomá-la quando a empregam Manú, Yajnaválquia e outros". ([12])

"There is ample reason why — nota o professor Ghurie — to get a sociologically correct idea of the institution, *we should recognize sub-castes as real castes*". ([13])

Como é que os dois *varnas* dos hinos vêdicos primitivos se converteram nos quatro *varnas* do *Purucha-Sucta* e das *Leis de Manú*?

Com o volver do tempo, o organismo social desenvolveu-se e diferenciou-se, destacando-se a milícia e o clero da massa da população indo-árica.

Daí as três classes áricas ou arianizadas nítidamente diferenciadas: *brâmane* (sacerdotal) *kchâtrya* (militar) e *vaicya* (burguêsa) que correspondem às três ordens do reino: clero, nobreza e povo. *Dassiu* ou *sudra* era o indígena que não assimilara a cultura árica ou o estrangeiro que adorava outros deuses.

Era natural, dada a lei da divisão do trabalho, que a so-

([12]) Senart — *Les Castes dans l'Inde*, pag. 154.

([13]) G. S. Ghurie — *Caste and Race in India*, pag. 20.

ciedade indo-árica primitiva não fôsse rigorosamente homogénea, que houvesse classes sociais ou profissionais; mas o que não encontramos no *Rig-vêda* é vestígios de classes fechadas, de *castas*.

Um *rixi* rigvêdico diz: "Sou compositor de hinos, meu pai é médico, minha mãi moe o grão". ([14])

Havia, é certo, a divisão do trabalho, mas as profissões não eram hereditárias e, consequentemente, a diversidade da classe não era impedimento matrimonial. Assim, um brâmane (sacerdote) podia casar com uma *kchátria* (classe militar), embora a classe sacerdotal tivesse conquistado a hegemonia social, como na idade média europeia.

Segundo a *Dharmaxastra* de Baudhayana (século VI antes de Cristo), o filho dum brâmane e duma cxátria era brâmane, a do cxátria e dum vaixia era cxátria, o que mostra que não era defeso o casamento entre as 3 classes áricas ou arianizadas. ([15])

> "Ibn Khurdadba who wrote his book about 900 A. D. thus describes Indian castes: — There are seven classes of the Hindus; viz 1st. Sabkutria who are men of highest caste from among whom kings are chosen. The people of the other classes do homage to this class only; 2nd. Brahmins who totally abstain from wine and fermented liquors; 3rd. Kataria who drink not more than three cups of wine. *The daughters of the class of Brahmins are not given in marriage to this class, but the Brahmins take their daughters;* 4th. Sudaria who are by profession husbandmen; 5th. Baisura who are by profession artificers and domestics; 6th. Sandalia who perform menial services; 7th. Lahud; their women are fond of adornments and the men are fond of amusements and games of skill.
>
> This is a pretty correct description of caste as it existed in India in the 9th. and 10th. centuries and as it struck an outsider who though not acquainted with its intricacies cannot but have marked the essential features of it. Strangely enough, in this list the Sabkutria who plainly form the class of the royal families of India

---

([14]) *Rig-vêda*, IX, 112, 3.

([15]) S. V. Viswanatha — *Racial synthesis in hindu culture*, pag. 56.

(subsequently enumerated as 3rd.) are placed even above the Brahmins. The third are the ordinary kshatryas. The fourth can well be recognised as the Sudras who now formed the bulk of the agriculturists of the country. But they ought to have been placed below the fifth viz the Baisura. These are the Vaisyas." [16]

É que as famílias reais formavam uma casta isolada das outras, embora tivessem afinidades étnicas com a 3.ª casta.

No decurso do tempo o *varna* (classe) bramânico isolou-se; representante dos deuses na terra, fez-se deus também, embora continuasse a ser classe aberta.

Reagiram os *kchátryas* e os *vâicyas* contra o exclusivismo bramânico, lançando-se nas heresias dos jainas e dos budistas.

" *We conclude from our discussion that the Brahmin was, during the period, very strongly entrenched and that he had sufficiently subdued the Kshatriya. Henceforth the Kshatriya as a serious competitor of Brahmin vanishes from the field. Nevertheless he has been mortified. And it is our contention, that having succumbed in the age-long struggle within the fold, he breaks away and raises the banner of revolt. Both Jainism and Buddhism appear to us to be movements started by Kshatriyas* of exceptional ability preaching a new philosophy which were utilized by their immediate followers for asserting the social superiority of the Kshatriyas over the Brahmins. Whatever be the express statements about caste, in the original preaching of Mahavira and Budha, a close student of the early literature or the religious movements will feel convinced that the chief social aim of the early writers was the assertion of the pre-eminence of the Kshatriyas. It is a well-known fact that no Jain Tirthamkara was ever born in any but a Kshatriya family. In Buddhist literature there are several examples where the enumeration of the four castes is headed by the Kshatryas, the Brahmin coming next !...

Whatever might have been Buddha's own views and practice, it is indubitable that his immediate followers believed in the time honoured restrictions of caste, and being most probably Kshatriyas

---

(16) C. V. Vaidya — *History of Medieval Hindu India*, II, pag. 178.

themselves, utilized the opportunity, offered by Buddha's revolt to establish kshatriya pre-eminence among the four castes. The complete discomfiture of the Kshatriyas within the Brahmanical fold had made this course inevitable. Measuring their strength with the Brahmins and failing in the contest, they naturally turned their attention to the masses. In their appeal to the masses to recognize them as the real leaders of society, they must have availed themselves of the general opinion against the Brahmin and made an excellent use of the art of ridicule in drawing a ludicrous picture of the wide contrast between the Brahmin's profession and his practices. Use of a language, better understood than Sanskrit by the populace immensely helped them in their cause. *It is just because this must have been the probable genesis of Buddhism that the largest bulk of the immediate followers of Budha were Kshatriyas and other well-to-do non Brahmins who were dissatisfied with their low position within the Brahmanic fold*". (17)

A ortodoxia bramânica fulminou os herejes jainas e budistas com o epíteto de *sudras* e o *varna bramanico* fechou-se, transmudando-se a *classe sacerdotol ortodoxa* em casta de modo que só o filho dum brâmane podia ser sacerdote. Ergueu-se uma barreira entre a classe sacerdotal árica e as outras duas classes áricas: *kxátria* e *vaixia* que como excomungadas passaram a ser consideradas *sudras*. Era uma barreira análoga a que se levantara entre os árias e os sudras. Por outro lado, os não árias que se converteram ao jainismo e ao budismo estavam divididos em tribus endogâmicas, como os povos primitivos, e conservando a endogamia mantiveram o impedimento para o casamento entre indivíduos pertencentes às tribus diferentes. (18) A *disparidade do culto* conjugou-se com a endogamia das tribus e a diversidade da casta passou a ser *impedimento matrimonial* na sociedade neo-bramânica, da mesma forma como na sociedade moderna a diferença da religião e a diversidade da condição social obstam ao casa-

(17) G. S. Ghurye — *Caste and Race in India*, pag. 64.

(18) Bühler no *Atheneum*, Março 1897; S. V. Viswanatha — *Racial Synthesis in Hinda Culture*, pag. 122.

mento. Dêste modo as *classes abertas* se transformaram em *castas.*

A esta conclusão nos levam os textos sagrados dos brâmanes e dos budistas.

O *cxátria* Janaca tornou-se brâmane "mercê dos ensinamentos de Yajnaválquia" (*Satapatha Bramana*—11, 62, 10). "É brâmane quem possue o saber" (*Taitirya Samhita*—66 1, 4). "Ele, um rei quando sagrado torna-se brâmane" (*Aitereya Bramana* VII; 231). A qualidade de brâmane adquire-se, portanto, pelo saber, e não por hereditariedade.

"O filho dum brâmane é brâmane, ainda que a mãi seja *cxátria* ou *vâixia*" (*Mahabharata*—XIII, 47, 17). Havia, pois *classe* brâmane; não havia *casta* brâmane. Mas ao *sudra* não só era defêso o ingresso no sacerdócio, senão também o aparentar-se com os *brâmanes, cxátrias* e *vâixias*:

"Rito algum pode ser celebrado por uma criança, sem a investidura da linha sagrada, antes da qual se nivela com o *sudra*" (*Apastamba Dharma Sutra* nos *Sacred Books of the East* II, pag. 10). "Dizem alguns que os brâmanes, cxátrias e vâixias podem casar com uma *sudra* sem a recitação dos textos védicos. Isto não é lícito, pois de tais casamentos resulta a degradação da família e após a morte a perda do céu." (*Vassista Dharma Sutra* nos *Sacred Books of the East* XIV, pag. 5).

Que não havia impedimento para um brâmane casar com uma cxátria, confirmam-no os livros budistas: "Tendo Budha preguntado ao brâmane Ambatha se um brâmane daria a sua filha ao filho dum cxátria e duma brâmina, obteve resposta afirmativa" (*Ambatha sutha* no *Coplestons's Budhism*, pag. 145). Mas começava a erguer-se a muralha separatista entre os brâmanes e os não-brâmanes, entre os ortodoxos e os herejes.

O brâmane Assalaiana dirige-se a Budha e diz:

"A casta brâmane é superior, as outras são inferiores. Só os *brâmanes são puros, os não brâmanes são impuros*" (*Assalaiana Sutta* no *Indian Budhism* by T. Rhys W. Davids, pag. 51).

Manu é mais claro, pois refere:

"Os gregos, os persas, os chineses, os scitas, os drávidas passaram de *cxátrias* a *sudras* por terem *desobedecido aos brâmanes e por terem desprezado os sagrados ritos*" (X, 43, 44). Ora, segundo reza a História, os gregos, os scitas e outros forasteiros abraçaram o budismo que, como vimos, repudiou *os sagrados ritos*. A alusão de Manú aos herejes budistas não podia ser mais explícita. Como muito bem nota o *brâmane* dr. Ketkar, os *cxátrias* e os *vâixias* desapareceram, graças ao budismo. ([19])

A excomunhão dos *cxátrias* revestiu a forma poética de mito heróico na lenda do exterminio dos *cxátrias* por Paraçurama. Era natural que os *Puranas*, novelas histórico-religiosas, destinadas à propaganda do neo-bramanismo, se deleitassem em matizar de maravilhoso a narrativa de um facto histórico, qual é a cisão que se deu na sociedade indo-árica mercê da reforma religiosa, operada pelo budismo e pelo jainismo. Os *Puranas*, inspirados pela imaginação mistica dos neo-brâmanes respondiam cabalmente a esta necessidade insaciável de maravilhas e prodígios que constituem o fundo azul e oiro das crenças populares. Os brâmanes para sacudirem o jugo dos cxátrias imploraram o auxílio dos deuses. Vixnú incarnou-se na pessoa de Ramá, filho do brâmane Jamadagni e de Renuca. Xivá ensinou-lhe o manejo das armas, e ofereceu-lhe um machado *(paraxu)*. A sua luta contra os cxátrias começou pelo assassinato do rei Cartaviria acusado de ter furtado a Jamadagni um bezêrro destinado ao sacrifício. *Paraçurama* venceu os cxátrias em 21 recontros e entregou o império do mundo ao brâmane Caxiapa. É a essa época que remonta a supremacia da casta sacerdotal na Índia. Eis a lenda em que se baseia a teoria bramânica do desaparecimento da casta cxátria. ([20])

Só a credulidade ingénua do povo é que podia acreditar na explicação mística do desaparecimento dos cxátrias, donde

---

([19]) Dr. Ketkar — *The History of Castes in India*, pag. 164.

([20]) Milloué — *Histoire des religions de l'Inde*, pag. 230.

fácil foi tirar a ilação de que *todos os brâmanes* e *só os brâmanes são árias*, invertendo-se a proposição dos *Brâmanas:* "Nos tempos primitivos, todos os árias eram brâmanes", e tomando no sentido material, biológico o dogma da pureza dos brâmanes: "Só os brâmanes são puros, os não brâmanes são impuros". Dada a tendência vulgar de tomar à letra as palavras e a linguagem figurada dos textos sagrados, não é preciso grande esfôrço crítico para dar o verdadeiro significado ao termo "puro" empregado pelos livros neo-bramânicos. O brâmane dr. Ketkar não hesita em reconhecer que a pureza bramânica é antes moral ou mística que étnica. Há uma lenda que faz descender todos os brâmanes dos *rixis* (bardos) que compuseram os hinos védicos (*Thurston — Castes and tribes of Southern India*, vol. I). Será temerário inferir desta lenda que nas veias de todos os brâmanes gira o sangue dos *rixis* áricos, pois os factos e a antropologia nos demonstram o contrário. A única conclusão que se pode tirar da lenda é que todos os brâmanes descendem *espiritualmente* dos *rixis* áricos, que *teològicamente* todos os brâmanes são iguais, *porque todos sairam da boca de Bramá.*

Eliminados os cxátrias por Paraçurama, absorvidos os váixias pelo jainismo, a sociedade ortodoxa ficou reduzida à casta brâmane; mas as divergências religiosas não teem o condão de modificar os caracteres étnicos.

Na versão dos *Puranas*, Vixnú incarnou-se em Budha para apressar a destruição dos demónios e dos ímpios, induzindo-os a desprezarem os deuses, os Vedas e a lei das castas!

Os demónios e os ímpios eram *os cxátrias e os váixias que desapareceram, graças a Paraçurama.*

Sôbre a lenda do desaparecimento dos *cxátrias* e dos *váixias* escreve o brâmane Vaidya:

> "Antes da expansão do budismo as *Dharmaxastras* estatuiam que os três *varnas* (*brâmane, cxátria* e *vâixia*) deviam estudar e compreender o Vêda e tal era o costume naquela época. Encontramos êsse preceito em Manu e em outros *Smritis*. Quando Patanjali escreveu o seu *Bhachia* após a difusão do budismo, cêrca de 150

antes de Cristo, os *cxátrias* e os *vâixias* tinham-se convertido, na mór parte, ao budismo e tinham deixado de estudar os Vêdas. O mesmo sucedeu a muitos brâmanes; por isso Patanjali aconselhava os brâmanes a que estudassem os Vedas, ainda que não houvesse necessidade. No tempo de Nagojibôto, cêrca de 1300 da era vulgar, as coisas mudaram. O budismo desapareceu da India e os rajputs ortodoxos reclamaram o direito de estudar os Vêdas, embora só alguns deles se dedicassem a isso. Nagojibôto aproveitou a ocasião para recordar a opinião de alguem segundo a qual o estudo dos Vedas era, consoante Patanjali, facultativo para os *cxátrias* e os *vâixias*.

Paiagunde de Wai escreveu a sua obra depois de os maometanos se terem assenhoreado da India e de os cxátrias, em especial os maratas do Sul, terem deixado de estudar os Vêdas, e aproveitou o ensejo para opinar que o *Bhachia* restringira o preceito aos brâmanes, porque não havia cxátrias na época de Kali, segundo o postulado que nasceu entre 1300 a 1600, reflectindo o estado social da época". (21)

É a explicação racional e histórica do desaparecimento dos *cxátrias* e *vâixias* que é um postulado da ortodoxia bramânica. Só a mais cândida ingenuidade podia levar os ortodoxos hindus a acreditar no desaparecimento de duas classes da sociedade indo-árica, a dos militares e a dos burgueses, só por fôrça de textos, tendenciosamente interpretados, como se pudesse subsistir uma sociedade só com uma classe, só com sacerdotes que decorassem os Vêdas.

A corrente jaina-budista avassalou tôda a India. Entalado, no dizer do professor Hopkins, nas pontas dum dilema: expandir-se ou suicidar-se, o bramanismo entregou-se à tarefa de assimilar e remodelar as crenças, e os deuses dos aborigenes, dos sudras. Esta fase actual da religião bramânica é conhecida, como vimos, por neo-bramanismo ou hinduismo.

A incarnação de Vixnú em Budha é a alegoria da absorção do budismo pelo neo-bramanismo.

"O panteon amplia-se — diz Milloué — para receber uma

(21) *History of Medieval Hindu India*, vol. II, pag. 313.

multidão de divindades locais que por um *tour de force* se identificam com os deuses bramânicos por meio de incarnações *(avatares)* e das suas fantásticas filiações." [22] Não desapareceu da India o budismo; transformou-se em o neo--bramanismo. Os deuses indígenas *não-áricos* bramanizaram--se da mesma forma como as divindades indígenas da Lusitânia se romanizaram.

"A romanização das divindades indígenas revela-se-nos nos nomes e nas formas do culto... As vezes acontece que o nome de uma divindade indigena co-existe com o duma divindade romana assimilada àquela: *Atagina* a par de Proserpina. E' sabido que os autores romanos e gregos, ao falarem dos deuses bárbaros, por exemplo, Cesar dos de Galia, Tácito dos de Germânia, Estrabão dos da Lusitânia os identificaram com os deuses clássicos, para assim se fazerem melhor entender; a isto se chama em latim *interpretatio*. Esta *interpretatio* dava-se, pois, também, na prática, quero dizer nos próprios santuários.

Os romanos não tinham repugnância às divindades adoradas pelos seus inimigos, pois acreditavam na acção delas: disso resultava poderem admiti las no panteon nacional. Todavia, à medida que a romanização caminhava, os indigenas iam esquecendo ou pelo menos substituindo as crenças tradicionais, digo *pelo menos substituindo*, porque é raro que os sentimentos religiosos se aniquilem de todo, a maior parte das vezes transformam-se ou quando muito atenuam-se." [23]

Se as divindades indígenas, se os deuses *não-áricos*, os deuses dos *sudras* entraram para o panteon bramânico ¿que destino tiveram os sacerdotes dêsses deuses?

Se o neo-bramanismo absorveu o budismo ¿em que situação ficaram os monges budistas?

"É indubitável — responde Gait — que os sacerdotes aborígenes foram considerados brâmanes". [24]

---

[22] Milloué — *Histoire des religions de l'Inde*, pag. 208.

[23] Dr. Leite de Vasconcelos — *Religiões da Lusitania*, III, pag. 194.

[24] *Census of India*, 1911, vol. I, parte I, pag. 381.

Em vários *pagodes* (templos hindus) de Goa servem, como *bottos* (sacerdotes) os *chitpavans* ou *brâmanes concanastas* que—diz a lenda recolhida pelo *Scanda Purana*—Paraxurama (incarnação de Vixnú) fez emergir das cinzas que encontrou numa *chitta* (pira fúnebre) em Chittapolan (Chiplun) no actual distrito britânico de Ratnaguiri, por os sacerdotes se terem recusado a coadjuvá-lo na oferta de *xrada* (sacrifício fúnebre). O dr. Wilson dá a seguinte interpretação à lenda: os monges budistas ter-se-iam convertido ao neo-bramanismo, pois há vestígios desta conversão forçada: perto de Inadapura, encontra-se um pilar, representando na parte inferior uma sangrenta batalha entre os monges budistas e cavaleiros, armados de lanças e escudos e na parte superior o boi de Xivá, emblema do neo-bramanismo, a esmagar os budistas derrotados. ([25]) Quere-nos parecer que a conversão não foi forçada, não sendo a alegoria satírica mais do que a expressão iconográfica do triunfo neo-bramânico.

"É verdade — diz Gait — que não pode haver conversão individual para o hinduismo. Para alguém ser hindú é preciso que pertença a uma das castas hindús. Mas o mesmo não se dá com um agregado social. Tríbus aborígenes duma localidade, em que o hinduismo domina, inconscientemente adoptam as ideas e os preconceitos hindús, assistem às festas religiosas hindús, frequentam os templos hindús, e prestam homenagem aos brâmanes. No distrito de Goalpara (Assam) a baixa do número dos *animistas* em relação ao *Censo* de 1901 é devida à propaganda do hinduismo feita pelo brâmane *Siv Naraian Suami*, auxiliado por alguns mancebos educados, da classe dos *zamindares*. Os sectários do *Suami* intitulam-se *Bramá*!

Duma desavença entre os maratas e os brâmanes resultou aqueles dispensarem os serviços religiosos dêstes e escolherem sacerdotes na sua própria casta!" ([26])

([25]) *Journal of the Bombay Branch of the Royal Asiatic Society* — January 1850.

([26]) *Census of India*, 1911, vol. I, parte I, pag. 121.

Estes factos mostram que tribus aborígines se *bramanizam* e que nelas se recrutam sacerdotes *neo-brâmanes*.

Êstes factos confirmam as tradições sôbre a origem de vários *jatis* (castas) brâmanes. Como muito bem nota Senart: "milhões de indivíduos que na India reivindicam o título de brâmanes e estão unificados por êste nome encontram-se na realidade divididos numa multidão de secções perfeitamente distintas, cada uma das quais constitui uma casta. Estamos habituados a falar duma casta brâmane quando, em verdade, nos deviamos referir a castas brâmanes. Abrangemos num termo genérico castas múltiplas, cada uma das quais tem a sua individualidade". ([27])

Com efeito, diz a tradição que os brâmanes *xivalis* de Tulu (India do Sul) são oriundos de *Ahicxetra*. A circunstância de os emigrantes se não terem feito acompanhar de mulheres obrigou-os a casar, fóra da casta, com as mulheres indígenas da casta *bant*. Os brâmanes *mati* eram considerados inferiores pelos *xivalis*, por se presumir que descendem de *mogers* (pescadores) que *Vatiraja Suami* bramanizou. Também as tradições bramânicas nos referem que sob a dinastia dos *Cadambas* (que reinaram em Goa e nos territórios vizinhos) alguns brâmanes *andras* (de Hyderabad) se fixaram no Canará do Sul e como o seu número fôsse insuficiente *bramanizaram* indivíduos de várias castas que formam as sub-castas: *Mandi, Perala, Kudire,* (cavalo) e *Ane* elefante. ([28])

Aqui está a explicação do facto de haver uma infinidade de *jatis* (castas) brâmanes que entre si se não aparentam, que constituem outros tantos agregados sociais endogâmicos. Tendo o neo-bramanismo avassalado tôda a India, era natural que houvesse várias tribus de neo-brâmanes, vários grupos sacerdotais, em suma: brâmanes de diversas raças. Nem todos os brâmanes exercem —é certo— a profissão sacerdotal, mas todos êles descendem de sacerdotes. A hereditariedade fixou o carácter sacerdotal. De modo que o *varna*

([27]) Senart — *Les Castes dans l'Inde*, pag. 138.

([28]) Thurston—*Castes and tribes of Southern India*, vol. I, pag. XIV.

brâmane não é mais do que o conjunto dos *jatis* brâmanes.

Bramanizaram-se os povos estranhos e os seus deuses. O neo-bramanismo democrático, proselitista, absorveu o budismo e o jainismo, e colocou no tôpo do edifício social a classe bramânica constituida de sacerdotes de várias tríbus e dividida em *jatis*, isto é, os sacerdotes de cada uma das tríbus convertidas ao hinduismo passaram a formar um *jati* (casta) do *varna brâmânico* (classe sacerdotal). E as diversas tríbus endogâmicas, seitas e classes, convertidas ao neo-bramanismo, transformaram-se em outros tantos *jatis* (castas) que reclamam o seu lugar num dos quatro *varnas* primitivos. Quere dizer, os actuais *varnas* são formados de neo-brâmanes, neo-kchátryas, etc., que podem não descender dos antigos brâmanes e kchátryas da raça árica. O *varna* é o género e o *jati* a espécie. A palavra *brâmane*, como o vocábulo *padre*, não indica a origem étnica. Um padre pode ser europeu ou nativo. (29)

É êrro, portanto, considerar o *jati* produto da fragmentação do *varna*, e imaginar que êste tenha gerado aquele por scissiparidade. Isto não quere dizer que não seja verdadeira, em parte, a teoria de Manú, que atribuiu a formação dos *jatis* aos casamentos mixtos, às alianças matrimoniais ou às relações ilícitas entre os que não pertenciam ao mesmo *varna*.

Sir Herbert Risley, no seu livro *The People of India*, distinguiu vários tipos de *jatis* (castas), baseando-se no processo de sua formação:

a) Casta-tríbu. O neo-bramanismo propagou-se por tôda a India, absorvendo como vimos o budismo, o jainismo, e as crenças locais não-áricas. As tríbus que se converteram ao neo-bramanismo formaram outras tantas castas *(jatis)* que se incorporaram num dos quatro *varnas*. Como exemplo, podem ser apontados os *rajputs* e os *maratas*, dois *jatis* (castas)

---

(29) O brâmane D. R. Bhandarkar demonstra no seu opúsculo *Foreign Elements in the Hindu Population* que certos *jatis* brâmanes, como os *caradés*, sacerdotes dos pagodes de Goa, descendem dos invasores scitas.

distintos que se intitulam *cxátrias*, sem embargo de Paraxurama ter exterminado os *cxátrias*.

" Others are tribal in origin, such as castes composed of the descendants of aboriginals who have been admitted *en masse* into the fold of Hinduism, a tribe being converted into a caste. The usual process is for an aboriginal tribe to set up a Hindu god, get a Hindu priest to minister to them, and adopt some Hindu customs, after which they are recognized as Kshattriyas or Rajputs. In this way the Kshattriyas of the Manipur State in Assam came into existence early in the eighteenth century. Manipur was at that time ruled over by a Naga chief of Mongoloid origin, who was converted to Hinduism by a wandering ascetic, and his subjects followed suit. The Nagas in their unreclaimed state were blood-thirsty savages, but the Hindu missionary ingenuously declared that they were descended from the Arjuna by a Naga woman and were therefore kshattriyas who had forgotten their religion and their caste...

Hindu castes living in proximity to non-Aryan tribes receive as members new converts to Hinduism. Sir James Lyall wrote in the *Kangra Settlement Report:* " On the border line in the Himalayas, between Tibet and India proper, any one can observe caste growing before his eyes; *the noble is changing into a Rajput, the priest into a Brahman,* the peasant into a jat and so on down to the bottom of the scale.... ([30])

São *rajputs* e *brâmanes*, por equiparação, que formaram novos *jatis* dos *varnas:* cxátria e brâmane.

Não admira que o mesmo tenha sucedido aos vários *jatis* de várias raças e tribus que se intitulam *cxátrias* e *brâmanes.* É sugestiva a lenda da formação de neo-cxátrias *rajputs* no alto do Monte Abu.

b) Casta-profissão. Há também castas profissionais embora varie a proporção dos membros que seguem a profissão tradicional. Um brâmane continúa a ser brâmane ainda que não seja sacerdote, mas comerciante ou burocrata; porém um grupo mudando de profissão scinde às vezes a casta.

([30]) O'Malley—*Indian Caste Customs*, pag. 29.

Assim, os *sadgopas* de Bengala saíram da casta dos pastores por se dedicarem à agricultura.

c) Casta-seita. Adeptos de seitas religiosas antagónicas formam outras tantas castas. Em Goa, por exemplo, há brâmanes *ubés* e brâmanes *advés*, êstes sectários de *Xancaracharia* e aqueles de *Madvacharia*, os quais antigamente se não uniam pelos laços matrimoniais.

d) As *migrações* são também uma causa da formação das castas. Assim os *nambudris* brâmanes do Malabar, oriundos de Katiawar e do Norte do Decão, formam uma casta distinta das outras castas bramânicas de Katiawar e do Malabar.

Sintetizando:

Tendo os árias feito a sua entrada triunfal na India, duas camadas étnicas se sobrepuseram: o *varna árico*, vencedor e o *varna dassiu*, vencido. Era uma diferenciação étnica.

A Natureza e o Tempo fizeram o trabalho de *assimilação* entre os inimigos de ontem. Fundiu-se a parte *assimilada* dos indígenas com os invasores e formou-se a sociedade *indo-árica*, distinta da aborígine que adorava outros deuses e falava outra língua. Dum lado da barricada: os *árias*; de outro: os *sudras*. Era uma diferenciação social.

Tendo a sociedade *indo-árica* entrado na fase aristocrático-sacerdotal, o clero e a nobreza destacaram-se da massa da população árica e o *varna árico* scindiu-se nos três varnas: *brâmane*, *cxátria* e *vâixia*, correspondentes às três classes políticas e profissionais: clero, exército e burguesia. Era uma diferenciação político-social.

Com o volver do tempo, o *varna brâmane* isolou-se na tôrre de marfim da sua grandeza e do seu orgulho; representante dos deuses na terra fez-se deus também. Reagiram os *cxátrias* e os *viâxias*, lançando-se nas heresias dos jainas e dos budistas. A ortodoxia bramânica fulminou os herejes com o epíteto de *sudras* e o *varna brâmane* fechou-se: só o filho dum brâmane podia ser brâmane: os brâmanes não podiam casar fóra do seu grupo. A *classe* sacerdotal transmudou-se em *casta*. Dum lado, os *brâmanes*; do outro os não-brâmanes, alcunhados de *sudras*. Era uma diferenciação religiosa ressumando o ódio de seita.

A corrente jaina-budista engrossou, avassalou tôda a India, curvou ao seu jugo os reis e os povos. Emquanto o jainismo e o budismo se difundiam, a ortodoxia não desapareceu nem descansou; mudou de táctica, democratizou-se, entregando-se à tarefa de remodelar e assimilar as crenças e os deuses extranhos. Bramanizaram-se os povos e os deuses locais não-áricos. O neo-bramanismo recolheu a herança jaina-budista e colocou no vértice da pirâmide social a classe (*varna*) brâmane, constituida de sacerdotes de várias tríbus e raças e dividida em *jatis* (castas) cada um dos quais reclama o seu lugar na tradicional classificação de 4 *varnas*: brâmane (sacerdotal), *cxatria* (militar), *vaixia* (burguês), e *sudra* (proletariado).

Teorias sôbre a origem do regime das castas—Podemos formar quatro grupos das teorias elaboradas pelos escritores europeus sôbre a origem do sistema das castas:

Teorias tradicionais. Que as castas eram uma invenção dos brâmanes, o fruto da sua política astuciosa teve, por largo tempo, fóros de verdade assente. Esta tese foi defendida por Sherring no seu artigo "*Natural History of Caste*" publicado na *Calcutta Review*, em 1880, e por Schroeder na "*Indien's Litteratur und Cultur*".

Uma instituição tão vivaz não pode ser obra duma classe. Fazer depender a organização da sociedade hindu únicamente da vontade dos brâmanes é—adverte Bouglé—exagerar o quinhão das criações voluntárias na história das sociedades humanas. Quando se trata de regras tão complexas e duradouras como o regimen das castas, uma invenção deliberada é inverosimil. ([31])

A distribuição da população em classes é—diz Senart—um facto quási universal; o regimen das castas é um fenóme-

---

([31]) Prof. Bouglé—*Essais sur le régime das castes*, pag. 36.

no único. Que a ambição bramânica se tenha aproveitado dele para firmar o seu domínio é possível. Não é evidente. Uma teocracia não tem por base necessária o sistema das cas tas.([32])

Teorias profissionais. A divisão do trabalho—eis a origem das castas. E' a teoria sustentada por Nesfield no *Brief view of the Caste system of the N. W. Provinces and Oudh*, por Ibbetson no *Report on the Census of the Punjab*, e por Dhalmann no *Das Altindische Volkstum und seine Bedeuting fur die Gesells chaftskunde.*

Convém notar, porém, que os membros duma casta exercem diversas profissões; que as castas, em vez de usarem o nome profissional, adoptam muitas vezes a designação da localidade, como os brâmanes *concanastas*; que, às vezes, as castas têm a sua origem nas seitas religiosas como os brâmanes *ubés* e *advés.*

Mas dir-se-á: A profissão pode ter sido a raiz das castas. Se as distinções locais ou religiosas podem originar castas, isto não prova que a diferenciação profissional não tenha engendrado a forma-mãi do regime. Quando uma forma social domina, por largo tempo, num país, serve de modêlo às associações de várias ordens que se desenvolvem no seu seio. Entre nós, por exemplo, existem confrarias religiosas cristãs, exclusivas duma determinada casta, como houve ordens religiosas, a dos teatinos, onde só eram admitidos os *brâmanes*, a dos carmelitas de Chimbel, onde só tinham ingresso os *chardós.*

Uma coisa, porém, não explica a divisão do trabalho: a mútua repulsão que vai ao ponto de impedir a comensalidade e as alianças matrimoniais entre individuos pertencentes a castas diferentes.

Teoria etnológica. Sir Herbert Risley no *Ethnographical Glossary* do *Census of India* formulou a teoria que filia as castas no antagonismo comparável ao que separa os ingleses dos índios, os norte-americanos dos negros.

([32]) Senart — *Les Castes dans l'Inde*, pag. 180.

Mas o embate entre os invasores e os autóctones e a posterior fusão lenta e imperceptível tem-se dado nos outros Países, sem provocar a formação do regime das castas. Acresce que a diferenciação étnica serviu de base à casta apenas na primeira fase da sua evolução, sendo de carácter profissional a divisão da sociedade indo-árica nas três classes: clero (brâmane), exército (cxátria) e burguesia (vâixia), e sendo de ordem religiosa a actual distinção entre *brâmanes* e *não-brâmanes*, considerados sudras.

Teorias histórico-sociológicas. Senart no seu livro *Les castes dans l'Inde* defendeu a seguinte teoria:

Em Athenas, ao tempo de Demóstenes, para ser membro duma *phratria* era preciso nascer dum casamento legítimo numa das famílias que a compunham. Na Grécia, em Roma, na Germânia, as leis ou os costumes consideravam legítimo apenas o casamento contraído com uma mulher da mesma classe, cidadã livre.

Todos conhecem a luta secular que os plebeus sustentaram em Roma para conquistar o *jus connubii*, o direito de casar com as patrícias. Não foi mero conflito político. Não era apenas por orgulho nobiliárquico, mas era sim em nome do direito sagrado que as gentes patrícias, de raça pura, fiéis à religião antiga repeliam a aliança com os plebeus impuros, mestiços, destituidos do culto familiar. Os patrícios obedeciam aos mesmos escrúpulos que inspiraram a lei endogâmica da casta.

Segundo Manú, os deuses não comem a oferenda preparada por um sudra! Em Roma, a presença dum estrangeiro no sacrifício da *gens* era bastante para os deuses se ofenderem. Na concepção ariana do casamento, os esposos formam o par que oferece sacrifícios no altar doméstico. É nesta concepção comum que assenta, em última análise, a endogamia da casta hindú.

É defeso comer com pessoas de outra casta, é vedado ingerir alimentos preparados pelos da casta inferior. É que a refeição, produto do lar sagrado é o sinal exterior da comunidade de família, da sua continuidade no passado e no presente

A família não era, na época em que os árias da India se separaram para seguir o seu destino, o único organismo social. Estava envolvida em agregados mais extensos: o clan, a tríbu. A *gens*, a cúria e a tríbu de Roma correspondem à família, phratria, e phylé da Grécia, à família, *gôtra* e casta da India. O grupo mais restrito é exogâmico, sendo endogâmico o mais lato.

Os emigrantes *árias* estabeleceram-se em aldeias autónomas, dominados pelo noção dum parentesco real ou putativo, formando corporação, em que o *clan* sobrevive. Pouco numerosos no período pastoril, o desenvolvimento económico e os progressos da cultura diferenciaram-nos. Escrupulosos da pureza, não permitiam que os árias acolhessem no seu seio indivíduos que se entregassem a certas profissões e que iam formar outros grupos que os prejuizos religiosos por sua vez isolavam.

Os árias fundiram-se com os aborígenes. As noções arianas da pureza infiltraram-se na população hibrida, e os diversos grupos sociais vazaram-se no molde das castas.

Na antiguidade clássica europeia o lento amálgama das classes é causa e efeito da idea civil e política.

Na India, porém, a teocracia embargou a evolução nesse sentido. A India não se elevou nem à idea do Estado nem à da Pátria. Em vez da fusão, a fragmentação.

A casta descende, pois, da família ariana.

Bouglé, criticando a teoria de Senart nos *Essais sur le régime des castes*, observa:

As crenças e os costumes, que *Senart* considera como monopólio da raça ariana, encontram-se em outros povos.

Entre os semitas, diz Smith no seu livro *The Religion of the Semites*, o acto de comer e beber com um homem é o simbolo e a confirmação do parentesco, a prova de que estão ligados por mútuas obrigações sociais. O escrúpulo das castas quanto à comensalidade não é, portanto, de origem ariana.

Por outro lado, tríbus de diversas raças são endogâmicas. A endogamia não é especialidade das tríbus áricas. ([33]).

Quando os árias defrontaram com os aborigenes é provável — diz Bouglé — que uns e outros estivessem divididos em tríbus; o choque intensificou a mútua repulsão, cujos gérmens estavam latentes no íntimo dêsses grupos.

A família é exogâmica. A casta *endogâmica* não podia derivar da família, mas de grupos mais largos, endogâmicos como a tríbu.

Mas Bouglé não explica como é que as três classes (varnas): *brâmane, cxátria* e *vâixia*, que eram abertas se fecharam, transformando-se em *castas*. É certo que várias tríbus se bramanizaram e se converteram em outras tantas *castas*, mas certo é também que, nem tôdas as castas (*jatis*) se filiam nas tríbus.

Torna-se incompreensível o sistema das castas, se desprezarmos o elemento religioso que deu carácter sagrado à endogamia das tríbus, ao isolamento das raças, povos e classes sociais ou políticas.

A India estacou, parou numa das fases da evolução social até que, sob o impulso da dominação inglesa, desabrochou o sentimento nacional, porque se renovou o maquinismo económico, intelectual, e social; porque a língua inglesa, as instituições liberais inglesas, as escolas e as universidades inglesas, as lições dos pensadores ingleses, como Stuart Mill e Spencer, a viação acelerada e o desenvolvimento industrial e comercial aproximaram povos e raças, seitas e facções; porque está em via de se constituir um novo organismo, a que a alma nacional há de imprimir vida e fôrça.

Como a casta é *impedimento matrimonial* entre os hindus, os *leaders* indo-ingleses, vendo na casta um escolho em que naufragam as aspirações nacionalistas, procuram tornear a dificuldade, batalhando pelo casamento civil que possibilita alianças matrimoniais entre hindús de castas diferentes e de seitas antagónicas.

O cristianismo e *as castas*—É tempo de nos referirmos

([33]) Durkheim —*L'Année Sociologique*—I—pag. 31.

à acção do cristianismo sôbre a evolução da casta.

A política religiosa dos portugueses na India oscilou entre a mais elevada tolerância e o fanatismo levado ao último extremo.

Vencidos os maometanos do rei de Bijapur, senhor de Goa, Afonso de Albuquerque mandou deitar bando, em que fez constar aos habitantes que não vinha atentar contra a sua liberdade, mas sim livrá-los dum jugo bárbaro; *que assegurava a cada um o exercício da sua religião.* Mas, no dia 20 de Setembro de 1540, Lisboa assistia ao primeiro Auto-da-fé, ainda a Inquisição não estava confirmada pelo Papa.

Era natural que a intolerância de D. João 3.º se repercutisse nas colónias.

Nas Instruções do Pai dos cristãos, o padre Alexandre Valignano, Visitador da província dos jesuitas na India, definiu, em 1595, nítida e precisamente, o novo sistema da conversão dos infiéis: "Quanto ao ofício do *Pai dos Cristãos* consiste principalmente em três cousas, a saber, a uma do que toca às cousas de conversão, a outra de que faz para ensino dos catecúmenos, seu provimento e baptismo e a outra do amparo e remédio dos novamente convertidos. *Quanto ao primeiro da conversão dos infiéis, como ela nestas partes da India não seja commumente por pregação e doutrina, mas por outros meios justos como é, o lhes impedirem suas idolatrias e de os castigar justamente por elas, e lhes negar os favores que justamente se lhes podem negar e os dar aos novamente convertidos, e de honrar, ajudar, amparar a êstes para que os outros com isto se convertam...*"

Por um lado, todo o favor aos convertidos: privilégios e liberdades de moradores portugueses; admissão aos cargos públicos que os portugueses serviam, isenção do pagamento dos dízimos por 15 anos; equiparação. quanto ao direito sucessório, das filhas que se fizessem cristãs aos filhos varões; meação no casal às mulheres casadas que se convertessem; preferência no arrendamento das várzeas; o privilégio de serem *sacadores* (recebedores) das comunidades agrícolas.

Por outro lado, tôda a casta de perseguições para os hindús:

Por uma provisão de 30 de Junho de 1541 o Vedor da Fazenda, Fernão Rodrigues de Castelo Branco, governando na ausência de D. Estevão da Gama, fazia saber que Nosso Senhor se quisera lembrar da gente das Ilhas, de tanto tempo sujeita ao demónio, e houvera por seu serviço que os pagodes fossem derribados.

Cêrca de 1546 mandou D. João 3.º proïbir as festas gentílicas e em 1557 foram excluidos os infiéis de empregos públicos.

A Carta de Lei de 4 de Dezembro de 1567, passada pelo Vice-Rei em nome de D. Sebastião, ordenou que se fizessem relações dos hindus da cidade de Goa, com excepção dos arrematantes das rendas fiscais e dos fisicos, para irem todos os domingos, em grupos de cincoenta, ouvir doutrina durante uma hora aos conventos de S. Paulo, S. Domingos e S. Francisco; e mandou expulsar das terras de Goa todos os cabeças da religião profana, e destruir os pagodes (templos), as árvores e qualquer outro lugar em que se fizesse "culto diabólico"; e proïbiu as cerimónias, festas e romarias hindus e até as marcas que os hindus usam na testa.

Do conjunto destas medidas resultou a conversão em massa ou o êxodo dos hindús. Assim, em 1633, por ocasião da visita do Conde de Linhares, Vice-Rei da India, mil hindus deixaram Salcete e três mil receberam o baptismo. De Bardês, em Janeiro dêsse ano, também tinham ido a um baptismo geral no convento de S. Francisco mais de 700 hindus. ([34])

Em consequência dos *baptismos gerais*, das conversões em massa, cristianizaram-se as *castas hindús* que ainda hoje subsistem entre os cristãos de Goa. Se as conversões tivessem sido isoladas, os *cristãos novos* teriam assimilado os costumes dos *cristãos velhos*, e as castas tinham desaparecido, quer pela dificuldade de os convertidos contrairem matrimónio com os membros da casta hindú donde sairam, quer pela

([34]) *Arquivo Português Oriental*, 1.ª edição, fasc. V, doc. 288, 820, 684, 718, 304; fasc. IV, pag. 68; fasc. V, doc. 75, 111, 195, 1404; Cunha Rivara—*Ensaio Histórico da lingua concani*, pag. 221.

pressão da nova sociedade indo-cristã, para onde entraram. Mas as conversões foram colectivas, em grupos. O mecanismo da casta não se desconjuntou; a água do baptismo não dissolveu os agregados sociais endogâmicos, os *jatis* neo-bramânicos. Assim se explica que, entre os cristãos de Goa, haja *brâmanes*, *chardós*, e outros *jatis* do *varna sudra*: *rendeiros* (lavradores de palmeira à sura), *kharvis* (pescadores) etc.

Qualquer que seja a etimologia das palavras "*chardós*" e "*rendeiros*" com que são apelidados únicamente os cristãos, certo é que os *rendeiros* descendem dos *bandaris* e os *chardós* dos *maratas* e dos *vanis*, e é por isso que entre os hindús não encontramos *chardós* nem *rendeiros*, mas sim *maratas* ou *quetris* (militares), *vanis* (comerciantes) e *bandaris* (lavradores de palmeira à sura).

Não admira, portanto, que haja confrarias religiosas cristãs, exclusivas dos *brâmanes*, *chardós* e *sudras*, da mesma forma como há *mazanias* (confrarias religiosas hindús) exclusivas de determinada casta ou castas, como houve *ordens religiosas* exclusivas de brâmanes ou de chardós. A Congregação de S. Filipe Néri e a Ordem de S. Caetano compunham-se únicamente de brâmanes. Os *carmelitas descalços* de Chimbel eram *chardós*.

Por virtude da Carta Régia de 10 de Janeiro de 1704 formaram-se companhias milicianas por castas; em conseqüência do régio Alvará de 21 de Julho de 1733, estabeleceram-se dois grandes terços de Auxiliares, em cada provincia, sendo formados também êsses corpos milicianos por castas.

No Alvará do Vice-Rei Vasco Fernandes César de Meneses, de 14 de Outubro de 1714, cujo objecto constitui o capítulo 44 do Reg. dado em 15 de Junho de 1735 às comunidades das aldeias, mandava-se proceder à eleição dos Cabos de Ordenança (correspondentes aos actuais regedores da paróquia) em Salcete e Bardez, alternando-se pelas diversas castas que com iguais privilégios houvesse na aldeia. Estes diplomas atestam o reconhecimento oficial das castas dos cristãos de Goa.

Não há regra sem excepções. Opondo-se à construção de

um convento para mulheres indígenas pretendido pelas Câmaras Agrárias das Velhas Conquistas, escrevia o Vice-Rei D. Luis de Meneses, conde da Ericeira, a 9 de Janeiro de 1719, informando o govêrno central: "Alguns Portugueses há que casam com filhas de Bramanes e é sem duvida que tendo elles este modo de vida que dar-lhes com menos dote, ficariam os vassalos Portugueses de V. Magestade privados desta tal ou qual conveniencia". ([35])

A mestiçagem que Albuquérque promoveu na cidade de Goa estendeu-se às aldeias das Ilhas de Goa. Os jesuitas estabeleceram em Chorão uma colónia indo-portuguesa. ([36]) Referindo-se às conversões nas freguesias de Calapor, Mercês, Taleigão e Siridão, paroquiados pelos dominicanos, escreveu Fr. João dos Santos: Em cada hũa destas quatro igrejas se ajuntarão cada dia a esta doutrina mais de cem meninos, *os quais todos são já Christãos, filhos e netos de Christãos, entre os quais ha gente muy honrada e rica, e muitos delles tem casado seus filhos cõ Portugueses.*" ([37])

Façamos a contra-prova. Em Damão, não há castas entre os cristãos. É que não há aí memória de ter havido conversões em massa. Os que isoladamente entravam no grémio cristão não encontravam em a nova sociedade grupos fechados, mas classes abertas, onde escolhiam o companheiro ou a companheira dos seus dias. Dêste modo a cristianização aboliu, indirectamente, as castas. Pois Damão foi conquistado aos maometanos por D. Constantino de Bragança no dia 2 de Fevereiro de 1559. Aos 15 de Novembro de 1560, o padre Marcos Prancudo escreveu de Damão aos Padres e Irmãos da Companhia de Jesus de Portugal uma carta onde se lê:

([35]) *Arq. Port. Or.* 1.ª edição, fasc. VI, Sup. 2.º, doc. 47, 56, 97, 151, e 88; F. N. Xavier — *Colecção das leis peculiares das Comunidades de Goa*, parte I, doc. 64.

([36]) Ms. da Biblioteca de Ajuda, 49-IV-49, fls. 257.

([37]) *Varia História de Cousas Notaveis do Oriente* - Evora, 1609 — pag. 29.

" Quanto aos gentios da terra pella experiencia q' deles temos lhes afirmo ser gente muy capaz de rezão. E chegada a nossa natureza. *Sobre isso são tãto nossos imigos que nem uer nos podem*... Quisemos aremediar aos padres de Goa em hũ baptismo, fazendo hũa procissão com cantores E trombetas, acompanhando nos o Capitão Dom Diogo de Noronha, que Ds. tem com todos os fidalgos e caualeiros q quase estauão, *os baptizados erão perto de cincoenta pessoas*, indo nos no meyo de caminho, se puserão a dizer huns mouros pela sua linguagem *q' não se baptizavão nhuns honrrados mas pobres E pessoas de baxa sorte*... prendemolos... demos sentença q' os mouros beijassẽ os pees ao xpão *cada hum delles lhes dessem alguas bofetadas E tres arrancassem as barbas* E outras cousas mais assi se comprio tudo ... e assi se forão embora, day a poucos dias morreo hũ delles mouro E ficou lhe hũ filho de dez annos q' nos ouuemos com diligentia, e o fizemos xpão muyto por sua uontade." ([38])

Diz *O Oriente Conquistado*, a famosa crónica dos feitos da Companhia de Jesus na India:

" Missionavam êste ano (1577) em Damão o padre Fernão Alvares, e o padre Marcos Prancudo que se queixa muito em uma carta escrita a Roma das ridiculas superstições da gente de Cambaia, *atribuindo a grande milagre as conversões dos gentios á fé de Cristo*, porque tinham os europeus pelos mais perversos homens do mundo todo, e isto por comerem vaca, animal de suma veneração entre êles. Mas como a misericordia de Deus é tão grande; que não pode ser vencida da obstinação dos idólatras, nem por isso se malograram as fadigas dos dous missionários. "

Isto é confirmado por António Bocarro que, em 1634, descreveu Damão e notou:

" A grandeza desta cidade he de novecentas braças de dez palmos cada braça, dentro da qual vivem quatrocentos casados entre Portugueses e seus filhos e *alguns pretos cristãos*, todos mui boa gente de armas... e em todas estas terras de Damão a gente que nelas mora vassalos de Sua Magestade, e *gentios, a que chamam*

([38]) *L.º 2.º das Cartas dos jesuitas* Ms. da Biblioteca Nacional de Lisboa, fls. 206.

Colis e dão todos os Padres grandes queixas de não favorecerem os senhorios das aldeias a conversão destes Colis, e nem ainda consentirem que os fação cristãos por lhes não impedirem o maior sentimento que gentios lhe fazem, e pera tambem não terem mando nem jurdição nellas os Padres com que dizem os não tem prestes os senhorios. São tambem os mais destes mui bons marinheiros de remo, mas não pera passarem golfão fora da costa, e *vivem tambem nestas terras muitos baneanes gentios onde tambem tem seus pagodes, cuja conversão se alcança mui dificultosamente, porque em os apertando, se passão, assim estes como os mais ds terras dos Reys visinhos*". ([39])

Nenhuma alusão às conversões colectivas e forçadas, antes pelo contrário o testemunho irrefragável de que os meios violentos não eram permitidos pelos senhorios das terras.

Também em Madrasta e no Malabar se não usaram os meios coercivos de cristianização, mas as castas mantiveram-se graças à política religiosa acomodatícia inaugurada por Roberto de Nobili. O jesuita Roberto de Nobili, sobrinho do célebre cardeal Belarmino, fundou em 1606 a missão católica na costa de Madrasta, tendo falecido aos 16 de Janeiro de 1636 em Meliapor.

Era ali denominado *Tatva Bodhager* (brâmane) em razão de hábitos nativos que, para melhor se insinuar no ânimo do gentio, francamente adoptou.

Como sinal de tolerância para com os neófitos e suas famílias permitiu aos membros da sua grei trazerem a *upanaiana* (linha, distintivo das castas superiores); mandado responder sôbre essa inovação pelo arcebispo de Goa D. Fr. Cristóvam de Lisboa defendeu-se perante o sínodo diocesano, alegando ter autorizado o uso da linha, como sinal da nobreza da casta, e acrescentando—*mutare vestem nihil vetal, ubi agit salus animarum*—argumento que não satisfez as autoridades eclesiásticas de Goa, sendo afinal julgada a controvérsia pelo papa Gregório XV que por sua bula *Romana sedis antistes* de 31 de Janeiro de 1623 permitiu aos brâmanes e outros nobres índios

([39]) *Arquivo Português Oriental*, nova edição, tomo IV, volume II, parte I, pag. 130 e 137.

convertidos à fé o uso da *linha* como sinal de nobreza, de sandálias como sinal de elegância, e as abluções como sinal de asseio. (40)

"Nas missões do Malabar, o jesuita fazia distinção de castas. Os ritos malabares—diz o professor Boehmer—estavam em contradíção directa com o espírito do cristianismo que não admite, na Igreja e no que respeita aos sacramentos, distinção alguma entre os fiéis. A idéa de o padre poder recusar a comunhão a um pária moribundo, ministrar-lhe a hóstia, fisgando-a na ponta duma vara ou depositando-a à porta da casa, devia causar horror e causava." (41) "A política habilidosa dos jesuitas não se recomendava pela originalidade, mas tinha a sua explicação. "A severidade da Igreja—escreveu Alexandre Herculano—mais de uma vez teve de transigir nas fórmulas exteriores do culto, nos ritos, com as tradições e usanças antigas, modificando-as e dando-lhes novo valor simbólico. Sem isso seria quási impossivel atrair as multidões. Quando no século XVII se condenavam ásperamente as transigências dos missionários jesuitas com os ritos sínicos, fazia-se irreflexivamente a sátira da primitiva Igreja". (42)

Porém, o Papa Alexandre VII pelo breve *Sacrosantus apostolatus offitii* de 18 de Janeiro de 1658 determinou que para a admissão nos seminários e escolas não houvesse distinção de castas; que se levasse o Viático aos cristãos moribundos, embora habitassem em toscas choupanas, que os baptizados não comisturassem as práticas do gentilismo com os deveres e práticas do cristianismo; que na conversão dos infiéis se não empregassem coacções, vexações ou promessas, mas só a pregação da palavra divina e os bons exemplos. (43)

O cristianismo da India democratizou-se. Como o cris-

(40) Padre Casimiro Nazareth — *Mitras Lusitanas no Oriente* — vol. I pag. 86.

(41) Prof. Boehmer—*Les Jésuites*, trad. de G. Monod, pag. XL.

(42) Herculano—*Composições várias*, pag. 13.

(43) Padre Casimiro Nazareth — *Mitras Lusitanas do Oriente*, vol. III, pag. 214.

tianismo primitivo, tanto os católicos como os protestantes recrutam hoje os seus adeptos nas classes inferiores, entre os *párias* que o neo-bramanismo repele do seu seio. " E' a condição económico-social que principalmente empurra os *outcasts* (*párias*) para as Igrejas cristãs ". ([11])

BIBLIOGRAFIA

BAINES — *Ethnography* — 1912.

BHATTACHARYA (J. N.) — *Hindu Castes and Sects* — Calcutta — 1896.

BLUNT — *The Caste System of Northern India* — London — 1931.

BOSE (S. C.) — *The Hindus as they are* — Calcutta — 1883.

BOUGLÉ — *Essais sur le regime des Castes* — Paris — 1936.

CENSUS OF INDIA.

CROOKE (W.) — *The Castes and Tribes of North Western Provinces and Oudh* — Calcutta — 1896.

DUTT (N. K.) — *Origin and Growth of Caste in India* — London — 1931.

GHURYE (G. S.) — *Caste and Race in India* — London — 1932.

IBETSON (D.) — *Punjab Caste* — Lahore — 1916.

IYER (A. K.) — *Lectures on Ethnography* — Calcutta — 1925.

KARANDIKAR — *Hindu Exogamy* — Bombay — 1928.

KETKAR (S. V.) — *The History of Caste in India.*

KETKAR (S. V.) — *An Essay on Hinduism* — 1911.

NESFIELD — *Caste system of North Western Provinces and Oudh.*

O'MALLEY — *Indian Caste Customs* — Cambridge — 1932.

RISLEY (H.) — *The People of India* — 1915.

SENART — *Les Castes dans l'Inde* — Paris — 1927.

SHASTRI (E.) — *Evolution of Castes* — Madras — 1916.

THURSTON (E.) — *Castes and Tribes of Southern India* — 1909.

VAIDYA (C. V.) — *Epic India.*

VAIDYA (C. V.) — *History of Hindu Medieval India.*

([11]) *The Modern Review*, March, 1920, pag. 330.

CAPÍTULO X

Os indianistas ocidentais

DEPOIS da Renascença — diz o professor Macdonell — o descobrimento da literatura sânscrita, no último quartel do século XVIII, é o acontecimento de mais largo alcance na história da civilização.

A invasão de Alexandre desvendou à Grécia a cultura índica, os árabes introduziram na Europa a ciência indiática mas até ao século XVIII era vago e superficial o conhecimento que a Europa tinha da literatura indiana. Era prematuro o entusiasmo com que Voltaire acolhera o *Ezour-Vedam*, obra apócrifa que mais tarde se reconheceu ser dum missionário jesuita. Os missionários portugueses estudaram os vernáculos indianos por serem os melhores instrumentos da evangelização, como o fôram da propaganda do budismo.

Foi um membro da Companhia de Jesus o primeiro europeu que conheceu a fundo o sânscrito. Chamava-se Roberto de Nobili. Enviado à India em 1606, e desejando penetrar até junto das castas superiores, encerrou-se durante anos, entregando-se com afinco ao estudo das linguas tamul, telugu e sânscrita. Quando viu que era senhor da lingua e da literatura dos brâmanes, não hesitou um momento em apresentar-se como um dos seus e a entrar em discussões com eles. Acusado pelos outros missionários de idolatria, escreveu várias memórias que enviou para Roma em sua defesa, e nas quais dava notícia do que aprendera acêrca da civilização indiana.

O missionário holandês Abraham Roger publicou em 1651 a primeira gramática em sânscrito. Dryden revelou a maleabilidade do seu espirito escrevendo a sua peça *Aureng-Zeb* (1675).

Passado tempo aparece Hanxleden, que viveu na India de 1699 a 1732, escreveu uma gramática sânscrita e compôs um dicionário malabar-sânscrito-português. O entusiasmo que estes trabalhos produziram, bem como os do missionário francês Pons, que considerou a gramática dos brâmanes das mais perfeitas, foi de pequena monta.

Em 1763 ou 1768 o jesuita francês Coeurdoux comunicava à Academia das Inscrições e Belas Letras de Paris o parentesco do sânscrito com o grego e o latim e as relações que encontrou entre o sânscrito e o alemão e o esclavão. Os trabalhos dêste inteligente missionário sofreram a sorte dos anteriores.

Alguns anos depois, em 1790, o célebre carmelita alemão Joham Philip Wesdin, mais conhecido pelo nome de Paulino de S. Bartholomeu, publicou em Roma a primeira gramática sânscrita e um tratado sôbre o *Systema Brahmanicum.* Causou grande sensação o aparecimento desta gramática, que vinha provar que o grego, o latim e o hebraico não eram as línguas mais antigas e que havia uma civilização mais velha do que a helénica. Constituiu êste descobrimento uma verdadeira revolução literária, científica, moral, social e filosófica.

O primeiro impulso para o estudo da literatura e das instituições indianas se deve aos ingleses forçados pela necessidade de compilar os usos e costumes indígenas. O governador Warren Hastings incumbiu uma comissão de brâmanes de elaborar um digesto de leis.

Charles Wilkins, aconselhado por Warren Hastings, estudou o sânscrito em Benares e publicou em 1785 uma tradução de *Bhagavad-Guitá* e em 1787 uma versão de Hitopadêxa. Em 1786 Anquetil Duperron concluiu a sua tradução das *Upanichadas* que revelou a Schopenhauer o que êle considerou a filosofia mais profunda de tôdas.

Em 1784 William Jones iniciou o estudo das antiguidades indiáticas. É o primeiro na longa série dos orientalistas. Fundou a *Sociedade Asiatica* de Bengala e, mais tarde, publicou traduções de *Xacuntalá,* o famoso drama de Calidassa e do célebre código de Manú.

Colebrooke imprimiu feição científica ao estudo da língua e literatura sânscrita. Publicou textos, traduções, estudos críticos, como o *On the Vedas,* em 1805.

Wilson em 1809, auxiliado por *panditas,* publicou o dicionário da língua sânscrita.

Alexandre Hamilton aproveitou a sua estada na India para aprender o *sânscrito.* Foi feito prisioneiro pelos franceses, durante as guerras napoleónicas. Em Paris, Hamilton ensinou o *sânscrito* a alguns professores franceses; foram seus discipulos o grande Schlegel e Chézi que em 1814 foi nomeado professor da cadeira de *sânscrito*, criada por Luis XVIII.

Em 1850 Wilson, o primeiro professor de *sânscrito* em Oxford, começou a publicar a sua tradução do *Rig-Vêda*, baseando-se no comentário de Saiana, que viveu na segunda metade do século XIV em Vijaianagar. Mas Roth, partindo do princípio de os comentadores índios terem interpretado os Vêdas segundo as concepções dominantes na época em que escreveram, muito diferentes da dos autores dos hinos, compostos muitos séculos antes, num meio diferente, inaugurou um novo método de interpretação, baseado na filologia comparada. E é o método de Roth que hoje prevalece entre os indianólogos.

Em 1868 Schlegel publicou a sua obra sôbre a língua e literatura indiática, obra que fez uma revolução na ciência da linguagem pela introdução do método histórico-comparativo, levando Bopp a fundar a ciência da filologia comparada. A Schlegel cabe a glória de ter lançado os fundamentos da sanscritologia alemã. Humboldt, discípulo de Bopp, conseguiu de Frederico Guilherme 3.º, em 1817, a fundação das cadeiras de sânscrito em Berlim e em Bonn.

No começo do século XIX os estudos dos sábios restringiram-se ao período clássico ou sânscrito. Eugenio Burnouf, professor do Colégio de França iniciou o estudo científico dos Vêdas, da língua pali e do budismo. Foi seu discípulo Rodolfo Roth, que introduziu os estudos védicos na Alemanha com o seu livro sôbre a literatura védica, publicada em 1846.

O budismo era quási desconhecido, pelo menos, como sistema filosófico até o *Ensaio sôbre Pali*, publicado, em 1826 por Burnouf. Burnouf em França e o seu discípulo Max Müller na Inglaterra revelaram aos eruditos a literatura sagrada dos hindús, publicando os *Sacred Books of the East* ao mesmo tempo, que Rhys Davids completava essa obra, expondo a literatura budista.

A literatura indiática tem sôbre a grega a vantagem de encerrar os documentos escritos mais antigos da evolução religiosa da humanidade. Baseando-se nos estudos védicos, Kuhn e Max Müller fundaram a ciência da mitologia comparada.

A India foi o bêrço de três religiões: o bramanismo, o jainismo, e o budismo; mas o movimento intelectual não foi pura e exclusivamente religioso. Os sistemas filosóficos revelam grande poder de generalização e de síntese, e as conquistas científicas atestam as faculdades de observação e análise subtil de que é dotada a raça indiana.

Mas também o Sol tem manchas. A falta de união na India é a maior tragédia da História!—exclamou um estadista inglês.

Observa-se o mesma fenómeno na Grécia:

> " Leur civilisation prestigieuse a eu elle même ses erreurs, ses échecs. Maintes tragédies de partis ou de familles, prolongeant la longue querelle des Atrides, les brutales ou anormales pratiques pour la restriction de la natalité, des ostracismes et bannissements injustes, les confiscations irrégulières, les cruels débuts d'heritages, ou la féroce répression de révoltes coloniales etc tout cela montre, jusque dans les âmes dites les plus " attiques" trop souvent, les défauts vils de la cruauté, de l'avidité ... Ce n'est pas certes, par là que la Grèce antique eût mérité de garder une place si notable dans l'histoire universelle. Sa dignité, singulière, reste d'avoir, en trois ou quatre siècles à peine fourni au monde, en marge d'une vie privée difficile, l'effort intellectuel immense d'une race privilégiée,créatrice à jamais de beauté et de pensée libre." [1]

As portas da Grécia imortal abriram-se de par em par a todos os conquistadores . . .

---

[1] C. Picard — *La Vie Privée dans la Grèce Classique*, pag. 95.

INDICE

INDICE DAS ILUSTRAÇÕES

Erratas

Pag.	Onde se lê	Leia-se
5	rigor de calma	rigor da calma
19	Indostão	Hindostão
30	Baluquistão	Beluquistão
32	Revue Arcebologique	Revue Archéologique
57	mortals	mortels
65	sob ponto de vista	sob o ponto de vista
69	luxo cultural	luxo cultual
85	A magnifica arte rupestre	a magnifica arte rupestre
86	do Punjab	de Punjab
93	as reclamação	as reclamações
93	os expiões	os espiões
94	Aelius Aristi	Aelius Aristide
94	previlège	privilège
106	offrand	offrant
106	puissane	puissance
108	para homem e animais	para homens e animais
108	Fa-kien	Fa-hian
109	la parti	le parti
112	da Alexandria	de Alexandria
118	Tibeje	Tibete
134	Senact	Senart
145	entusiático	entusiástico
161	sogro	genro
175	actividada	actividade
175	Atravassou	Atravessou
180	Iauisme	Iavisme
185	de Elefanta (850-900) pertencem	de Elefanta (850-900) que pertencem
197	Dancaru	Damaru
197	eruv	eruva
213	maior poeta de Persia	maior poeta da Pérsia
221	religtões indianas	religiões indianas
231	baseado	baseada
231	se funda em Vêdas	se funda nos Vêdas
240	Hecateu de Milita	Hecateu de Mileto
240	e escritor grego	o escritor grego
240	Seleuccia	Seleucela
240	Bactiana	Bactriana
241	Erueador	Erucadur
242	segittas	saggitas
246	de calendário	do calendário
252	chonguddó	chonguddó
293	das mais perfeitas	uma das mais perfeitas
296	cruels débuts	cruels débats

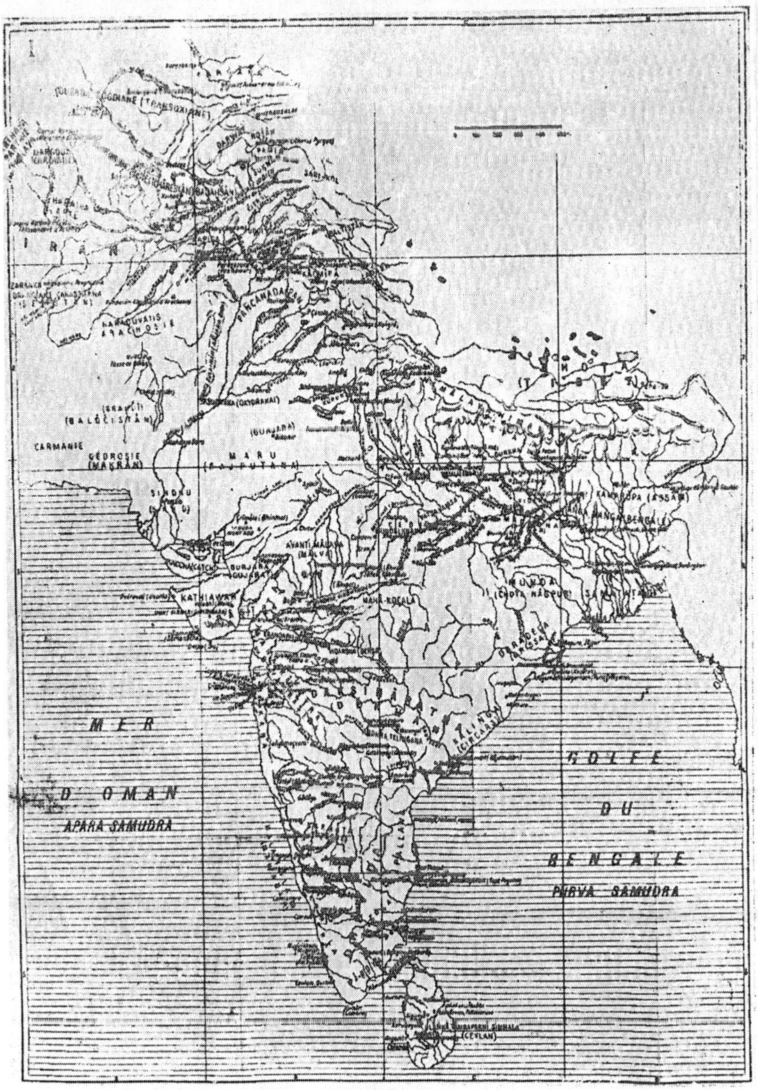

Carta arqueológica da India